Reinhard Schulz
Waltraud Roth-Schulz

MIT DEM WOHNMOBIL NACH SÜD-NORWEGEN

Die Anleitung für einen Erlebnisurlaub

womo®
Verlag Roth - Schulz
D-74336 Brackenheim

Die Deutsche Bibliothek – CIP-Einheitsaufnahme

Schulz, Reinhard:
Mit dem Wohnmobil nach Süd-Norwegen : die Anleitung für einen Erlebnisurlaub / Reinhard Schulz; Waltraud Roth-Schulz. - 1. Aufl. - Brackenheim : WOMO-Verl. Roth-Schulz, 1993
(Womo-Reihe ; 15)
ISBN 3-928840-15-0
NE: Roth-Schulz, Waltraud:; GT

Titelbild: Wanderung im Innerdalen, dem schönsten Tal von Trollheimen
Fotos Seite 210: Arnulf Haury, Lauffen

1. Auflage 1993, durchgesehen und korrigiert 1996
Druck:
Georg Kohl GmbH, 74336 Brackenheim
Vertrieb:
GeoCenter, 70565 Stuttgart
Herausgeber:
WOMO-Verlag Waltraud Roth-Schulz
Hornstraße 4, 74336 Brackenheim
Tel. 07135/14553
Fax 07135/14652

ISBN 3-928840-15-0

EINLADUNG

"Ultima Thule" – das Land am nördlichen Ende der Welt, so nannten die alten Römer respektvoll das Land am Weg in den hohen Norden – Norwegen. Es endet erst, wenn auch Europa endet, am Knivskjellodden nordwestlich des Nordkaps auf der Insel Magerøya.
Fröstelnd denkt man an Kälte, Schnee, ja Eisberge....
Aber dieses Land hat eine sanfte, warme Hand, die es das ganze Jahr streichelt – den Golfstrom. Staunend fährt man an Erdbeerfeldern und Kirschbaumplantagen vorbei, und wenn man nicht aufpaßt, schmerzt ein Sonnenbrand im Norden genauso lange wie an der Riviera!
Zum Sonnenbaden kommen jedoch die wenigsten ins Land der Superlative: Die größten Gletscher, die höchsten Wasserfälle, die tiefsten Fjorde, die unwegsamsten Gebirge, die längsten Wandertouren, die ältesten Felszeichnungen, die fotogensten Holzkirchen Europas bietet bereits der Süden des Landes – reicht das?

Wir haben für Sie den schönsten Teil eines Traumurlaubslandes durchfahren und durchwandert, die besten Fleckchen für geruhsame Aufenthalte, kleine Spaziergänge und große Wanderungen ausfindig gemacht. Wir zeigen Ihnen auch ruhige Campingplätze – aber vor allem so viele idyllische Übernachtungsmöglichkeiten in freier Natur, daß Sie mehrmals wiederkommen müssen, um alle zu benutzen – aber Sie werden gerne wiederkommen!

Ihr

Reinhard Schulz

N.B.
In den letzten Jahren hat die Zahl der WOMO-Urlauber in Skandinavien stark zugenommen. Es reicht nicht mehr, wenn wir uns auf das "Allemansrätten" als ein Jedermannsrecht an der Natur berufen – es nimmt uns immer stärker in die Pflicht, diese herrliche Natur aktiv bewahren zu helfen.
Für uns Wohnmobilurlauber bedeutet dies in erster Linie, daß wir uns um absolute Sauberkeit bemühen, keinesfalls mit dem WOMO die zugelassenen Straßen verlassen und Wohnmobilansammlungen von mehr als drei Fahrzeugen meiden. Zumal für einen längeren Aufenthalt bietet Norwegen herrliche, naturbelassene Campingplätze.

INHALT

Anreisewege

18 Touren durch Süd-Norwegen

Tips und Tricks

Zeichenerklärungen für die Tourenkarten

Europastraße
Reichsstraße
Piste (unbefestigt)
Fußweg
Tourenverlauf
Badestrand (getestet,gut)
WOMO-Entsorgung
Kirche, Stabkirche
Schloß, Burg
Berggipfel mit Höhenangabe (2560 m)
Sehenswertes, z.B. Wasserfall, Schlucht
Trinkwasserstelle

Wander-, Picknick-, Badeplatz, geeignet auch für freie Übernachtungen.

Wir starten Richtung Norwegen!

Ein Blick auf den Atlas belehrt uns, daß ein Vogel, der in München startet, runde 2500 km fliegen müßte, bis er sich auf dem Nordkapfelsen, dem nördlichsten Punkt Norwegens (und ganz Europas) ausruhen könnte.
Falls Sie mit dem WOMO starten, zeigt das Hinweisschild am südlichsten Punkt Norwegens, am Leuchtturm von Lindesnes, immer noch über 2500 Straßenkilometer bis zum nördlichen Ende des Landes an!
Wer kann schon solche Entfernungen im Urlaub bewältigen!?
Sollen Sie gar nicht!
Wir werden Ihnen zeigen, daß Norwegen näher ist, als Sie glauben – und um seine überwältigenden Schönheiten zu bestaunen, brauchen Sie auch nicht zum Kilometerfresser zu werden!

Wie weit ist's nach Norwegen?

0 (Null) Kilometer – falls Sie zufällig einer der über 300.000 Einwohner von Kiel sind, denn vom größten deutschen Ostseehafen haben Sie mit der COLOR LINE Direktverbindung nach OSLO. Sonstige Deutsche, Österreicher und Schweizer müssen nur die "paar" Kilometer bis zu den "Kieler Sprotten" auf bequemen deutschen Autobahnen zurücklegen. Staus werden Sie dabei nicht kennenlernen, denn die Urlaubsströme wälzen sich gen Süden. Folglich können Sie für die Anfahrtsstrecke mit einen Schnitt von 70-80 km/h (incl. Pausen) rechnen.
Das schaffen Sie nicht an einem Tag?
In Deutschland gilt noch immer: Das Übernachten zum Zwecke der Fahrtunterbrechung (insbesondre bei Übermüdung) ist an Straßen und auf allen Parkplätzen gestattet.
Aber nehmen Sie bitte nicht den ersten besten, lärmenden Autobahnparkplatz. Auch außerhalb von Campingplätzen finden Sie lauschige Plätzchen in malerischer Umgebung. Ich denke da z.B. an einen gemütlichen Heidegasthof, wo Sie bei einem genüßlichen Vesper den ersten Tag ausklingen lassen können – und wir haben noch keinen Wirt getroffen, der nicht einen besonders ruhigen Übernachtungsplatz für uns gewußt hätte. Natürlich könnte ich Ihnen an dieser Stelle auch unser "Allgemeines Wohnmobil Handbuch" empfehlen, schließlich haben wir dort über 250 freie Übernachtungsplätze beschrieben. Aber wer wird denn Eigenwerbung machen!?
Fast 20 Stunden Fähre sind Ihnen zu lang – dann lesen Sie im nächsten Kapitel weiter!

Fährverbindungen

Fähre fahren nach Norwegen ist nicht teuer (verglichen mit den Mittelmeerfähren)! Schon für etwa 240,00 DM kann man sich (in der **Hoch**saison, Wohnmobil bis 6 m Länge incl. 5 Personen) direkt vors Rathaus von Oslo schippern lassen!
Aber Norwegen ist bekannlich nicht das südlichste Land in Skandinavien. Wer seinen Norwegenurlaub mit ein paar sonnigen Tagen in Dänemark oder Schweden würzen möchte, für den gibt's eine ganze Reihe noch viel preiswerterer Kurzfährstrecken und reizvoller Fährkombinationen. Insgesamt kommen wir – falls wir uns nicht verzählt haben – auf 10 Abfahrtshäfen mit 18 verschiedenen Fährstrecken:
Sassnitz, Rostock und Warnemünde kommen wegen der Autobahnverbindung in erster Linie für Ostdeutsche in Frage. Wer sich aber durch die AB-Baustellen in den neuen Bundesländern durchgekämpft hat, findet meist halbleere Fähren zu günstigen Preisen vor.
Travemünde, Puttgarden und Kiel sind die traditionellen Häfen der Westdeutschen. Aufpassen: Die Vogelfluglinie ab Puttgarden besteht nur aus zwei kurzen Fährabschnitten, das "Mittelstück" durch Dänemark muß man selber fahren.
Preiswert und kurz sind auch die Verbindungen von Grenå oder Frederikshavn nach Schweden. Von der Nordspitze Dänemarks (Frederikshavn, Hirtshals oder Hanstholm) aus wird man jedoch bereits in 5-6 Std. direkt nach Norwegen übergesetzt.
Folgende Fährlinien buhlen um Ihre Gunst (und Ihren Geldbeutel):

>> **Baltic Line,** Kiel - (Nynäshamn) - Stockholm, 25 Std.
>> **Color Line,** Kiel - Oslo, 20 Stunden.
>> **Color Line,** Hirtshals - Oslo, 9 Stunden.
>> **Color Line,** Hirtshals - Kristiansand, 4-5 Stunden.
>> **DFO (Deutsche Fährgesellschaft Ostsee),** Puttgarden - Rødby + Helsingør - Helsingborg, 1 Stunde + 30 Minuten; Puttgarden - Rødby + Dragør - Himhamn, 1 Stunde + 50 Minuten; Warnemünde - Gedser + Helsingør - Helsingborg, 2 Stunden+30 Minuten; Warnemünde - Gedser + Dragør - Limhamn, 2 Stunden + 50 Minuten.
>> **Europa Linien,** Rostock - Gedser + Helsingör - Helsingborg, 2 Std. + 25 Minuten; Rostock - Gedser + Dragør - Limhamn, 2 Std. + 50 Minuten.
>> **Fjord Line,** Hansthom - (Egersund) - Bergen (7) 17 Std.
>> **Hansa Ferry (DFO),** Rostock - Trelleborg, 5 Stunden.
>> **Hansa Ferry (DFO)**, Sassnitz - Trelleborg, 4 Stunden.
>> **Lion Ferry,** Grenå - Varberg, 4 1/2 Stunden.

>> **Lion Ferry,** Grenå - Halmstad, 4 Stunden.
>> **Skandinavien-Link,** Travemünde - Malmö, 9 Stunden.
>> **Stena-Line**, Kiel - Göteborg, 14 Stunden.
>> **Stena-Line,** Frederikshavn - Göteborg, 3 1/2 Stunden.
>> **TR-Line,** Rostock - Trelleborg, 5 Stunden.
>> **TT-Line,** Travemünde - Trelleborg, 7 Stunden.

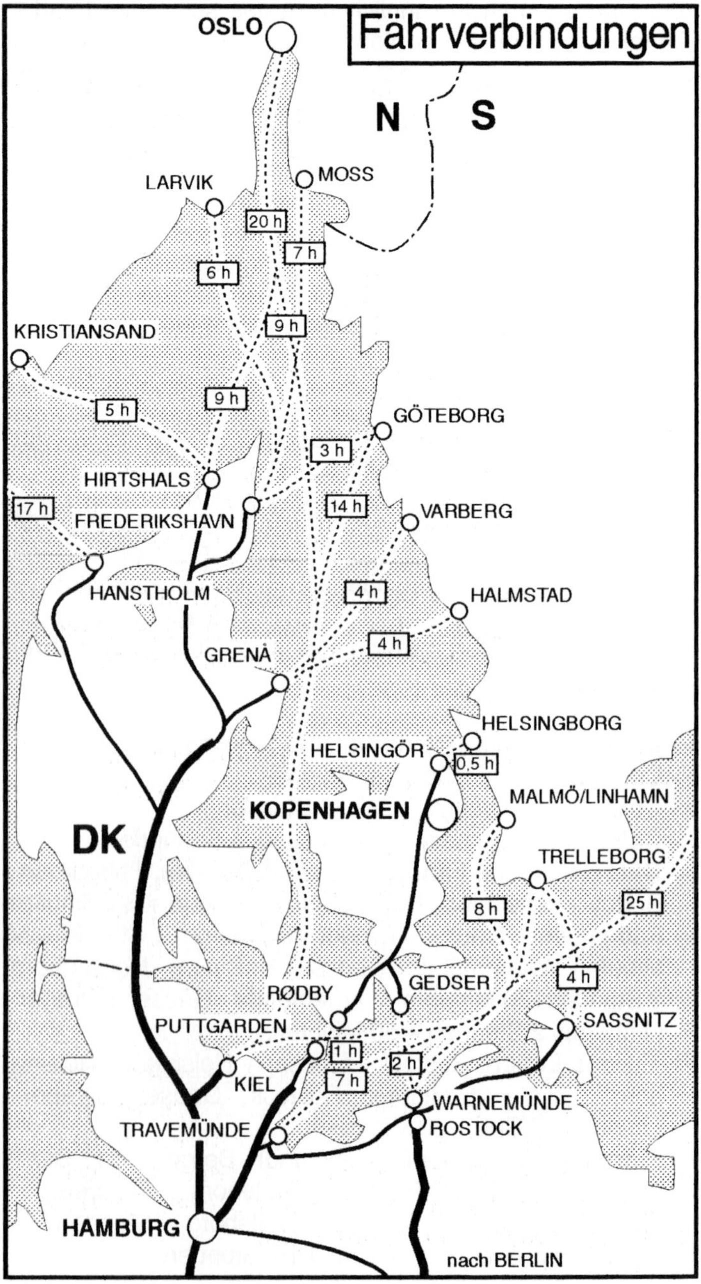

Sie sehen, da kommen doch einige Zeitunterschiede zusammen. Beachten Sie aber bei Ihrer Wahl, daß man auf der Vogelfluglinie fast die ganze Strecke (durch Dänemark) selber fahren muß, während Sie z.B. bei der Color Line 20 Std. lang faulenzen und sich bedienen lassen können.

Unser Tip:

Neueste Fährprospekte anfordern (geht auch telefonisch oder per Fax), vergleichen, buchen. Hier die Adressen, wo Sie (außer bei Ihrem Reisebüro) die Fährprospekte erhalten und buchen können:

Baltic Line:	Schwedenkai, 24103 Kiel
	Tel. 0130/848594, Fax 0431/9820060
Color Line:	Oslokai, 24103 Kiel
	Tel. 0431/974090, Fax 0431/9740920
DFO:	Fährcenter, Fährhafen, 23769 Puttgarden
	Tel. 04371/865111, Fax 04371/865112
	Fährcenter, Trelleborger Str., 18546 Saßnitz
	Tel. 038392/64180, Fax 038392/64200
	Fährcenter Warnemünde, 18119 Rostock
	Tel. 0381/5195-121+126, Fax 0381/5195119
Europa Linien:	Überseehafen, 18132 Rostock
	Tel. 0381/6700667, Fax 0381/6700671
Fjord Line:	Karl Geuther, Martinistr. 58, 28195 Bremen
	Tel. 0421/1760362, Fax 0421/18575
Hansa Ferry:	siehe: DFO.
Lion-Ferry:	siehe: Stena-Line.
Skandinavien-	Postfach 150228, 23524 Travemünde
Link GmbH:	Tel. 04502/80589, Fax 04502/4125
Stena-Line:	Schwedenkai 1, 24103 Kiel
	Tel. 0431/9099, Fax 0431/909200
Stena-Line:	Hildebrandstraße 4d, 40215 Düsseldorf
	Tel. 0211/9055150, Fax 0211/9055170
TT/TR-Line:	Mattentwiete 8, 20457 Hamburg
	Tel. 040/3601 442-6, Fax 040/3601407

Ein eifriges Studium der Fährprospekte bleibt Ihnen auch aus einem zweiten Grund nicht erspart, denn die meisten Fährlinien haben "billige" und "teure" Tage oder Abfahrtstermine:
Bei der TT-Line sind die Sparer So-Do unterwegs, mit der DFO reist man So-Mi am günstigsten. Die Stena-Line preist ihre billigen Tagabfahrten an, und bei Color Line und Fjord Line ist der Dampfer wieder Mo-Do ab billigsten.

Einem WOMO-Fahrer dürfte es nicht schwer werden, sich die Niedrigpreis-Rosine herauszupicken, denn das eigene Hotel braucht nicht wochenweise gebucht zu werden!

Fährnotizen

Tourenplanung

„Wir haben nur vierzehn Tage Urlaub, reicht das für Norwegen?" Oder: „Wie lange braucht 'man' bis zum Nordkap?" Eine gewagte Sache, solche Fragen zu beantworten, denn jeder Mensch hat andere Urlaubsbedürfnisse und -wünsche. Probieren wir's trotzdem!

Der Vierzehn-Tage-Urlauber sollte zunächst einmal bei der Anfahrt Zeit (und Nerven) sparen. Ab OSLO nimmt er unsere Touren 2 + 3 bis ÅMOT, dort kürzt er übers Haukelifjell nach ODDA ab und trifft uns am Ende der Tour 7 wieder. Nun begleitet er uns auf den Touren 8 - 10, erklettert mit uns den Galdhøpiggen, kürzt ab LOM nach OTTA ab, wo er auf die Tour 18 trifft und nach OSLO zurückkehrt. Dieses Programm ist rund 1800 km lang, Mindestzeit 14 Tage, Idealzeit jedoch drei Wochen.

Dem 3-Wochen-Urlauber können wir ein Bade- oder ein Bergprogramm bieten:
Der Badefreund folgt unseren Touren 1 - 10, kürzt ab LOM nach OTTA ab und kehrt nach OSLO zurück. Länge des Programms 2700 km, Mindestzeit 3 Wochen, Idealzeit jedoch 4-5 Wochen.
Der Bergfreund folgt unseren Spuren wie der Vierzehn-Tage-Urlauber, d.h. er schneidet auch den Süden Norwegens ab und steigt mit uns auf den Galdhøpiggen. Dann geht's auf der Tour 11 weiter. Hier kann er jedoch vom westlichen Ottadalen über GEIRANGER zur Tour 13 abkürzen, auf die er bei LINGE trifft. Nun folgt er uns weiter bis nach OSLO zurück. Länge des Programms 2900 km, Mindestzeit 3 Wochen, Idealzeit 4-5 Wochen.

Der Nordkapfahrer hat eigentlich nicht viel von den Schönheiten Süd-Norwegens. Er fährt ab OSLO die E 6 (560 km) bis TRONDHEIM, also unsere Touren 18 + 17 in verkehrter Richtung. Dann verläßt er uns und düst auf der E 6 weitere 1100 km nach Norden bis zu seinem fernen Ziel; hin und zurück 3500 km, Mindestfahrzeit 10 Tage. Wir halten nichts von dieser Raserei. In unserem Nord-Norwegenbuch zeigen wir Ihnen die gesamte Schönheit Nord-Norwegens – und nicht nur das Nordkap. Dafür brauchen Sie allerdings einen Extraurlaub!
Ja, und wenn man alle 18 Touren abfahren möchte? Die kargen Zahlen lauten: 4160 km, Mindestzeit 5 Wochen, Idealzeit 8 Wochen.

Resümee?
Ihre Zeit reicht nicht – soll sie auch gar nicht! Nehmen Sie sich nicht zu viel vor, genießen Sie – denn nach Norwegen kommen Sie ohnehin wieder! Versprochen!!

TOUR 1 (160 km / 1-3 Tage)

Halden – Fredrikstad – Rygge – Oslo

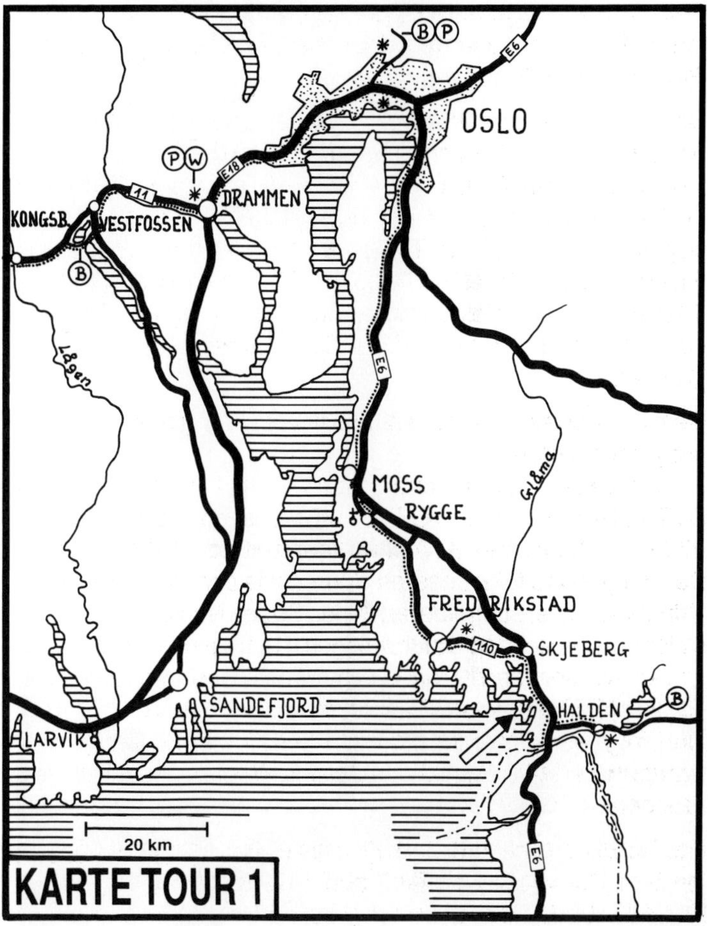

Sind Sie schon einmal in Ihr Urlaubsland "hineingeschwebt"? Nein?
Dann kommen Sie mit uns nach Norwegen!

Wir stehen an dem gewaltigen Wall der Festung "Frederiksten" oberhalb von HALDEN. Unser Blick gleitet über die Stadt im Tal hinweg, folgt dem Verlauf des glitzernden Iddefjorden, wird geblendet durch die tiefstehende Sonne im Westen. Dort hinten muß sich das Wasser des Fjordes mit dem Wasser der Nordsee vermischen, dort waren wir vor einem halben Stündchen auf der 65 m hohen Svinesundbrücke, ohne Zollkontrolle und ohne Stau, von Schweden kommend, in unser Urlaubsland

Halden: Festung Frederiksten

hinübergeschwebt. Noch 3 km auf der E 6, dann nach rechts, 6 km auf der Reichsstraße 21, dann hatten wir HALDEN erreicht.
Unsere allerersten "Norwegeneindrücke"?
Gelbe Mittelstriche auf den Straßen wie in Frankreich, falunrote Holzhäuser mit weißen Kanten wie in Schweden und wie in Schweden auch, allgegenwärtig, Nationalstolz präsentierend, die Landesfahne, hier in rot mit dem weißgesäumten, dunkelblauen Kreuz.
Ein riesiges Prachtexemplar flattert stolz knallend auf der Frederiksten-Festung über unseren Häuptern – hier hatten

sich die angreifenden Schweden 1718 blutige Köpfe geholt, ihr König, Karl XII., ließ gar sein Leben dabei, getroffen am 11.12. von einer verhexten Kugel, die im Museum von VARBERG zu besichtigen ist.
Uns Touristen des 20. Jahrhunderts wird der "Angriff" auf die Festung leicht gemacht: Rechtzeitig vor HALDEN weisen uns braune Schilder mit weißer Schrift den Anfahrtsweg, auch ohne Hinweisschilder könnte man das gewaltige Festungswerk über der Stadt nicht übersehen.
Schön ist das steinerne Monstrum mit den wuchtigen, kantigen Mauern wahrlich nicht, aber einen Schönheitswettbewerb sollte es auch nicht gewinnen – und erobert wurde es nie! 100 Geschütze fanden in Mauern und Türmen Platz, die von 1661 - 1701 errichtet wurden, im Kriegsfall wurden rund 1000 Mann zu ihrer und des Landes Verteidigung hineingepfercht.
Heute ist Frederiksten nur noch ein kriegshistorisches Denkmal. Trotzdem herrscht ein Kommandant, und zwar der 58. in direkter Folge, über die stolzen Mauern – oder ist er nur der Campingwart? Immerhin ist Frederiksten unseres Wissens die einzige Festung, in deren sichern Mauern sich ein Campingplatz niedergelassen hat. Eines ist zudem sicher: Eine schönere Aussicht auf Stadt und Fjord könnte man sich nicht wünschen!
In unserem WOMO-Führer "Mit dem Wohnmobil nach Schweden" konnten wir unseren Lesern für jeden Urlaubstag mindestens einen idyllischen Badeplatz bieten. Natürlich wollen wir, so lange die klimatischen Bedingungen ausreichend sind, diese Regel auch in Norwegen einhalten. Folglich versuchen wir, von Frederiksten aus den Badeplatz am Femsjøen zu finden:
Wir fahren vom Festungsparkplatz zur Straße 22 zurück, biegen rechts Richtung HOLTET, passieren die Abzweigung zum "Festungs-Campingplatz" und kurven nach 1600 m, direkt bei einer Mobil-Tankstelle, wieder nach links, die 103 führt uns nun Richtung TISTEDAL. Einen Hügelrücken geht's hinauf, auf der anderen Seite wieder hinab; und unten im Tal stoßen wir wieder auf die 21, der wir rechts Richtung Ørje folgen. Sofort sichten wir links den Femsjøen und rollen an seinem Südufer entlang.
Gute 3 km später haben wir den Badeplatz links unterhalb der Straße entdeckt: Schön angelegt, Liegewiesen mit Baumbestand, Rettungsring, Toilette, Kioskhäuschen, schmaler Sandstrand – ein feines Plätzchen zum Ausspannen, Schwimmen und Kaffeetrinken.
Ob Sie hier nächtigen wollen/sollen/können?
Störend könnte sich nur der mäßige, aber nahe Straßenver-

kehr auswirken – und gegen den haben Sie sicher Ohrenstöpsel dabei!?
Wir sausen am Femsjøen entlang auf der 21 zurück nach HALDEN und weiter bis zur E 6, biegen dort rechts, auf OSLO zu. Auf unserer Karte ist unweit der Europastraße eine vielgestaltige Schärenküste eingezeichnet, die wir natürlich genauer unter die Lupe nehmen.
Aber die Enttäuschung ist groß! Überall, wo wir am Meer ankommen, geht es uns wie dem Hasen im Wettlauf mit dem Igel: Ferienhäuser aller Größenordnung halten die Ufer besetzt, die (wenigen) Parkplätze entlang der Wege sind überdeutlich als privat gekennzeichnet, und wir machen eine erste Erfahrung, die sich (leider) in ganz Norwegen als "Standard" erweist:
a) Wo es schön ist, sind schon viele andere und
b) die norwegische Natur ist entweder unwegsam (im Sinne von unbefahrbar) oder (außerhalb der Staatsstraßen) von Privatleuten nur für sich selbst (und niemanden sonst) mit Privatstraßen und Privatparkplätzen erschlossen worden.
Die (gar nicht so seltenen) Ausnahmen dieses "Standards" galt es nun, für unsere Leser zu finden und zu beschreiben:
Die erste Abfahrt von der E 6 Richtung OSLO heißt INGEDAL, und 500 m nach der Abfahrt kann man wieder links nach GRIMSØY abzweigen. Etwa 6 km rollen und rumpeln wir nun, auf immer schmaler werdendem Wegle, Hauptrichtung Westen. Die Wegweiser sagen uns nicht viel, die Abzweigungen sind reichlich, folglich haben wir uns für einen entschieden, der optisch was hergibt – es sind Wellenlinien mit einem großen "F" darüber, außerdem zeigt der Wegweiser DUSA in die gleiche Richtung.
Wir haben Glück und landen an einem großen, einsamen Parkplatz direkt an der malerischen Schärenküste, wo wir zum (wohlverdienten) Abendessen einparken. Der Platz bietet außer einer Toilette und einem Telefonhäuschen eigentlich nichts – oder doch?
Vom Parkplatz aus führt ein Spazierweg direkt am Strand entlang: Ruhebänke laden ein, dunkelgrüne Binsenbüschel wachsen am Ufer, unzählige Bootchen dümpeln im Wasser, kleine Spaziergängerbrückchen führen zu rundgeschliffenen Schäreninselchen, die wie gestrandete Wale am Ufer liegen, aufgeregt piepsende, weiße Möwenmütter, die ihre (kaum sichtbaren) grauen Wollküken vor uns warnen, kurven durch die Abendluft – und ein Sonnenuntergang wartet auf uns, wie er an der griechischen Küste nicht schöner sein könnte. Wir bleiben die Einzigen auf unserem ersten norwegischen Übernachtungsplatz. Erst am nächsten Morgen, wir sitzen bereits

Schärenküste bei Grimsøy

beim Frühstück, kurvt ein Pritschenwagen heran, ein emsiger Müllmann wirft einen Blick in die leere Mülltonne und dampft wieder davon.
Auch wir rollen zurück zur E 6 – starten unser Besichtigungsprogramm!
Kaum haben wir das WOMO auf der E 6 richtig am Rollen, benutzen wir schon knapp 9 km später wieder die Abfahrt SKJEBERG/Oldtidsvegen und halten dort Richtung FREDERIKSTAD.
Die 110 nach FREDERIKSTAD ist mit Sicherheit "die älteste Straße Norwegens". Zwar nicht als Straße im modernen Sinne

– aber sie verbindet eine ganze Reihe von Siedlungen, die zu den ältesten der Region gehören. Folglich haben die Touristikmanager ihr den Namen "Oldtidsvegen" gegeben – und wir werden nicht enttäuscht: Alle paar hundert Meter locken Hinweisschilder mit Aufschriften wie "Helleristninger" oder "Fornminner" zu kulturellen Zeugnissen bronzezeitlicher Besiedelung, seien es nun Grabhügel, Richterringe oder Steinritzungen.
Erst kurz vor FREDERIKSTAD lassen auch wir uns "verführen", biegen rechts Richtung KJØLBERG. Der nur 500 Meter kurze Abstecher führt uns zum Parkplatz vor den umfangreichen Grabstätten und Felsritzungen von BEGBY. Seit 1800 v. Chr. datieren die Funde, also seit der Bronzezeit, die Besiedelung ist jedoch durchgehend bis ins Jahr 1000 n. Chr. belegt. Wir sind bereits "Profis", haben kulturell verwandte Felszeichnungen im schwedischen Bohuslän und im südschwedischen Skåne bestaunt und studiert, aber immer wieder sind wir verblüfft und beeindruckt vom Einfallsreichtum der "Steinritzer" und ihrer Fähigkeit, Geschehnisse, ja Gedanken ihrer Zeit an uns weiterzugeben: Darstellungen einfacher Wagen, fertige und unfertige Schiffe deuten auf die Lebensweise, auf die technischen Fertigkeiten hin; zirkelförmige Figuren, Spiralen, die wir als Sonnensymbole deuten, Abbildungen alphornähnlicher Musikinstrumente, sog. Luren, deren Bronzeoriginale an anderer Stelle ausgegraben wurden und eine männliche Figur, die eindeutig das Tanzbein schwingt, läßt uns einen Hauch der religiösen und kulturellen Geschehnisse jener Zeit ahnen.
Kleine, rotbraune Pfosten leiten uns durchs umfangreiche Gelände, ausführlich wird auf verschiedenen Tafeln – norwegisch, englisch und deutsch – Bedeutung und zeitliche Datierung der Felsritzungen erläutert. Während in anderen Teilen Norwegens auch Felszeichnungen aus der Steinzeit gefunden wurden, die etwa 7000 Jahre alt sind, gehören sämtliche Felsritzungen in Østfold zum Kulturmilieu der Bronzezeit.
Der Beweis?
Die Felsritzungen hier entdeckt man nie tiefer als 13 m über dem Meer! Vor knapp 4000 Jahren jedoch lag der Meeresspiegel ziemlich genau 12 m höher – und unter Wasser werden die Künstler wohl kaum gearbeitet haben. Der Grund für das Absinken des Meeres (oder besser Auftauchen der Landes) sind Nachwirkungen des eiszeitlichen, schweren Eispanzers, der das Festland tief in die plastische Erdkruste hineingedrückt hatte und aus der es sich seitdem, auch noch heute, wieder erhebt.
Wir kehren vom "Helleristninger-Parkplatz" wieder zurück zur 110, dem Oldtidsvegen, biegen rechts und entdecken 300 m

Felsritzung bei Begby - der Tänzer

weiter rechts den Supermarkt "Begby-Hallen". Falls Sie dort parken, können Sie auf der gegenüberliegenden Straßenseite weitere, umfangreiche Steinritzungen mit Darstellungen großer Schiffe bestaunen.
Nach weiteren 2 km passieren wir das Ortsschild von FREDERIKSTAD und folgen den braunen Hinweisschildern mit der Aufschrift "Gamle Byen", der alten Festungsstadt.
Am ersten Fußgängerüberweg haut es uns fast aus den Sitzen, krachend protestiert die Hinterachse und das Geschirr in den Fächern schimpft scheppernd mit – man hat den Zebrastreifen einfach 20 cm höher gelegt!

Ortsansässige wissen das, wir haben unsere Lektion weg und gehen seitdem in norwegischen Ortskernen, die vor allem in 30-km-Zonen von solchen und ähnlichen (unangekündigten) Schikanen wimmeln, sehr vorsichtig mit dem Gaspedal um. Über den Wallgraben entern wir die alte Festungsstadt, unmittelbar rechts des Fahrweges liegt die alte Zugbrücke, die man jeden Abend hochzog, um finstere Elemente fern zu halten – eine Arbeit für immerhin dreißig Soldaten.
Direkt hinter der Zugbrücke finden wir reichlich Parkraum; wir entscheiden uns für eine schattige Seitenstraße und machen uns auf, Alt-Frederikstad zu Fuß zu erobern. Über dem Walltor sichten wir die Jahreszahl 1695 und den Wahlspruch Christians V.: "Pietate et Justitia", also "Frömmigkeit und Gerechtigkeit". Dieser Spruch geht uns beim Spaziergang durch die ruhigen, ja friedlichen Straßen und Gassen nicht aus dem Kopf – er scheint hier auch heute noch Gültigkeit zu haben. Beim Bummel landet man über kurz oder lang auf "Kongens torg", dem "Markt des Königs" mit der Statue Frederiks II. Aber nicht nur auf dieses Bronzestandbild sollten Sie Ihr Augenmerk richten, sondern vor allem auf die dahinter gelegene Infanteriekaserne, die nach dem "kalendarischen System" erbaut wurde:

Im Pranger auf dem Marktplatz von Frederikstad

4 Tore symbolisierten die Jahreszeiten, 12 Schornsteine die Monate, 52 Zimmer die Wochen, 365 Fenster die Tage, 24 Glasscheiben in jedem Fenster die Stunden des Tages und 60 Türen die Minuten der Stunden – wäre das nicht ein System für Ihr neues Eigenheim?
Der König blickt mit strenger Miene geradeaus. Würde er seinen Blick halb nach links wenden, könnte er meine liebe Waltraud im hölzernen Pranger strafend anschauen.
Wir folgen nun des Königs Blick zum Zwischentor, das zum Glåma-Fluß hinausführt . Hinter dem Fluß geradeaus grüßt uns der gotische Kirchturm des modernen FREDERIKSTAD und halblinks das Fort Isegran, das seit dem 13. Jahrhundert die Flußmündung bewacht. Dazwischen, als Blickfang, ein altertümliches, rekonstruiertes Wasserrad. Bei so viel Aussicht wollen wir Ihre Frage beantworten, bevor Sie sie stellen:
Ja, Sie können mit dem WOMO die Altstadt durchqueren, das Zwischentor passieren und finden am Ufer des Glåma einen malerischen, ruhigen und, wie gesagt, aussichtsreichen Picknickplatz.
Wir verlassen Gamle-Frederikstad, wie wir es betreten hatten, biegen nach knapp 300 m jedoch nicht links zum Zentrum, sondern fahren rechts. "Kongsten" ist unser nächstes Ziel – der "Schwedenschreck". Bereits nach weiteren 300 m biegen wir links in die erste Querstraße ein und haben die alte Befestigungsanlage vor uns. Die sternförmig konstruierte Verteidigungsstellung ist vor allem berühmt für ihre unterirdischen, bombensicheren Räume, aus denen man um so erfolgreicher mit Kanonen auf etwaige Angreifer ballern konnte. Auch hier herrscht heute eine geradezu paradiesische Ruhe, Mütter schieben ihre Kinderwagen die sauberen Parkwege entlang, ein Pärchen läßt die Beine von der Festungsmauer baumeln, der Parkplatz vor dem Festungseingang neben den gepflegten, grünen Liegewiesen gehört zu der Kategorie ruhig, sauber, übernachtungsgeeignet.
Wir kehren nun zur 110 zurück, überqueren auf einer geradezu ästhetisch schönen, neuen Brücke den Glåma-Fluß nach FREDERIKSTAD, setzen unseren Weg auf der 110 nach MOSS fort. Oft müssen wir die Fahrtrichtung wechseln, selten jedoch werden wir von einer hemmenden Ampelanlage belästigt; der Grund: Norwegen ist das Land des Kreisverkehrs! In ganz Europa gibt es nicht so viele Kreisverkehre wie allein in Norwegen, manchmal kommen drei oder vier wenige hundert Meter hintereinander, schnell hat man sich daran gewöhnt, selten muß man warten, wir finden's toll!
Hinter FREDERIKSTAD wird die Gegend sofort wieder ländlich. Flache Bereiche mit Feldern wechseln ab mit hügeliger

Moränenlandschaft, die von Fichten- und Kiefernwald – dazwischen leuchten die weißen Birkenstämme – überwuchert ist. An den Waldrändern stehen, windgeschützt, meist einzeln, die Bauernhäuser, stets aus Holz gebaut, falunrot ist auch hier die Standardfarbe.
Von der 110 wechseln wir in KARLSHUS auf die 118 und verschmähen die E 6, die parallel zu uns nach Nordwesten zieht. KARLSHUS und RÅDE gehen ineinander über, dann folgt RYGGE. Erst am Ende des typisch skandinavisch verzettelten Ortes folgen wir nach links dem Wegweiser "Rygge-Kirchensymbol 2 km".
Die Kirche von RYGGE wurde in der ersten Hälfte des 11. Jahrhunderts im romanischen Stil erbaut und ist eine der schönsten, stilreinsten und bedeutendsten Kirchen Norwegens und die am reichsten ausgestattete Kirche in Østfold. 1987 wurde ihr Äußeres mit dem Sandstrahlgebläse aufgefrischt, was ihrem besonderen Aufbau sehr zugute kommt: Während die Norweger eigentlich unbestrittene Meister im Holzbau waren (und sind), ist die Kirche von RYGGE in steinerner Quaderbauweise errichtet: Rechteckige Bausteine aus Gneis, Granit und weinrotem Porphyr lockern die ansonsten gedrungene und schmucklose Außenfassade auf.
Wir kehren nach RYGGE zurück, überqueren die 118, entern die E 6 nach OSLO. Südlich der Hauptstadt mündet die E 18 in die E 6, ein Stück laufen die zwei Europastraßen gemeinsam, dann zieht die E 6 nach Norden davon, wir biegen, nun auf der E 18, am Ostrand des Bunnefjorden, nach Nordwesten, halten auf OSLO-City zu. Hier, kurz vor dem Zentrum, erleben wir zum ersten Mal eine gut gefüllte Straße, sonst ist von der Nähe der 1/2-Millionen-Stadt nichts zu spüren: Felder, Wälder, Seen. Nicht, daß wir danach Sehnsucht gehabt hätten, aber es fällt auf – und der Vollständigkeit halber bekommen wir zum Schluß noch einen Stau mitgeliefert, einen Stau vor unserer ersten "Bomstasjon", einer norwegischen Variante des Straßenräubertums: Privatstraßen, Tunnelbauten, Brücken, neue Straßenabschnitte, alles, was Geld kostet, wird privat vorfinanziert und dann von den Benutzern abbezahlt. Eine Besonderheit sind die "Bomstasjoner" rings um die Städte OSLO, BERGEN und TRONDHEIM, mit denen man den öffentlichen Nahverkehr fördern und die Verstänkerung der Städte vermindern möchte. Wohl oder übel müssen auch wir daran glauben, zahlen unseren Obolus, rollen weiter aufs Zentrum zu. Wir passieren die Abfahrt zur Halbinsel SJURSØYA. Dort würden Sie, falls Sie Bedarf haben, eine der ganz wenigen Autogasstationen Norwegens finden. Kurz darauf, bei SJØMANNSKOLEN, müßten Sie abzweigen, falls es Ihnen nach "Ekeberg

Camping", einem der beiden Campingplätze OSLOs gelüstet. Wir haben richtungsmäßig keine Probleme, bleiben immer auf der E 18, lassen uns von ihr, unter dem Stadtzentrum hindurch (Oslo-Tunnelen, 1800 m lang), weiter nach Westen tragen. 1800 m hinter dem Tunnelende haben Sie die Qual der Wahl, wie Sie Ihren OSLO-Aufenthalt gestalten (lassen) wollen. Wir haben für Sie vier Ideen ausgearbeitet, eine davon wird sicher Ihre Zustimmung finden:
"Ekeberg Camping" hatten wir schon passiert; zum zweiten Campingplatz OSLOs, "Bogstad Camping" finden Sie, wenn Sie weiter geradeaus auf der E 18 bleiben, die Hinweisschilder sind unübersehbar. Von einem der beiden Campingplätze aus können Sie dann, das WOMO ist sicher aufgehoben, auf Tour gehen.
Wer nach rechts abbiegt, unterquert die E 18 und gelangt (Hinweisschilder) auf die Museumsinsel BYGDØY. Dort findet man, wie in allen norwegischen Städten, nach 17 Uhr reichlich Parkraum. Wir folgen den Hinweisschildern "Kon-Tiki-Museet" und "Sjøfartsmuseet" und landen auf einem Parkplatz, der gleich mehrere Vorzüge bietet: Er liegt neben mehreren Museen, die ein "Muß" sind für Ihren Osloaufenthalt, er bietet einen prima Übernachtungsplatz mit Blick auf den nächtlich erleuchteten Hafen – und er liegt an der Ablegestelle der kleinen Hafenfähre, die Sie zur Besichtigung OSLOs direkt zum Zentrum vor dem Rathaus hinüberschippert.
Jetzt werden Sie sagen: „Museumsbesuche, Parkplatzgebühren, Bootchenfahren – das wird sicher recht teuer!" Klar, OSLO ist nicht umsonst, aber die Oslo-Karte (Oslo-Kortet) macht es erträglich! Für etwa 35 DM/Person/24 Std. (Kinder die Hälfte) ist dann fast alles kostenlos: Museumsbesuche, Fähre, Straßenbahn, Bus, U-Bahn – und sogar das Parken!
Wo Sie die Oslo-Karte bekommen?
Auf den beiden Campingplätzen, im Touristenbüro am Rathausplatz, im "Trafikanten" vor dem Hauptbahnhof, in Kiosks im Zentrum mit der Aufschrift "Narvesen" – und in 700 Postämtern und Reisebüros in ganz Norwegen.
Tip: Bereits in Halden oder Frederikstad besorgen, der Gültigkeitsbeginn wird von Ihnen mit der ersten Benutzung festgesetzt.
Wenn Sie mitgezählt haben, fehlt noch ein Oslo-Tip – unser Geheimtip:
Wir rollen weiter auf der E 18, biegen dann zum "Bogstad-Camping" ab, kaufen uns dort unsere "Oslo-Kortet" und versorgen uns mit weiterem Info-Material, das reichlich ausliegt, u.a. mit einem Stadtplan. Auf diesem finden wir zwei Finger breit rechts des Campingplatzes die Skischanze "Holmenkollen",

Skischanze Holmenkollen

die Zufahrt ist bestens ausgeschildert, führt in vielen Serpentinen steil hinauf. Oben besichtigen wir die Schanze (Heiko Hunger hält mit 110,5 m den Schanzenrekord), das (sehr empfehlenswerte) Skimuseum und genießen die unüberbietbare Aussicht auf Oslo (am schönsten von der kleinen Kirche östlich der Sprunganlage).

Ja, und dann kommt er, der Super-Übernachtungs- und Picknicktip: Wir rollen weiter empor Richtung TRYVANNSTÅRNET, dem Fernsehturm von Oslo, in 590 m Höhe. Kurz vorher, beim ØVRESETEREN, sichten Sie links einen riesigen, geschotterten, völlig leeren Parkplatz und rechts einen idyllischen

Oslo: Bade- und Übernachtungsplatz beim Tryvannstårnet

Badesee mit herrlichen Liegewiesen. Hier ist Ihr Picknick- und Übernachtungsplatz mit Blick auf die nächtlich beleuchtete Großstadt, auf dem Sie niemand stören wird – und Ihre Parkplatzprobleme für die Stadtbesichtigung am nächsten Tag sind auch gelöst!!??

Richtig, hier oben steht Ihr WOMO ruhig und sicher – und Sie rollen bequem mit der Straßenbahn, der "Holmenkollbanen", ohne ein einziges Mal umzusteigen, bis zum "Stortorvet" im Zentrum OSLOs, denn die Endstation FROGNERSETEREN ist nur 3 Minuten entfernt (links der Straße bergab, beleuchteter Fußweg durch den Wald, Abfahrt Mo-Fr 6.00 - 0.50 Uhr alle 20 Minuten, Sa/So 7.30 - 0.50 Uhr alle 30 Minuten).

Natürlich haben wir am Bogstad-Camping auch nach den Preisen gefragt: WOMO + 4 Personen runde 30 DM, ein durchschnittlicher Campingpreis in Norwegen. Neben dem Campingplatz liegt der Bogstadvatnet, ein riesiger Badesee. Folgt man der Straße an seinem Ostufer, so findet man zwei große, kostenlose Parkplätze, auf denen man jedoch nur von 8 - 23 Uhr parken darf – warum wohl?

Wir haben vor dem Kon-Tiki-Museum auf der Museumsinsel ungestört übernachtet, nehmen am nächsten Morgen gegen 8.30 Uhr die Fähre zum Rathausplatz, beginnen unseren Stadtbummel am Rathaus, besichtigen den Schwanenbrunnen an dessen Rückseite; wenige Schritte, und wir sind auf OSLOs Prachtavenue, der Carl-Johans-Gate, mit ihren teuren Juweliergeschäften, den Restaurants und Cafés im Freien, von deren östlichem Ende mit dem Dom und dem Bahnhofsplatz (Jernbanetorget) man hinüberschauen kann bis zum anderen Ende mit dem königlichen Schloß. In der Mitte des Bahnhofs-

Trolle auf der Carl-Johans-Gate

vorplatzes steht ein hoher, verglaster Uhrturm, darunter ist "Trafikanten", eine Auskunfts- und Verkaufsstelle, wo es ebenfalls reichlich Info-Material und die Oslo-Karte gibt. Vor dem "Trafikanten" steigen wir in die Straßenbahn Nr. 2 zum "Frognerpark/Majorstuen". Wir rumpeln am Nationaltheater und am Königlichen Schloß vorbei, steigen an der drittletzten Station "Vigelandsparken" aus. Eine lange Allee führt uns durch den Skulpturenpark von Gustav Vigeland auf den Monolithen zu, den Höhepunkt seines gewaltigen Werkes. Vigelands Grundgedanke war, die "sieben Altersstufen des Lebens" als "Hymnus an das Leben" darzustellen – wir sind überwältigt von seinem Schaffen, das 150 Skulpturengruppen, die meisten in Granit gehauen, einige in Bronze gegossen, 800 plastische Entwürfe und etwa 12000 Zeichnungen umfaßt. Lassen Sie sich gefangen nehmen von der Gewalt und der Phantasie eines großen Künstlers – auch wenn Sie vielleicht – so wie wir – Liebhaber einer anderen Stilrichtung sind ....

Oslo: Vigelandskulpturen im Frognerpark

Einen schönen, ruhigen - und fast leeren Parkplatz haben wir auch an der Nordostecke des Frognerparkes entdeckt, auf dem Fußwege nach "Majorstuen", einem Verkehrsknotenpunkt, von dem aus die T-Bahn Nr. 15, die "Holmenkollbanen" zur Skischanze und weiter bis zur Endstation "Frognerseteren" fährt. In die andere Richtung rollt die T-Bahn unter der Erde bis zum "Stortorvet" neben dem Dom. Außerdem ist in "Majorstuen" auch die Endstation "unserer" Straßenbahnlinie Nr. 2, und zwar mitten auf dem Platz. Wir rumpeln zurück Richtung Zentrum, steigen jedoch bei "Slottsparken" aus, um der Königlichen Wache eine Weile bei ihren abgezirkelten Schritten zuzuschauen ....
Am Nationaltheater vorbei spazieren wir zurück zum "Rådhusplassen", wundern uns über die unverschämten Preise, die man an der Anlegestelle unserer Bygdøy-Fähre, an der "Rådhusbrygge", für frisches Obst verlangt – und tuckern zurück zur Museumsinsel, denn der Nachmittag ist reserviert für die Museen auf Bygdøy.
Haben wir schon von der "Gjøa" erzählt, dem Segelschiff, mit dem Roald Amundsen als erster die Nord-West-Passage bezwang? Es liegt, im Freien zu besichtigen, direkt neben der Anlegestelle "Bygdøynes".
Aber das ist nur der Anfang! Dahinter links, im Norsk Sjøfartsmuseum, tappen wir durch das Polarschiff "Fram", mit der Fridtjof Nansen sich 1893-96 durch das Packeis des Polarmeeres treiben ließ, um so den Nordpol zu erreichen. Das Schiff ist, wie die "Gjøa", im Original erhalten, ausgestattet mit einer solchen Fülle von Ausrüstungsgegenständen, daß man darüber ein Buch schreiben könnte – man muß es gesehen haben!

Kon-Tiki-Museum, Thor Heyerdahls "Rah"

Gegenüber, im Kon-Tiki-Museum, liegt das Floß aus Balsa-Holz, mit dem Thor Heyerdal 1947 von Südamerika in 97 Tagen über den Stillen Ozean bis ins polynesische Archipel segelte, außerdem die "Rah", ein 14 m langes Papyrusboot, mit dem der gleiche Heyerdal 23 Jahre später den Atlantik von Afrika nach Südamerika bezwang – auch dies einmalige Schätze abenteuerlicher Reisen.

Aber dann stehen wir wortlos vor dem "Osebergschiff" im Vikingskipene-Museum, zu Fuß ein Viertelstündchen von der Anlegestelle entfernt. 1903 fand man nordöstlich von Tonsberg dieses "Luxus-Wikingerschiff", das offensichtlich als Grab für

die Königin Åsa diente. Von auserlesener Pracht sind bereits die geschnitzten Grabbeigaben, aber die Eleganz und Leichtigkeit des Schiffes läßt uns verstummen. Das "Gokstadschiff" im Nachbarraum war ein hochseetaugliches, ein "richtiges", ein typisches Wikingerschiff: von der Seite gesehen lang und schlank, von vorn oder hinten betrachtet jedoch eher breit und behäbig, einer brütenden Glucke nicht unähnlich.
Mit solchen Booten, einfachsten Segeln – und im Notfall mit Ruderkraft, bezwangen die Wikinger, die "Buchtmänner", nicht nur die an Europa angrenzenden Meere, sie stießen auch als erste über Island und Grönland bis Nordamerika vor, fast 500 Jahre vor Kolumbus.

Norwegisches Volksmuseum: Speicherhäuser

Unser letzter Museumsbesuch gilt dem Norwegischen Volksmuseum, dem größten kulturhistorischen Museum des Landes. Über 150 Häuser aus allen Teilen Norwegens wurden abgetragen, restauriert und hier wieder aufgebaut und mit über 160.000 typischen Haushaltsgegenständen eingerichtet. Es ist fast zu viel, was den Besucher erwartet – und so bleibt als Erinnerung meist nur die prächtige Stabkirche aus Gol, die für uns die erste auf einer immer länger werdenden Liste dieser für Norwegen so typischen Sakralbauten ist.

TOUR 2 (200 km / 2-4 Tage)

Oslo – Drammen – Kongsberg – Heddal – Gaustatoppen – Rjukan

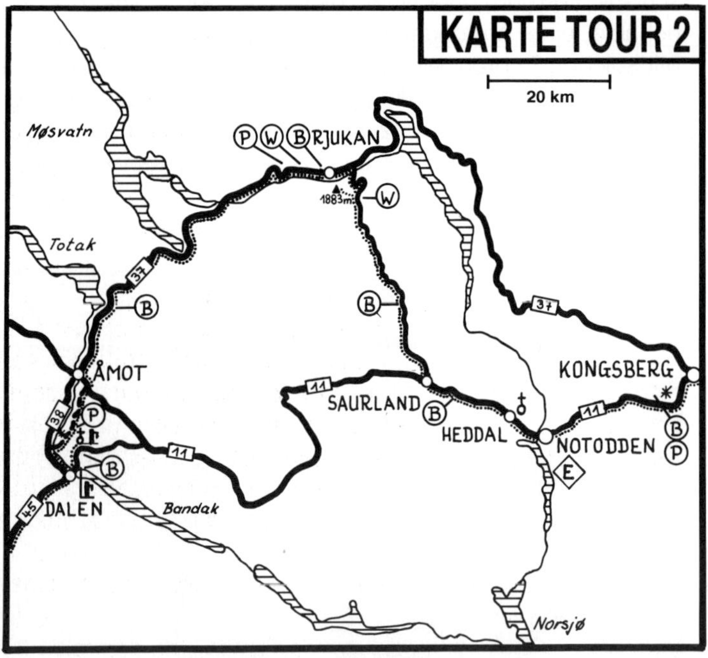

Bis zur Halskrause angefüllt mit noch völlig unverdauten Eindrücken verlassen wir BYGDØY und damit auch OSLO auf der E 18 nach Westen; schon nach Kurzem umfängt uns wieder die schöne norwegische Natur und das Einzige, was außer der Straße an die Anwesenheit des Menschen erinnert, ist die unglaubliche Zahl von Kähnen, Booten, Bootchen und Jachten, die an jedem Seeufer, vor allem aber an den Ufern der Fjorde vertäut liegen.

10 km vor DRAMMEN passieren wir ein neues Straßenstück, schon sichten wir das Hinweisschild "Bomveg", und wie in Oslo zieht man uns wieder Straßenbenutzungsgebühr aus der Tasche.

Am Ortsbeginn von DRAMMEN fahren wir Richtung "KONGSBERG/DRAMMEN Nord" auf die 11. Wir durchqueren BRAGERNES, den Nordwesten DRAMMENs, dort ist auch unübersehbar mit dem "Blumenkohlsymbol" für touristische Besonderheiten "Spiralen" ausgewiesen.

Sie wissen nicht, was "Spiralen" ist?

Nun, dann ziehen Sie den Sicherheitsgurt fester – und lassen

Sie sich überraschen: Sechs 360-Grad-Umdrehungen macht das WOMO in einer Dauerserpentine, immer links herum, steil bergauf in einem Berg. Man bekommt zwar über kurz oder lang einen Drehwurm, dafür braucht man aber nicht, wie bei einer "gewöhnlichen" Serpentinenstrecke, dauernd am Lenkrad zu drehen, sondern es nur festzuhalten.
Nein, nein, eine neue, norwegische Bergstraßentechnik ist "Spiralen" (noch) nicht, sondern lediglich die touristische Ausnutzung eines außergewöhnlichen Steinbruches: Weil das Sprengen im Freien zu laut war, sprengte man im Inneren des Berges und erhielt als "Abfallprodukt" diese einmalige Dauerkurve, an deren oberem Ende man als Krönung einen wunderschönen Aussichts-, Picknick- und Übernachtungsplatz steil oberhalb von DRAMMEN erreicht, mit weitem Blick über das Tal des Drammenselva und den Drammensfjorden.
Hat man von der Aussicht genug, wendet man seinen Blick nach hinten und entdeckt einen gepflegten Waldlehrpfad-Wanderweg, wo man seine Kenntnisse der norwegischen Flora erweitern kann. Ein Stück weiter wartet der obere Parkplatz mit dem Spiraltoppen-Café und rechterhand einem Trimm-Dich-Pfad. Außerdem kann man von hier aus in etwa 20 Minuten zum Landfalltjen, einem lauschigen Waldsee mit Bademöglichkeit wandern.
Wir meinen: Die Spirale von Drammen sollte man mit einem Besuch beehren!
Natürlich ist es nicht jedermanns Sache, bis zur nächsten Badegelegenheit 20 Minuten zu laufen! Aber den nächsten See muß man, zumindest im südlichen Norwegen, nicht lange suchen.
Wir kehren, diesmal (logischerweise) rechtsrum und steil bergab, zur 11 zurück, biegen nach rechts Richtung KONGSBERG. Wie gesagt, der nächste Badeplatz war angesagt – aber wir haben gleich zwei entdeckt:
Zunächst begleitet uns der mächtige Drammenselva links, dann rechts der Straße, verläßt uns bei HOKKSUND nach Norden, läßt sich vom Fiskumelva ablösen. Wir verlassen die 11, biegen nach links auf die 35, durchqueren VESTFOSSEN (Bahnunterführung, Höhe: 2,90 m). Am südlichen Ortsrand liegt Fossesholm, früher ein adliges Gut mit Norwegens größtem Waldbesitz. Das heute noch erhaltene Gebäude wurde 1760 errichtet, reich im Rokokostil ausgestattet und steht heute unter Denkmalschutz (offen: 12-18 Uhr außer montags). Eine besondere Attraktion ist die für Norwegen einmalige Sammlung deutscher, handgemalter Leinwandtapeten aus dem 18. Jahrhundert, mitten im Hofraum fällt in einem kleinen Häuschen mit Uhrturm ein Ziehbrunnen aus dem Jahre 1773 auf.

Rechts der Straße erweitert sich der Fiskumelva zum Fiskumvatnet, einem kleineren See, der in den größeren Eikeren-See übergeht. Diese Berührungsstelle der beiden Seen, etwa 3 km südlich VESTFOSSEN, kann man überqueren (Wegweiser: FISKUM), und genau 1800 m hinter der Brücke findet man rechts einen einsamen Badeplatz, auf den ersten Blick nur ein kleines Wiesenstück mit Sandstrand neben der Straße. Erst bei der Suche nach der (obligatorischen) Toilette entdecken wir den zweiten, viel größeren Teil der Anlage hinter einem Felsvorsprung mit riesiger Liegewiese, Sprungturm und komfortablen Toiletten, die nachts sogar beleuchtet sind.
Wir übernachten ruhig, denn die nahegelegene Straße wird kaum befahren, rollen am nächsten Morgen (nach sehr frischem Morgenbad) über FISKUM zur 11 zurück, biegen dort nach links Richtung KONGSBERG ein, durchqueren es auf der 11 Richtung NOTODDEN, überqueren den Lågen und haben Mühe, hinter der Brücke einen Parkplatz zu finden, um seine fotogenen Katarakte mitten in der Stadt in Ruhe fotografieren zu können.
Sehen Sie links vom ersten Kreisverkehr hinter der Brücke die Leitungen der Umspannstation? Dort ist nicht nur ein bequemer Parkplatz, sondern auch die Abzweigung zum Norwegischen Bergwerksmuseum, zum Skimuseum und zum Münzmuseum, und beim Bummel entlang des schäumenden Flusses zurück entdecken Sie natürlich auch die alte Backsteinkirche von KONGSBERG, einem der größten Barockbauten von Norwegen (als Vorbild diente vermutlich die alte Garnisonskirche von Potsdam).

"Kongens gruve", Grubenbahn

Während zum Bergwerksmuseum von KONGSBERG, wo Silber und Gold, Rubine und Smaragde auf die Ahs und Ohs der Besucher warten, nur noch wenige Meter von unserem Parkplatz aus zu fahren sind, ist "Kongens gruve", das Silberbergwerk bei SAGGRENDA, noch 8 km auf der 11 Richtung NOTODDEN entfernt. Die Abzweigung ist bestens ausgeschildert und auf den 1100 m Stichstraße bis zum Bergwerkseingang erlebt man die schon angekündigte, freudige Überraschung: Bereits 500 m seit der 11 entdeckt man links des Weges einen aufgestauten Badesee mit ruhigem Parkplatz, den wir denen empfehlen, die zu früh – oder zu spät zu der Silbergrube gekommen sind: Zu früh ist vor 11 Uhr, zu spät ist nach 15.30 Uhr, denn der Grubenzug fährt nur viermal am Tag: 11, 12.30, 14 und 15.30 Uhr.
Ein Besuch in der Grube dauert 1 1/4 Stunden: Ein Bähnle mit vielen kleinen Wägelchen, die peinlich an grüne Hasenkästen erinnern, bringt die Besucher mit dröhnendem Getöse durch den 2300 m langen Christian-VII.-Stollen in 342 m Tiefe, wo man bei 6°C eine schöne Gänsehaut bekommt, wenn man Pullover oder Anorak vergißt. Eine ganze Reihe von weiteren, waagerechten Stollen wurde in den Berg geschlagen, von denen aus senkrechte Schächte weiter in die Tiefe führen. Ihre Namen wie "Gnade-Gottes-Grube", "Willen-Gottes-Grube", "Gott-beschert-Erz-Grube", "Gottes-Hilfe-in-der-Not-Grube" oder "Erzengel-Michael-Grube" zeigen überdeutlich – die Bergleute waren bei ihrer gefährlichen Arbeit stets dem Jenseits nahe – und sie wußten es auch!
Aber warum trugen die Gruben deutsche Namen, sogar die Straßen in KONGSBERG?
Die Bergleute holte man sich aus Sachsen, und seit 1640 entrissen diese Spezialisten dem Berg immerhin 1350 Tonnen Silber, der größte Klumpen wog über 1000 kg. Die Arbeit war mörderisch und doch schlecht entlohnt. Ein kleiner, geklauter Silberklumpen brachte bei den Silberschmieden im Setesdal mehr ein als ein ganzes Jahr Maloche – kein Wunder, daß bereits damals eine Grubenpolizei auf des Königs Silber ein waches Auge hatte. Wurde man von ihr erwischt , landete man in Ostindien in einer dänischen Strafkolonie – und trotzdem verarbeiteten die Setesdaler Silberschmiede mehr "Diebssilber" als "Königssilber"....
Wie sah die Arbeit aus?
Mit den Handschlegeln kam man anfangs nur 1,5 cm pro Tag vorwärts. Später, mit Preßluftbohrern, war alles leichter, aber beim trockenen Bohren drang Staub in die Lungen, Silikose nannte man das frühe Leiden; beim nassen Bohren erkrankte jeder Zweite in der Kälte an Lungenentzündung....

Zum Schluß, mit Dynamit, schaffte man 1,5 Meter pro Tag, aber der Berg war erschöpft, die Ausbeute ging zur Neige, nur noch Touristen kann man jetzt schröpfen – mit 100 nKr für die Familienkarten; ich hoffe, Sie haben mindestens fünf Kinder dabei!?
Die Erläuterungen der Grubenführer sind umfangreich und sachkundig, der Rundgang im Berg jedoch ist zu kurz, schade! So bleiben in der Erinnerung, während wir mit Donnergetöse wieder dem Tageslicht entgegenpoltern, nur die Bilder der technischen Ausstattung der letzten Jahrzehnte, an erster Stelle wohl die moderne "Fahrkunst", zwei sich gegenläufig bewegende, lange Balken mit Trittstufen, auf denen man viel bequemer in die Tiefe hinab und wieder hinauf gelangte.

"Kongens gruve", moderne "Fahrkunst"

Ein Trost für kleine und große Kinder ist der malerisch gelegene Badeplatz "vor der Haustür". Seine ideale Lage, gepaart mit der guten Ausstattung wie Sandstrand, Liegewiesen und Liegefelsen, Rutschbahn und reichlichem Parkraum macht ihn zur praktischen "Warteschleife" bis zur nächsten Grubenführung – auch wenn es über Nacht sein sollte.
Wir kehren zurück zur 11 und biegen rechts nach NOTODDEN ein, sichten 3,3 km später an der linken Straßenseite einen schön gelegenen Picknickplatz, zwei weitere folgen am Buvatnet (See), kurz darauf überqueren wir die Grenze zur "Fylke" (Region, Regierungsbezirk) Telemark. Der Wald wird dichter, das Gelände hügelig, die Straße schraubt sich hinauf und hinab, und am Horizont tauchen die ersten schneebedeckten Berggipfel auf. Das "Elgsjø kafe" am gleichnamigen See bietet seinen Gästen bei gemütlicher Rast einen Ausblick bei Kaffee

"Kongens gruve", Badesee

und Kuchen oder Eis.
Beim Ortsschild NOTODDEN werden wir aufgefordert, das Autoradio auf UKW 104,5 MHz einzuschalten – und prompt werden wir mit deutschen Tönen begrüßt und über die touristischen Glanzpunkte der Stadt sowie (natürlich) deren Einkaufs- und Ausgehmöglichkeiten informiert. Wir rollen hinab zum riesigen Heddalsvatnet, überqueren seinen Zufluß, den Tinnelva, auf einer Metallgitterbrücke. Fußballfeldergroße Flächen des Sees sind mit herbeigeflößten Baumstämmen bedeckt, warten im sicheren Wasser, unbehelligt von Borkenkäfern, auf ihre Weiterverarbeitung.

Am Ortsende, dort, wo beim Supermarkt "Kvantum" links die Straße nach BØ abzweigt, liegt am sandigen Ende des Sees der Campingplatz von NOTODDEN.
Wir bleiben auf der 11, Norwegens größte Stabkirche wartet auf uns, die Kirche von HEDDAL. Kurz vor der Abzweigung zur Kirche liegt die zweite Touristenattraktion dieses kleinen Ortes, das "Heddal Bygdetun", ein typisches Freilichtmuseum mit alten, jedoch wohlrestaurierten und typisch ausgestatteten Holzhäusern, wie wir noch hunderte in Norwegen sehen werden. Aber nicht nur in den Freilichtmuseen wird Altes erhalten

Heddal: Stabkirche

und gepflegt. Unser erster Eindruck in der Telemark ist neben der romantischen Naturkulisse die Vielfalt der gut erhaltenen, ja liebevoll herausgeputzten, alten Bauernhäuser, Scheunen sowie oft kunstvoll mit komplizierten Schnitzereien verzierten, meist zweistöckigen Speicher, von denen stets das obere Stockwerk breiter ist als das Erdgeschoß – wohl um zwei- und vierbeinigem Ungeziefer das Eindringen zu erschweren.
Höhepunkte alter Holzbaukunst und Fassadenverzierung sind natürlich die Stabkirchen – so auch die von HEDDAL. Der älteste Teil der Kirche, der Chor, geht auf das Jahr 1147 zurück, die restlichen Teile wurden 1242 auf zwölf großen und sechs kleineren, tragenden Säulen errichtet. Vier reich mit Schnitzereien verzierte Portale führen ins Innere, das ebenfalls herrlich ausgestattet ist, unter anderen mit Rosenmalereien aus dem 17. Jahrhundert.
12 km westlich der Stabkirche, an der 11, überqueren wir den Åmnesfossen. Im "Fossen-Kro" kann man fein speisen und unterhalb der schäumenden Stromschnellen locken Badefreuden. Noch 4 km, bis SAULAND, beehren wir die 11. Wie auch bei uns üblich, steht das Ortsschild bei den ersten Häusern, aber dann wartet man auf einen richtigen Ortskern meist vergeblich. Er scheint, als würde sich ein rechter Norweger sträuben, sein Haus näher als 50 - 100 m näher an das nächste zu bauen.
Durchs Tuddalsdalen halten wir, nach Nordwesten, auf RJUKAN zu. Unsere Straße, der das "Staatliche Norwegische Wegwesen" noch nicht einmal eine Straßennummer gönnt, ist breiter als erwartet, windet sich jedoch sofort den Hang empor, läßt den fast ausgetrockneten Fluß weit unter sich; erst nach 13 km steigt sie wieder zu ihm hinab, überquert ihn. Direkt vor der Brücke kann man links in einen Schotterweg einschwenken und zum Bade hinabsteigen. Hinter der Brücke erweitert sich der Fluß zu einem kleinen See, und kurz darauf begrüßt uns das Ortsschild von TUDDAL. Hier wartet der Campingplatz "Øystul" am See auf erholungsuchende Camper, kurz darauf verengt sich der See wieder, begleitet uns weiter links der Straße.
8 km später, am Bjårvatn, liegt rechterhand "Tuddal-Bygdetun", eine Ausstellung alter Bauernhäuser (Eintritt frei), schräg gegenüber der Campingplatz "Bøen", keine 100 m später "Tuddal-Camping", beide direkt am See.
Jetzt sind es noch 25 km bis RJUKAN, und der eigentliche Gebirgsteil der Strecke beginnt! Die Straße ist gut, die Serpentinen sind harmlos – und wir halten eine Geschwindigkeit von 35 km/h. Eine erste Hochebene wird erreicht, ein See blinkt links auf, hier findet sich endlich eine ganze Reihe von Park-

plätzen rechts der Straße und einige liegen auch, besonders bequem, direkt am Wasser. Vor, besser über uns liegen die ersten, völlig kahlen Bergkuppen. Wieder schwingt sich die Straße empor, die letzten, windzerzausten Föhren werden von Birkenwald abgelöst, dann durchstoßen wir, wie ein Taucher die Wasseroberfläche, die Waldgrenze, um uns herum nur noch niedrige Weidensträucher, Heidekraut und vor uns mit grünlichen Flechten bedeckte Gipfel mit weiß glitzernden Schneeflächen. Bei »km 33«, also 33 km seit der Abzweigung von der 11 bei SAULAND, haben wir am Flinstjønnskaret in

Paßhöhe Flinstjønnskaret (1260 m)

1260 m Höhe den Paß erreicht.
Hier steigt man gewöhnlich aus, schaut in die Runde, vertritt sich die Beine. Sie sollten sich auf der Paßhöhe etwas erholen, denn 2 km weiter bergab haben wir einen Anschlag auf Sie vor! Dort, wo beim nächsten Parkplatz die Tafeln der Toursteninformation Auskunft geben über die möglichen Aktivitäten im Gebiet um RJUKAN, beginnt der bequemste Wanderweg auf den höchsten Berg Telemarks, den 1881 m hohen, aussichtsreichen Gaustatoppen.
Es ist bereits kurz vor 17 Uhr, als wir, gestiefelt und gespornt, will heißen mit Bergstiefeln, Jeans, Windjacke und Rucksack mit "kleinem Verpflegungspaket" in die Fußstapfen vieler Bergfreunde treten, die uns zum größten Teil bereits beim Aufstieg begegnen. Aber der späte Abmarschtermin hat nur Vorteile,

Wander"weg" auf den Gaustatoppen (1881 m)

denn es herrscht herrliches Wetter, die Sonne brennt vom stahlblauen Himmel, nach wenigen Schritten verpacken wir die Jacke schon wieder im Rucksack.
Eine Stunde Marsch, dann rasten wir auf dem Sattel vor dem Gipfel, und eine weitere 3/4 Stunde später haben wir die "Küchenrolle" erreicht, den Fernsehturm auf der Kuppe, der verblüffend der abgewickelten Papphülse einer überdimensionalen Küchenrolle gleicht.
Der Ausblick ist der Strapaze unserer ersten Bergtour angemessen, weit reicht die Sicht über die stumpfen, flechtengrünen Kuppen, Hügel und Wellen der Berge. Blauschwarz, tiefgründig scheinen die Seen in den Senken im Osten, nach Westen zu glitzern sie in der tiefstehenden Sonne wie geschmolzenes Blei – man glaubt, ganz Telemark überschauen zu können. Direkt im Norden unter uns schlängelt sich der Måna durchs schattige Tal nach Osten in den Tinnsjø, fließt durch RJUKAN, unser nächstes Ziel.
Bergab geht's auch nicht schneller, stellen wir beim Rückmarsch fest, denn der Pfad ist steinig, geröllig, für Kinder wohl erst ab 6 Jahren zu empfehlen.
Viel bequemer hat's das WOMO, das sich auf dem Teerband zu Tale schwingt, während wir auf 105 MHz vom "Touristensender Rjukan" begrüßt werden. Es ist unglaublich, wie tief das Vestfjorddalen in den Gebirgsstock eingeschnitten ist – so tief, daß die Häuser RJUKANS den ganzen Winter über nicht von der Sonne beschienen werden.
Im Talgrund angekommen, überqueren wir den Måna, eine Bahnlinie, biegen nach links in die 37 ein, sichten die ersten Häuser von RJUKAN. Hier ist einiges geboten: Als erstes entdecken wir rechterhand das Tinnmuseum direkt neben der Hauptstraße, ein Freilichtmuseum mit etwa 25 historischen Gebäuden, und genau 1000 m später verlassen wir die Hauptstraße nach links zum "Tveitopark". Dies ist ein großes Wiesengelände mit einem Bade- und Plätscherteich in der Mitte und daneben vielfältigem Spielgerät für Kinder aller Altersstufen, Toiletten und ringsrum vielen Parkplätzen. Hiermit haben wir Ihnen unseren ersten Übernachtungsvorschlag in RJUKAN gezeigt und beschrieben.
Aber Sie sollen in RJUKAN nicht nur spielen und schlafen – in RJUKAN wurde Geschichte geschrieben, und die sollen Sie nacherleben! Die Deutschen haben dabei zwar keine Glanzrolle gespielt – aber Geschichte ist Geschichte!
Als im Jahre 1911 das Wasserkraftwerk "Vemork" westlich RJUKAN in Betrieb genommen wurde, war es mit 10 Turbinen und einer Leistung von 108 MW das größte der Welt. Gezähmt

wurde die gewaltige Kraft des Rjukanfossen, von dem jetzt nur noch eine kahle Wand am Ende der Maristigenschlucht zu sehen ist. Die Gegend nahm einen gewaltigen Aufschwung: 1907 lebten hier 50 Familien mehr schlecht als recht von der Landwirtschaft, bereits 1917 bevölkerten 10.000 Einwohner eine moderne Industriestadt – RJUKAN!
Der Strom, der aus der Wasserkraft gewonnen wurde, diente in erster Linie zur Düngemittelherstellung nach dem Lichtbogenverfahren. Nebenbei wurde schweres Wasser, Deuteriumoxid, durch mehrfache Elektrolyse angereichert. Dieses schwere Wasser dient als Bremsflüssigkeit in Kernkraftwerken und schien im II. Weltkrieg für die Entwicklung der Atombombe unverzichtbar zu sein. Folglich wurde im Kraftwerk Vemork, nach der Besetzung durch die Deutschen, beschleunigt weitergearbeitet – und die Alliierten versuchten ebenso eifrig, die Deutschen daran zu hindern: "Der Kampf um das schwere Wasser" ist eines der Themen, die im alten Kraftwerk Vemork, das heute ein modernes Industriearbeitermuseum ist, behandelt und mit Originalmaterial anschaulich belegt werden.
Bevor wir aber von RJUKAN nach Westen zum Industriearbeitermuseum fahren, noch ein Hinweis: Östlich des Ortes liegt das neue Mår-Wasserkraftwerk mit einer Leistung von 180 MW. Es kann Mo-Fr um 10 Uhr und 14 Uhr besichtigt werden. Vielleicht zeigt man Ihnen auch die gewaltigen Druckrohre, die in einem 1250 m langen Schacht vom Gebirge herabführen. Neben ihnen läuft eine Holztreppe, mit 3875 Stufen sicher eine der längsten der Welt.
Die Industrie brachte Geld ins Tal, aber sonniger wurde es dadurch nicht. So spendierte die Kraftwerksgesellschaft den Rjukanern bereits 1928 einen Lift, die "Krossobanen", mit dem man auch im finsteren Winter in fünf Minuten runde 1000 Meter höher – und in den Sonnenschein schweben konnte. Auch heute noch funktioniert die Seilbahn in alter Frische, die Talstation liegt am westlichen Ortsrand, ist gut ausgeschildert und besitzt große, ruhige Parkplätze, denn die Bahn fährt nur von 10 - 21 Uhr. Oben, bei der Bergstation Gvepseborg sollen Sie nicht nur Erfrischungen zu sich nehmen, sondern sich wie die sonnenhungrigen Rjukaner auf einem der vielen Wanderwege ergehen!
Auch das Industriearbeitermuseum 5 km westlich RJUKAN hat einen riesigen, völlig leeren Parkplatz, der uns als ruhiger Übernachtungsplatz dient. So können wir am nächsten Morgen ausschlafen (schließlich hat die erste Bergtour auf den Gaustatoppen Nachwirkungen), in Ruhe Kaffee trinken, und sind um 10 Uhr, als das Museum seine Tore öffnet, fit für die Industriearbeitergeschichte!

KARTE TOUR 3-4

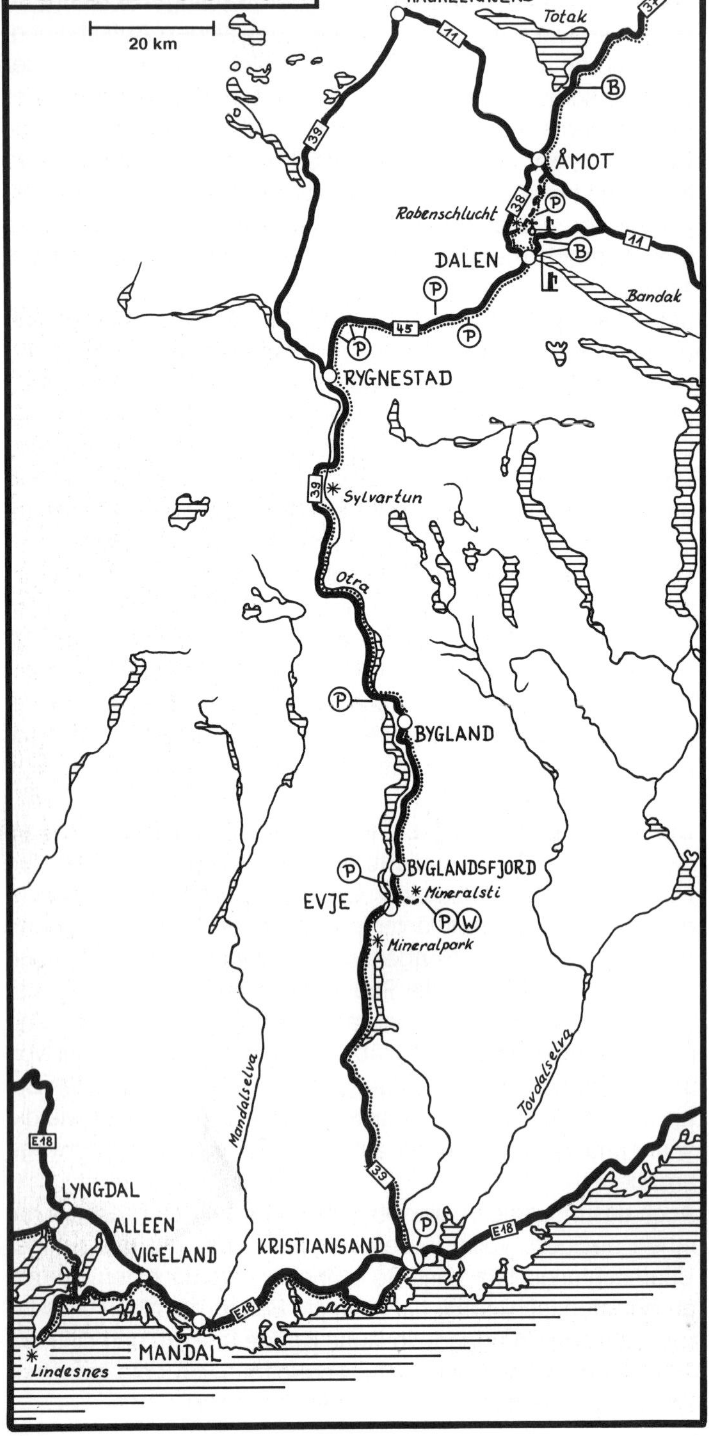

TOUR 3 (260 km / 2-3 Tage)

Åmot – Dalen – Setesdal – Evje

Ein Bus holt uns am nächsten Morgen vom Parkplatz ab, fährt uns die paar Schritte – und wir sind so leichtgläubig, den Fahrpreis von 20 nKr (!) für den Museumseintrittspreis zu halten. Dort knöpft man uns jedoch pro Person nochmals 33 nKr ab, so daß wir Ihnen raten, die zehnminütige Strecke zu Fuß zu gehen. Im Museum scheiden sich die Geister: Kinder

Rjukan: Industriearbeitermuseum, Behälter für schweres Wasser

bestaunen wohl eher die riesige Turbinenhalle mit den gewaltigen Dynamos, geschichtsbeflissene Erwachsene werden schnell darüber belehrt, wie mühsam der Weg der Industriearbeiter zum sozial abgesicherten Leben war. Beide Gruppen treffen sich dann sicher bei den Behältern für das schwere Wasser, die beim Bombardement durch die Engländer beschädigt wurden.
Unsere Weiterfahrt auf der 37 nach Westen unterbrechen wir bereits nach 2,5 km, unmittelbar vor dem Maristigen-Tunnel. Hier kann man einen letzten Blick auf die alten Druckrohre des ehemaligen Vemork-Kraftwerkes werfen und 200 m zum Aussichtspunkt oberhalb des Rjukanfossen spazieren. Als man dem Ingenieur Sam Eyde vorwarf, er habe den Wasserfall "getötet", entgegnete er selbstbewußt: „Ich habe ihm eine sinnvolle Arbeit gegeben!" Heute wäre mancher Staat froh, wenn er, statt ein Kohle- oder Kernkraftwerk bauen zu müssen, einen Wasserfall "töten" könnte ....
Man muß nicht Sprachwissenschaftler sein, um "Maristigen" mit "Weg der Marie" übersetzen zu können. Wirklich rankt sich eine gar traurige Mär um den schmalen Gebirgspfad am steilen Hang: Die verliebte Marie eilte dort täglich dem Geliebten entgegen, bis sie bei einem schaurigen Gewitter beide ihr Leben lassen mußten.
Nach weiteren 5 km durch frischen Birkenwald begleiten uns links der Straße die letzten Ausläufer des Møsvatn. Die Parkgelegenheiten neben der Straße sind seltsamerweise durch Schranken versperrt. Erst nach und nach begreifen wir diese norwegische "Macke": Selbst in der einsamsten Ecke des Landes wird ein privates Stück Land so gut es eben geht versperrt – auch wenn es gar nicht selbst genutzt wird. Und so tuckern wir Kilometer auf Kilometer an zig Parkplätzen vorbei, auf denen kein einziges Fahrzeug steht – privat! Natürlich stehen im "Hinterland", oft verborgen durch Busch und Baum, Unmengen von Ferienhäusern, aber genutzt werden offensichtlich die meisten nur am Wochenende.
Auf der Frøystulbru überqueren wir den Møsvatn, er begleitet uns nun rechts, erweitert sich zu einer endlosen Wasserfläche, die sich am Horizont verliert. Wir entschweben wieder ins Gebirge, ohne einen "öffentlichen Parkplatz" am Ufer entdeckt zu haben. Den einzigen, kurz bevor wir den See verlassen, zählen wir nicht, denn er liegt viel zu weit vom Wasser entfernt – und er wurde auch gar nicht für uns angelegt. Das plötzliche, riesige Parkangebot dient zahlenden Gästen im Winter – am Hang zieht ein Skilift zum Gipfel hinauf.
Wir rollen einige Gebirgswellen hinauf und hinab, dann taucht ein zweiter Ausläufer des Møsvatn rechts neben der Straße

auf. Die Halbinsel, die wir auf unserem Gebirgsstück abgeschnitten hatten, heißt Vardan, an ihrem Ende, sozusagen mitten im See, liegt VARLAND, 12,2 km von der Hauptstraße entfernt. Wir halten darauf zu und sichten bereits 900 m nach der Abzweigung links am See eine Stellmöglichkeit: ruhig, malerisch mit sandig-schotterigem Ufer. Das Wasser wird bei 15°C sicher nie überfüllt sein!
An der Hauptstraße 37 haben wir, kurz bevor wir den Møsvatn zum zweiten und letzten Mal verlassen, auch einen (einzigen) Platz entdeckt: Eine kleine Parkbucht, von der aus man zum Sand- und Felsstrand ein Stück laufen muß.
Aber Sie müssen dem ungastlichen Møsvatn nicht nachtrauern, denn hinter der nächsten Straßenkurve kommt schon der nächste See. Andererseits erinnert uns der Blick auf die immer näher rückenden Felsriesen mit ihren grellweißen Gletscherflächen, daß wir keineswegs nur zum Baden nach Norwegen gekommen sind.
Wir haben nun etwa 1000 m Höhe erreicht, wieder ziehen sich Parkstreifen beiderseits der Straße hin, Skipisten bepflastern die Hänge – wir sind im "Rauland Skicenter". Nun geht es hinab nach RAULAND am Totak-See, beiderseits der Straße begleiten uns vereinzelte Busch- und Baumgruppen, die aus den rötlichen Moorflächen herauswachsen, die RAULAND seinen Namen verliehen haben. Vom Ort bekommen wir nicht viel zu sehen, denn wir schwenken mit der 37 bereits bei den ersten Häusern nach Süden ab. Falls Sie Bedenken haben sollten, daß Ihnen am Totak idyllische Plätzchen entgehen – wir haben das Ufer abgefahren, nichts für WOMO-Urlauber!
Ein Stück Totak bekommen wir auch von der 37 Richtung ÅMOT aus zu sehen – und kaum hat unsere Straße Seekontakt, entdecken wir einen großen Parkplatz mit Bademöglichkeit. Diesen müssen Sie nutzen, falls Ihnen nach Plätschern oder gar Baden ist, einen weiteren Platz gibt es nicht, denn kurz darauf macht sich die Straße im Tal des Tokke-Flusses nach Süden davon, endet in ÅMOT. Kurz vor dem Ortsbeginn, neben dem Hyllandfoss, ein malerisch gelegener Campingplatz.
Die Fortsetzung der 37 nach Süden ist, damit man sich's leichter merken kann, die 38. Wir möchten Sie jedoch zu einem kleinen Umweg verleiten, wollen Sie an einen schaurigen Abgrund führen, von dessen Kante aus nachts die Hexen zu ihren Kunstflügen starten - zur Rabenschlucht, norwegisch "Ravnejuvet". Während die 38 rechts des Tokke nach Süden zieht, führt ein schmales Schottersträßchen, weiter oben an der anderen Talseite, zu unserer Attraktion.
Hier die Zufahrtsbeschreibung: In ÅMOT verlassen wir die 37, biegen nach links auf die 11 Richtung OSLO. Genau 4 km

bedienen wir uns der breiten Teerstraße, dann biegen wir rechts (gelber Wegweiser: LIOSVINGEN). Das Schottersträßchen hat reichlich Platz für ein einzelnes WOMO; falls jedoch einer der in dieser Gegend besonders häufigen Elche auftauchen sollte, würde es bereits eng!
7300 m kurven wir auf dem Sträßchen dahin, haben eigentlich die Hoffnung auf Hexen, Raben und schauerliche Tiefe bereits aufgegeben, da sichten wir das schmale Schildchen: "Ravnejuv". Der "Parkplatz" am Wegrand reicht gerade für 1 1/2 WOMOs. So klein das Hinweisschild am Wegrand ist, so groß

Rabenschlucht (Ravnejuvet)

ist das Warnschild, das uns nach kurzem Fußmarsch auffordert, nach weiteren 100 m möglichst abrupt stehen zu bleiben, denn dort geht es nicht nur 350 m senkrecht hinab, die Wand hat sogar noch ein paar Grad Überhang. Überzeugen Sie sich, aber bitte in sicherer Bauchlage.
Liebe Mütter und Ehefrauen, das Schild übertreibt nicht! Nehmt Kinder und Ehemann an die Hand; die einen sind unvernünftig, die anderen wagemutig – und die Kante ist völlig ungesichert. Beim Blick hinab wird einem so gruselig, daß das Herz im Halse schlägt und einem die Nackenhaare zu Berge stehen.
Nicht nur Hexen würden hier leicht fliegen lernen, Sie können es ausprobieren! Nein, nein, nicht Sie selbst! Nehmen Sie Ihr Papiertaschentuch und lassen Sie es in die Tiefe fallen. Sie werden sehen, es taumelt nicht nach unten, sondern schwebt wie eine Taube davon.
Wir kehren mit zitternden Knien zum WOMO zurück, rollen weiter auf dem Sträßchen und finden 500 m später einen bequemen, waagerechten Parkplatz, auf dem wir uns einen alkoholfreien Beruhigungsdrink mixen. Hier fänden mindestens vier WOMOs Platz, und ein geruhsamer Nachschlaf ist wohl auch garantiert – es sei denn, Sie hätten wegen der Hexen Bedenken ....
Unser Sträßchen bemüht sich nun, mittels einiger Serpentinen in den Talgrund hinabzustürzen, steigt dann ein Stück zur 38 empor. Dort biegen wir links Richtung DALEN in die Teerstraße ein, nach insgesamt 13,4 km Schotterstraße.
Der Tokke fließt nun wieder in unserer Nähe, aber was heißt das schon. Die vielen malerischen Gumpen, die wir von der Straße aus sichten, sind trotzdem unerreichbar, denn das Ufer ist steil und felsig.
Aber der nächste See, der Bandak, ist nahe! 600 m nach dem Ortsschild DALEN verlassen wir die 38 nach links, rollen auf der 45 Richtung HØYDALSMO zur Nordwestkante des Sees. 200 m hinter dem Ortsendeschild, wir haben den Tokke überquert, biegen wir rechts zum Yachthafen. Kaum sind Sie abgebogen, erblicken Sie eine überdachte Grillstelle, an einem der Dachpfosten hängt ein mindestens 30 m langer Wasserschlauch – bitte bedienen Sie sich!
Toiletten, Dusch- und Waschräume findet man am linken Ende des Hafengeländes und an der Außenwand eines gelben Gebäudes auch ein Telefon. Natürlich ist dieser Service nicht für WOMO-Touristen, sondern für die vielen, vielen Freizeitkapitäne eingerichtet worden!
Dalen ist die Endstation des 130 km langen, berühmten Telemark-Kanals, der, in LANGESUND an der Nordsee beginnend, seit 1892 über 18 Schleusen die vier Binnenseen Norsjø,

Flåvatn, Kvideseitvatn und Bandak verbindet und einen Höhenunterschied von 72 m überwindet.
Am rechten Ende des Yachthafens sichten wir Parkanlagen, Liegewiesen und den Badestrand, wie wär's?
Wir machen derweil einen kleinen Abstecher zur Stabkirche von EIDSBORG, das am weiteren Verlauf der 45 liegt. Leider jedoch nicht auf gleicher Höhe wie der Bandak-See, ganz im Gegenteil! Die sieben Serpentinen, mit denen die Straße den fast senkrechten Hang erklimmt, sind nicht ohne! Dafür bekommt, zumindest der Beifahrer, einen herrlichen Blick über

Eidsborg: Stabkirche

den See und den Telemark-Kanal geboten. Der Diesel schnauft bei 12 % Steigung ganz schön, und ich schalte Heizung und Gebläse an, um ihm die Arbeit zu erleichtern.
1 km, nachdem wir die Höhe gewonnen haben, weist uns ein braunes Hinweisschild nach links zur Stabkirche und zum Lårdal-Bygdemuseum in der Nachbarschaft. Wir halten an der Mauer, die den Parkplatz vom alten Friedhof trennt, direkt neben zwei Wasserhähnen.
Die bereits um 1300 erbaute Stabkirche ist über und über mit sog. Spanschindeln bedeckt, die ihr das Aussehen eines urtümlichen Schuppentieres verleihen. Der Innenraum ist fast quadratisch und etwa 30 qm groß. Das unterste Pultdach überdeckt den Umgang, so daß auch im schneereichen Winter die Außenwände frei bleiben. Wir lassen bei unserem Rundgang den Blick über das Tal schweifen und entdecken einen kleinen See mit Badesteg.
Wie kommt man dort hin?
Wir finden die Abzweigung schließlich 300 m vor der Stabkirche in einer scharfen Kurve bei »km 13,2«. Der Badesee bietet eine bunte Blumenfülle von Weidenröschen, Seerosen, Mädesüß und Fieberklee, einen kleinen Kinderspielplatz, einen Holzsteg und solch überraschend warmes Wasser, daß wir uns kaum trennen können. Falls es Ihnen genau so gehen sollte, der Parkplatz ist ruhig – und Sie haben doch nicht so viel Eile wie wir!?
Wir turnen wieder nach DALEN hinab, bleiben auf der 45 Richtung VALLE, die Hauptrichtung heißt Südwesten, schnaufen am gegenüberliegenden Berghang hinauf – DALEN hat

Eidsborg: Badesee unterhalb der Stabkirche

seinen Namen wirklich zu Recht.
Diesmal sind es "nur" sechs "richtige" Serpentinen und auch höchstens 10 % Steigung, aber der Blick auf den immer weiter nach unten versinkenden See ist auch von der anderen Seite wunderschön. Bald sind wir wieder auf der botanisch besonders vielfältigen Höhe von 600 m, wo Laub- und Nadelwald sich mischen, wo ganze Felder von blühenden Weidenröschen die Landschaft rosaviolett verzaubern.
"Grimdalstunet" wird angezeigt, ein alter Bauernhof mit vielen, teilweise sehr alten Gebäuden. Die Bildhauerin Anne Grimdalen wuchs hier auf, ein Teil ihrer Skulpturen wird ausgestellt.
Bei »km 10,5« legt unsere Straße längsseits eines Flusses an, und keine 300 m später finden wir einen sehr malerischen Picknickplatz links der Straße, direkt am Fluß, der uns über Stromschnellen entgegenschießt. Bei »12,7« überqueren wir den Fluß, davor können Sie nochmals parken, um das Naturwunder zu bestaunen. Warten Sie bis »km 14,7«, bis zur Gaststätte "Borsæ Kroa", dann haben Sie nicht mehr den Fluß neben sich, sondern den malerischen Borsæ-See und als Bild-Hintergrund eine Kette schneebedeckter Berge. Der See endet, ein kleines Flüßchen begleitet uns, dann erscheint der nächste See mit einem großen Picknickplatz an seinem Ende bei »km 16,6«, bevor linkerhand der nächste See blinkt. Während wir durch die moorige Hochfläche eilen, rücken die Schneeflächen an den Hängen der Bergklötze immer näher auf uns zu – eine undurchdringliche Barriere?
Aber unsere Straße schwingt sich in einer eleganten Kurve zwischen ihnen hindurch, indem sie ganz einfach einem Flußlauf folgt, der sich kurz darauf zum Tønnesvikvatnet verbreitert. Bei »km 23,4« ein weiterer Picknickplatz links der Straße an seinem Ufer, zwei weitere kurz darauf, aber das Wasser macht selbst bei strahlendem Sonnenschein keine Lust zum Baden – es sieht nicht nur kalt aus, es **ist** kalt.
Ab Ende des Tønnesvikvatnet müssen wir uns von der Telemark verabschieden, die Fylke Aust-Agder ist nun unser Gastgeber. Sie läßt es sich natürlich nicht nehmen, uns ebenfalls sofort mit einem See, dem Store Bjørnevatn zu begrüßen. Hier sind die Picknickplätze am Ufer sogar geteert, aber das Wasser wirkt noch kälter als in der Telemark. Am Ende des Sees macht die Straße einen weiten Bogen nach links, durch lichte Birkenwälder ziehen wir nun direkt nach Süden, zwischen den Baumstämmen steht das Wollgras in moorigen Wasserlachen.
Mit 7 % Gefälle stürzen wir uns nun ins Tal. Aber nicht in ein "gewöhnliches" Tal, sondern ins SETESDAL. Die Touristenmanager überschlagen sich fast mit Superlativen: "Eines der schönsten und wildesten Täler Norwegens", ja sogar "Mär-

chental" liest man in den Prospekten.
Bis 1844 kam man nur zu Pferde durch die Wildnis, und erst 1938 wurde die Verbindungsstraße zwischen KRISTIANSAND und HAUKELIGREND fertiggestellt. Wir jedoch rollen auf bequemer Bahn nach Süden; was bietet das "Märchental" dem WOMO-Touristen?
Im Setesdal angekommen, folgen wir nach links dem breiten, zwischen großen Felsklößen ruhig dahinströmenden Otra-Fluß; unsere Rollbahn heißt nun 39, unser nächstes Ziel VALLE. Auf der gegenüberliegenden Seite des Flusses ein Campingplatz, auf unserer Seite ein Camping-Verbotsschild – das fängt ja gut an!
2 km nach unserer Einmündung ins Tal bereits der nächste Campingplatz, kurz nachdem unsere Straße den Fluß nach rechts überquert hat. Im Bogen führt uns die 39 an VALLE vorbei, eine typische norwegische "Stadt", in der jedes Haus 50 - 100 m vom nächsten entfernt ist, offensichtlich die unverzichtbare "Individualdistanz".
Wenige 100 m südlich von VALLE zweigt ein Sträßchen nach rechts ab Richtung BØ. Machen Sie sich das Vergnügen dieses 200-m-Abstechers! Dort zwängt sich der Fluß durch eine selbstgeschliffene, spiegelglatte und äußerst schmale Klamm. Man sollte kaum glauben, daß vernünftige Menschen in die Versuchung kommen könnten, sich den schäumenden Fluten auf dem rutschigen Fels weiter zu nähern, aber die aufgestellten Rettungsringe und viersprachige Warnschilder deuten gar deutlich darauf hin: "Achtung! Lebensgefahr! Gebirgsfläche ist glatt. Mehrere Personen sind ins Fluß gefallen!"
Kurz darauf ist der Otra schon wieder ganz friedlich, flach und breit, bildet Inseln, Schilffelder wachsen an den Ufern der Gleithänge. Das ganze Tal hat sich erweitert, Wiesen breiten sich aus, behäbige Bauerngehöfte liegen darin – die Talwände jedoch scheinen aus einem Stück Fels zu bestehen und sind zumeist völlig vegetationslos. Unsere 39 ist bereits die zweite, moderne Ausgabe der Nord-Süd-Verbindung. Teile des alten Straßenverlaufs sind jedoch noch erhalten und von den Straßenbauern geschickt in Picknickplätze umgewandelt worden, zum Teil auch von der Rennbahn etwas weiter entfernt und sichtgeschützt.
Der Fluß hat nun bereits die Breite eines "mittleren" Sees, zwängt sich dann, zur Belebung, wieder zwischen zwei Felswänden hindurch. An dieser Stelle überqueren wir ihn wieder, rollen an seinem rechten Ufer dahin, entdecken das Hinweisschild "Sylvartun". Hier, 12 km südlich von VALLE, sind nicht nur gepflegte, alte Holzhäuser aus der Zeit um 1670 zu besichtigen, sondern auch die Arbeit der "Silvarsmeds", des Silber-

Beim Silberschmied Torleiv Bjørgum

schmieds Torleiv Bjørgum. Er bewahrt die reiche ornamentale Tradition seiner Vorväter, die ins Mittelalter und in die Wikingerzeit zurückreicht. Alle Silberschmiedearbeiten haben als Ausgangsmaterial reinen Silberdraht und pure Silberplatten, die zu filigranen Kunstwerken zusammengefügt werden, deren Formenfülle unendlich zu sein scheint.

Aber nicht in erster Linie für Touristen wird das Erbe gepflegt! Die Setesdaler sind besonders traditionsbewußte Menschen, die Bauweise, Dialekt, Volkstänze, Trachten und Schmuck der Ahnen schätzen und schützen und deshalb großen Wert auf die Originaltreue bei den Broschen und Knöpfen des "Trach-

tensilbers" legen.
Wir kommen nun ins Gebiet der Gemeinde RYSSTAD. Gewaltige, nahezu senkrechte Felswände begrenzen das Ostufer unseres Flusses, eine Silberschmiede folgt der anderen am Wegrand. Woher werden sie jetzt ihr Silber beziehen, nachdem von "Kongens gruve" bei KONGSBERG weder Königs- noch Diebssilber mehr kommt?
Dann flachen sich die Berge links ab, sind wieder bewaldet, dafür richten sie sich rechts steil auf – wirklich eine abwechslungsreiche, eine naturbelassene Landschaft, die immer einsamer wird, je weiter wir nach Süden kommen. Kaum noch ein Bauerngehöft, ja nicht einmal mehr eine einsame "Stuga", ein Ferienhäuschen unterbricht das Grün der Wälder und Wiesen, sogar die Ortsschilder stehen einsam am Wegesrand. Südlich MOIE verbreitert sich unser Otra-Fluß zu einer Seenkette, die die Namen Åraksfjorden, Sandnesfjorden, Bjåfjorden, Byglandsfjorden und Årdalsfjorden tragen. Er rollt nun still zwischen seichten, sandigen Ufern dahin, und sofort bietet links der "Reiårsfossen"-Campingplatz seine Dienste an, ein zweiter folgt kurz darauf, ebenfalls sehr schön am Ufer gelegen. Dort, wo der Byglandsfjorden beginnt, schwingt sich unsere Straße auf einer neuen Brücke wieder auf die linke Flußseite hinüber. Unmittelbar vorher könnte man einen Campingplatz beehren, die alte Natursteinbrücke begucken oder auf dem Rastplatz picknicken und den begeisterten Blick über zwei malerische Seen schweifen lassen.
Die Ortschaft BYGLAND ist die erste, wieder etwas kompaktere Siedlung im Tal. In ihr liegt Byglandtun, ein museales Gehöft mit Gebäuden aus der Mitte des 17. Jahrhundert, ein Wohnhaus hat die Feuerstelle noch mitten auf dem Lehmboden.
Am Byglandsfjorden liegt eine ganze Reihe von Picknickplätzen; so schön ihre Lage am Wasser ist, so nahe sind sie der Straße – weder blick- noch geräuschgeschützt. Am besten hat uns hinter dem Ort BYGLANDSFJORD der Platz 300 m südlich der Staumauer des Årdalsfjorden gefallen; mit Toiletten, Informationstafeln und dem Blick auf die wilden Kaskaden der Otra, den Syrtveitfossen.
100 m hinter dem Ortsschild von EVJE biegen wir links nach GAUTESTAD, außerdem ist "Mineralsti" angezeigt. Sie können die Abzweigung nicht verfehlen, denn als markanter Punkt dient außerdem die große weiße Kirche von EVJE, deren großer, ruhiger Parkplatz auch etwas für übernachtungsmüde Durchreisende wäre.
Wir jedoch wollen dem Setesdal im wahrsten Sinne des Wortes "auf den Grund", ja genauer noch, in die Tiefe gehen! Seit Jahrhunderten wird hier nach den verschiedensten Erzen

geschürft. Die Geologie der Landschaft ist so vielfältig, daß man in manchen Gruben über fünfzig (!) verschiedene Mineralien gefunden hat, ein Eldorado für jeden Mineralien-Fan und eine reizvolle Abwechslung auch für Laien!
1400 m nach der Kirche weist uns der "Mineralsti"-Wegweiser nach rechts in ein schmales Sträßchen, das uns, zunächst geteert, dann geschottert, bis zum Parkplatz am Beginn des "Mineralienweges" führt. Dort, unmittelbar vor der Grube "Landsverk I", stellen wir unser WOMO ab und schauen erst einmal einigen "Profis" bei der Arbeit zu. Der Besitzer der Gruben und "Erfinder" des Mineralienweges hat einige LKW-Ladungen Gestein neben den Weg kippen lassen, in dem die "Steinsüchtigen" nun mit Hammer, Hacke und fachmännisch geschärftem Blick herumwühlen.
An der (leider bereits geschlossenen) Info-Hütte belehren uns Hinweiszettel über die Lage der verschiedenen Gruben (alles Tagebau) und deren Mineraliengehalt; Wanderwege sind auf einer Karte eingezeichnet; Tütchen liegen aus, wo man, falls man sammeln möchte, seinen Obolus einzuwerfen hat. Wir kratzen auch ein bißchen an der Oberfläche des Geröllhaufens herum, bis sich ein Profi erbarmt und uns belehrt: „Die meisten Mineralien kommen nicht in Kristallform vor. Mineralien, die auf den ersten Blick nicht interessant aussehen, können bemerkenswerte Stücke sein!" Spricht's und zieht einen dunkelgrünen Brocken aus dem Sammelbeutel: „Amazonit mit Einschlüssen von Clevelandit!" Stolz schwingt in der Stimme mit. Und als wir ihm immer noch nicht begeistert genug gucken, schleppt er uns zu seinem PKW, faltet ein Tuch auseinander, zum Vorschein kommt eine aufgebrochene Gesteinsdruse mit wunderschönen, wasserklar glitzerndem Kristallen. Wir sind endlich überzeugt: Morgen werden Mineralien gesucht!

Zunächst aber rangieren wir das WOMO auf den ebenen Platz unterhalb der Info-Hütte, essen gemütlich zu Abend, während die Mineraliensucher ihre schweren Funde zu den Autos schleppen und uns völlig allein mit den noch nicht gehobenen, tonnenschweren Schätzen in der Waldeinsamkeit zurücklassen.
Wer hier nächtigt, träumt sicher von Zwergen, die ihm den Weg zu den schönsten Kristallen ihres Reiches zeigen ....

TOUR 4 (230 km / 2 Tage)

Evje – Kristiansand – Mandal – Lindesnes – Farsund – Lista (Karte s. Tour 3)

Am nächsten Morgen, frisch gestärkt, erwandern wir den "Mineralsti", marschieren von Grube zu Grube, von Geröllhaufen zu Geröllhaufen, suchen dort, klopfen da, mal glitzert es silbern, mal funkelt es golden, mal ist es schwarz glänzend, mal kristallklar durchscheinend, aber wir haben keine Ahnung, ob wir Gold oder Plunder in den Händen halten.

Gegen diese Unwissenheit ist ein Kraut gewachsen – es heißt "Setesdal Mineral Park" und wird zwecks besserer Unterrichtung unser nächstes Ziel sein!
Wir kehren zur 39 bei der Kirche von EVJE zurück, biegen links in die Hauptstraße ein. Sie führt zwischen dem breiten Fluß und dem Zentrum EVJE (dort Telefonzellen und öffentliche Toiletten) weiter nach Süden. Die Otra wird mal wieder überquert, sofort dahinter sichten wir das Ortsschild von HORNES.
2500 m später kommen wir an der Abzweigung nach HORNES vorbei und biegen weitere 400 m später in den Parkplatz des Mineralparks ein.
Die umfangreiche, 60.000 qm große Anlage bietet vieles: Man kann baden, man kann Bootchen fahren, angeln, und man soll natürlich auch sein Geld dort lassen! Dies gelingt am besten in der Eintrittshalle der Mineralienausstellung, dem Beginn von 175 m künstlicher Grubengänge. Dort warten, wirklich perfekt präsentiert, die schönsten Mineralien und Kristalle Norwegens auf den staunenden Betrachter, daneben künstlerisch Bearbeitetes und altes Bergwerksgerät. In der Vorhalle kann man, je nach Umfang des Geldbeutels, einen kleinen Abglanz davon für den Hals oder das Handgelenk der Liebsten erwerben.
Noch ganz geblendet von den Schätzen der Tiefe setzen wir unseren Weg nach Süden fort und entdecken 2 km später das Hinweisschild zu Europas längster Go-Cart-Bahn – wie wär's? Falls Muttern mehr als WOMO-Lenker spezialisiert ist – es gibt auch eine spezielle Kinderbahn!
Die Otra quillt nun über die "Grenze" nach Vest-Agder. Durch die abwechslungsreiche Landschaft aus steilen Felsen, dichten Wäldern und entlang einer Perlenschnur kleiner Seen mit hübschen Picknickplätzen nähern wir uns der Hafenstadt KRISTIANSAND; jedoch kein einziges, noch so kleines Kennzeichen läßt uns die Nähe des Meeres ahnen. Bis zuletzt rollen wir durch wilde Schluchten, werden begleitet von steilem Fels, durch den die Straße sich Bahn gebrochen hat.
Wir nähern uns KRISTIANSAND von Nordwesten. Kurz vor dem Zentrum überqueren wir die Bahnlinie und biegen unmittelbar dahinter links Richtung "Ravnedalen". Nach 500 m kommt man an einen ruhig gelegenen Parkplatz (Übernachtungstip), umgeben von Felsen und Schattenbäumen, am Eingang zum "Ravnedalen-Naturschutzgebiet". Der herrlich angelegte Naturpark schmiegt sich an eine hohe, senkrechte Felswand, Spazierwege, Ruhebänke, ein Teich mit Springbrunnen, in dem die Kleinen planschen, Liegewiesen – hierher kommen die Einwohner von KRISTIANSAND, wenn sie Ruhe suchen.
Wir halten weiter aufs Zentrum zu (Richtung Dänemark-Fähre)

Kristiansand: NSG Ravnedalen

und überqueren an einer Ampel die E 18. Am Ende des Hafens, dort, wo es rechts zur Fähre geht, biegen wir links, hinter dem Hotel "Caledonien", in die Østre Strandgate. An ihrem Ende liegt die Schwimmhalle und davor ein großer Parkplatz, dessen Benutzung nachts kostenlos ist. Rechterhand davor sehen Sie den Yachthafen mit mehreren Wasserhähnen, Toiletten am rechten Ende, und noch weiter rechts thront auf einer kleinen Halbinsel im Hafenbecken die Festung Christiansholm aus dem Jahre 1674, ein pittoreskes Schmuckstück, das auf kaum einer Ansichtskarte Kristiansands fehlt. Vom Festungswall selbst hat man einen herrlichen Blick über das Hafenwirrwarr

Kristiansand: Festung Christiansholm

und die Stadt, die Kinder versuchen währenddessen, sich gegenseitig von einer der acht alten Bronzekanonen hinabzuschubsen.

Aber ganz KRISTIANSAND ist sehenswert!

1641 wurde die Stadt von Christian IV. streng quadratisch angelegt, die Breite der Straßen ist auch heute noch die gleiche, und im nordöstlichen Teil des Quadrates findet man noch eine große Gruppe quadratischer Holzgebäude aus der Gründerzeit. Besuchen muß man natürlich die Domkirche aus dem Jahre 1885, die mit ihren 2000 Sitzplätzen eine der größten Kirchen Norwegens ist.

Wer im Schulatlas die Karte mit den Meeresströmungen aufschlägt, der entdeckt schnell, wie lieblich der warme Golfstrom die Südwestecke Norwegens zwischen KRISTIANSAND, STAVANGER und HAUGESUND umschmeichelt. Falls Sie also kleine oder große Kinder dabei haben oder sich gar selbst zu den Wasserratten zählen, dann sind Sie hier richtig, diese Ecke Norwegens ist zum Baden, Sonnen und Faulenzen geschaffen. Wir haben für Sie die schönsten Sandstrände gesucht (und gefunden), wo man sich ein WOMO-Paradies auch für mehrere Tage einrichten kann und haben auch einen Blick auf die am schönsten gelegenen Campingplätze geworfen:

Wir verlassen KRISTIANSAND auf der E 18 nach Westen, schwenken dann, nach 2 km, links in die 456 Richtung VÅGSBYGD ein, um ja keinen Kilometer Strand zu versäumen. Die Schärenküste ist vielgestaltig, ja malerisch, Stichstraßen (privat!) führen zu idyllisch gelegenen Ferienhäuschen am Ufer, davor dümpeln Bootchen und Jachten. Wir sichten zwar die Symbole für Badeplätze, finden aber nur Klippen, die ins tanghaltige Wasser führen. Nach genau 20 km treffen wir wieder auf die E 18 – den Umweg hätten wir uns sparen können! Wir werfen nun schon etwas fachmännischere Blicke auf die Autokarte: Hier, wo die Küstenlinie zerfetzt ist und unzählige Inselchen aus dem Wasser ragen, können wir keine Sandstrände erwarten. Wir müssen weiter im Westen suchen. So vertrauen wir uns der E 18 an, die im weiten Bogen Richtung FLEKKEFJORD durchs Landesinnere zieht.

Es gibt jedoch zwei Gründe, von der E 18 einen Abstecher nach MANDAL zu machen: Der erste ist die große, weiße Holzkirche im Empire-Stil, die größte Holzkirche Norwegens überhaupt. Der zweite Grund ist "Sjøsanden", ein 900 m langer Sandstrand, der in ganz Norwegen berühmt ist.

Wir biegen links Richtung Zentrum, nachdem wir auf einer Brücke den breiten Mündungstrichter des Mandalselva überquert haben. Im Zentrum von MANDAL halten wir uns am Kreisverkehr rechts, haben die Kirche zwischen den Holzhäusern schon gesichtet, holpern jedoch durch mehrere alte, gepflasterte Seitenstraßen mit weiß gestrichenen Häuschen, bis wir vor dem Kirchhof parken.

Die Kirche selbst ist verriegelt und verrammelt, so daß wir uns auf einen Rundgang beschränken müssen, wobei wir links vom Hauptportal zwei Wasserhähne entdecken. Am Kreisverkehr zurück folgen wir dem Wegweiser "Sjøsanden" – und werden natürlich enttäuscht! Hätten wir ernsthaft annehmen können, am berühmtesten Badeplatz Norwegens bis zum Strand fahren zu können oder gar ruhige Übernachtungsplätze zu finden?

Von den Parkplätzen im Wald hinter dem Sandstrand muß man seine Klamotten hunderte von Metern zum Badeplatz schleppen – und von 23 - 6 Uhr ist dort überdies das Parken verboten. Etwas einsamer geht es an "Lillebanken" zu, dem westlichen Nachbarstrand von "Sjøsanden".
Den schönsten Platz hinter dem Badeparadies nimmt der Campingplatz "Sjøsand Leiren Camping" ein; der Preis für WOMO, 2+2 Personen und Strom liegt bei knapp 40 DM ....
Nachdem wir uns überzeugt haben, daß in "Sjøsanden" keine Wunder verborgen liegen, schon gar nicht für WOMO-Urlauber, setzen wir auf der E 18 unseren Weg nach Westen fort.
Jedes Abenteurers Herz schlägt höher beim Gedanken an das Nordkap! Tausende und Abertausende haben inzwischen den kahlen Felsen auf der Insel Magerøya besucht – wer aber kennt schon das Südkap?
In VIGELAND verlassen wir die E 18, die Verkehrsplaner lassen uns eine Ehrenrunde durch den Ort drehen, bevor wir nach Süden zum 27 km entfernten LINDESNES abzweigen können. Nach 15 km, bei SPANGEREID, passieren wir eine malerische Sandbucht, die jedoch vollständig von einem Campingplatz besetzt gehalten wird.
"Lindesnes fyr" – der weißrote Leuchtturm von LINDESNES auf rundlichen, rotbraunen Felsklößen markiert den südlichsten Punkt Norwegens – Grund genug, das Gelände um ihn herum einzuzäunen und Eintritt zu verlangen. Falls in Ihnen jetzt der Wunsch nach dem Nordkap übermächtig werden sollte: Nichts leichter als das – nur immer nach Norden, genau 2518 km.
Wir fahren auch nach Norden, aber nur 12 km, bis SPANGEREID. Dort schwenken wir nach links ab, überqueren die "Nahtstelle" zwischen dem zum Meer hin offenen Grønsfjorden und dem Lenefjorden Richtung LYNGDAL, wo wir wieder links in die 45 nach FARSUND einschwenken wollen. Dort lassen uns mehrere "B" auf der Karte und eine "glatte Küstenlinie" auf schöne Sandstrände hoffen.
Wie gesagt, in SPANGEREID biegen wir links Richtung LYNGDAL und haben nach wenigen Metern den Lenefjorden neben uns. Dieser ist ein sogenannter Schwellenfjord, das heißt sein Wasser hat wegen einer Bodenwelle nur einen geringen Austausch mit dem Meerwasser. Hier vermehrt sich manchmal, dann jedoch besonders rasch, eine mikroskopisch kleine Grünalgenart, die ihm den Beinamen "Grüner Fjord" eingebracht hat. Und es stimmt wirklich – das Wasser ist so unnatürlich grün, als hätte man mit Farbe nachgeholfen. Die an seinen Hängen wuchernden, nadelgrünen Wälder jedenfalls bilden geradezu einen Farbkontrast zum "Grünalgengrün". Genau

1800 m nach unserer Abzweigung bei SPANGEREID finden wir rechterhand zwischen Birken eine Ausbuchtung, wo man picknicken und in Ruhe das auch für Norwegen einmalige Naturphänomen bewundern kann. Eine hohe Brücke trägt uns hinüber über die Verbindungsstelle zwischen den beiden Fjorden. Ja, hoch ist die Brücke wirklich, und auch breit genug für Ihr WOMO, doch als Gegenverkehr dürfen Sie sich nicht mehr als einen Fahrradfahrer wünschen.
Wir schneiden eine Halbinsel ab, turnen über ihren Hügelrükken, rollen hinab zum Rosfjorden. Bereits bei der Talfahrt entdecken wir im Scheitelpunkt des Fjords einen schönen, goldgelben Sandstrand, vollbepackt mit Wohnwagen und WOMOs – logischerweise handelt sich um einen, nein zwei Campingplätze, hinter denen wir nach links Richtung KVAVIK abzweigen, unsere Abkürzung zu den erträumten Sandstränden bei FARSUND. Im vorderen Teil des Fjords liegen zwei kleinere Bohrinseln vor Anker, wohl zur Reparatur, künstliche Inseln, die den neuen Reichtum Norwegens begründeten.
Nach wenigen 100 Metern bereits erreichen wir den Lyngdalsfjorden und schwenken nach links auf die 43 Richtung FARSUND; auch hier beherrscht ein Campingplatz das innere Ende des Fjords, die jeweils einzige Stelle, wo sich feiner Sand ansammelt. An allen anderen Stellen fallen die Berge, wie es sich nun mal für Fjorde gehört, nahezu senkrecht ins Wasser hinein, beenden ihre "Talfahrt" erst in hunderten von Metern Tiefe. Kaum, daß man für die Straße eine schmale Kante in den Fels hacken konnte; wo sollen wir hier einen breiten Urlaubsstrand finden, den nicht schon andere besetzt halten?
FARSUND wird über eine weite Brücke erreicht, wir verlassen dort die 43 nach links Richtung LUNDE/Lomesanden, was sich ja nicht schlecht anhört!
Hinter dem Ortsschild von LUNDE biegen wir links – und das Wunder geschieht! Die Felsen geben zwar bis ins Wasser hinein den Kampf nicht auf, aber das Meer hat gewaltige Mengen von Sand zwischen sie geworfen, so daß eine ganz eigentümliche, vor den Gewalten der Stürme geschützte Sandbadelandschaft entstanden ist, hinter der eine Reihe von leeren (!) Parkplätzen auf WOMO-Urlauber wartet.
Wir erkundeten die gesamte Südküste der Halbinsel Lista, entdeckten eine ganze Reihe von wunderschönen Bade- und Urlaubsplätzen; die Zufahrt zu den drei besten wollen wir Ihnen jetzt beschreiben!
Badeplatz Havika:
Man passiert das Ortsschild von LUNDE, biegt 900 m später nicht links Richtung LOSHAMN/Campingplatz, sondern fährt geradeaus weiter Richtung VANSE. 4,1 km nach dem Orts-

Lista: Badeplatz Havika

schild von LUNDE finden wir die Abzweigung nach HAVIK, biegen nach links und sind 900 m später hinter den Dünen am Strand auf einem wunderschönen Parkplatz mit Toilettenhäuschen. Bis hierher ist die Zufahrt geteert, setzt sich dann aber noch 400 m als Sandpiste fort und endet an einem völlig einsamen Parkkarree.

Badeplatz Nesheim/Trabrennbahn:

Vom Badeplatz Havika fahren wir zur Landstraße zurück, biegen links, sausen bis VANSE, schwenken dort links auf die 43 Richtung "Lista fyr", dem Leuchtturm an der Südwestecke der Halbinsel. 1800 m nach dem Ortsendeschild von VANSE zeigt ein Wegweiser nach links nach NESHEIM in einen breiten, geschotterten Fahrweg, und dort, wo NESHEIM wohl sein soll (ein einziger Bauernhof), biegt rechts ein noch schmaleres Sträßchen ab, mühsam entziffern wir "Travbanen" auf dem Wegweiser. Dies übersetzen wir völlig richtig mit "Trabrennbahn". Der Weg führt nach kurzem hinter den Dünen entlang, Sie brauchen sich nur noch das passende Plätzchen zum Einparken zu suchen. Oder Sie fahren bis zum Ende des Weges, genau 1800 m seit der Teerstraße, bis zum großen Parkplatz neben der völlig menschen- und pferdeleeren Trabbahn. Von dort sind es ebenfalls nur wenige Schritte durch die Dünen zum herrlichen Sandstrand. Ich würde sagen: Die Trabrennbahn auf Lista ist ein echter Geheimtip.

Wir kehren zur 43 zurück und setzen unseren Weg nach Westen fort. Bereits 500 m später zweigt eine Straße nach ØSTHASSELSTRAND ab. Diese Abzweigung können Sie sich sparen, denn sie führt nur zu einem kleinen Fischerhafen mit Geröllufer.

Badeplatz Nordhasselvika: Nach 3 km auf der 43, unmittelbar vor den ersten Häusern von BORHAUG, liegt links, weit genug von der Straße entfernt, ein Parkstreifen unmittelbar hinter den Dünen. Hier haben sich einige Surfer eingenistet, und sie bestätigen jedem gern, daß hier (fast) immer eine prächtige Brise weht.
Auch am schönsten Badeplatz braucht man Wasser und etwas zu futtern. Beides findet man, wenn man in BORHAUG Richtung BORSHAVN abzweigt. Am rechten Ende des kleinen Fischereihafens, in dem auch Jachten ankern, steht ein graues Gebäude, die Fischhalle – und 10 Schritte landeinwärts finden Sie einen praktischen Wasserhahn, wo Sie nicht nur Ihren Tank füllen, sondern die (äußerst preiswert) gekauften Fische auch gleich waschen können.
Sie möchten sich einen Überblick über das Badeparadies Lista verschaffen? Dann rollen Sie mit uns die letzten 1500 m bis zum Leuchtturm "Lista fyr" an der Südwestecke der Halbinsel. Er ist mindestens genau so schön wie der von LINDESNES, und der Empfang ist wesentlich freundlicher: Ein gemütlicher Parkplatz mit Sitzbänken, Tischen, einer Toilette, Mülleimer, Telefon und norwegischer Fahne erwartet uns, ein feiner, kleiner Spazierweg führt zum Turm, und dort steht folgende Begrüßung an der Tür:

Das königliche Ministerium des Leuchtfeuerwesens hat bestimmt, daß Besuche von Fremden unter folgenden zwei Bestimmungen gestattet sind:
1. Der Leuchtfeuermeister hat die Erlaubnis gegeben.
2. Jede Person hat 3 Kronen bezahlt.
Zutritt ist ohne weiteres gegeben, wenn die Tür auf ist. Wünschen Sie den Turm zu besuchen, legen Sie bitte 3 Kronen in die Büchse der Rettungsgesellschaft. Der Leuchtturm hat 137 Stufen, die Höhe des Lichtes über das Meer 39,5 Meter, Lichtbreite 17,5 nautische Meilen, Lichtstärke 1.226.000 Häfner-Lichter.

Der Feuerdirektor

Wir zahlen gerne den geringen Betrag für das Rettungswesen, schnaufen empor und begeistern uns am Blick über alle Sandstrände, die wir entdeckt haben. Auch Unerwartetes, Unerklärliches sichten wir am Fuße des Leuchtturmes, aber wir müssen ja nicht alles verraten ....
Welches der schönen Lista-Plätzchen wir für ein paar Sonnenruhetage wählen würden?
Natürlich den "Trabrennbahn-Platz"!

TOUR 5 (160 km / 1-2 Tage)

Borhaug – Varnes – Flekkefjord – Egersund – Ystebrød

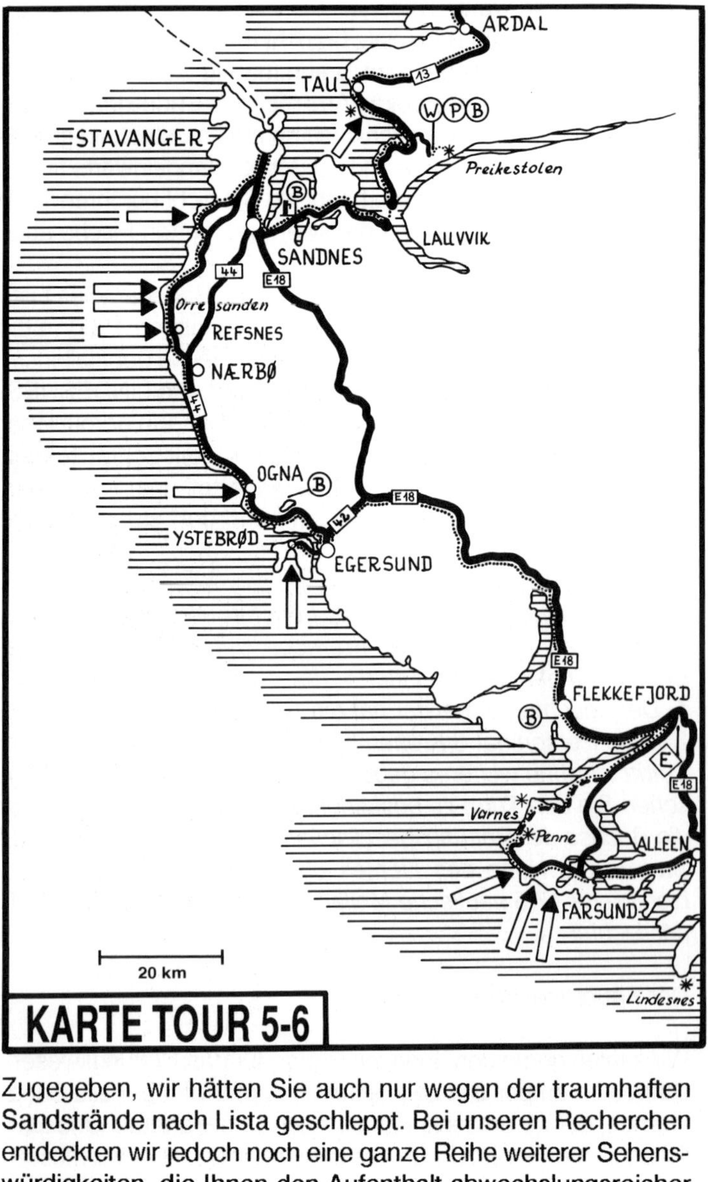

KARTE TOUR 5-6

Zugegeben, wir hätten Sie auch nur wegen der traumhaften Sandstrände nach Lista geschleppt. Bei unseren Recherchen entdeckten wir jedoch noch eine ganze Reihe weiterer Sehenswürdigkeiten, die Ihnen den Aufenthalt abwechslungsreicher gestalten sollen.

Zunächst einmal sind die gesamte Dünenlandschaft und einige Flächen im Landesinneren Natur- oder Landschaftsschutzge-

biet, in denen vor allem hunderte von Vogelarten durchziehen oder gar brüten. Im Gebiet rings um den Leuchtturm zählte man bereits 225 verschiedene Vogelarten, vor allem Enten und Sumpfvögel, Watvögel, Seeschwalben und Möwen.
Seltene, an den Salzgehalt des Bodens angepaßte Pflanzen gedeihen in den Dünen, allen voran die in Norwegen nur an zwei Stellen vorkommende Stranddistel.
Lista mit seinem milden Klima ist seit der Steinzeit besiedelt. Bei PENNE fand man steinzeitliche Siedlungsreste, Felsritzungen aus der Bronzezeit sowie Grabfelder und Gehöftegrundmauern aus der Eisenzeit!
Nichts wie hin?

In BORHAUG biegen wir links auf die 463 Richtung ORE. Gute 2 km später verlassen wir sie nach links Richtung STAVE, und genau 2000 m später kommen wir wieder an eine Gabelung, folgen dem weißen Schild mit dem Blumenkohlsymbol "Penne 0,6 km".

Menschen in Norwegen während der Eiszeit? Bedeckten da nicht gewaltige Gletscher das Land? Richtig – aber nicht überall! Lista zum Beispiel blieb eisfrei und wurde zum Rückzugsgebiet unserer steinzeitlichen Vorfahren, um so mehr, als sich, von der See umgeben, auch günstige Lebensbedingungen für Wild und Vögel boten; für eine reichhaltige Speisekarte war also auch gesorgt.

Vom ebenen und ruhigen Parkplatz Penne marschieren wir dreihundert Schritte bis zu einem schräg zum Meer hin geneigten Felsblock, entdecken Grabhügel und rot eingefärbte Felszeichnungen, die ungefähr ein Dutzend mehrfach bemannte Schiffe darstellen, davon einige, typischerweise, unvollendet; dazwischen immer wieder kleine, halbkugelige "Fingernäpfchen". Auf der Kuppe des Felsens kann man seine eigenen Fußabdrücke mit denen unserer Vorfahren vergleichen.

Die Schiffe, so nehmen wir an, wurden bereits in frühester Zeit für den Fischfang verwendet, wofür sonst!? Erst später, als der Mensch sich weiter entwickelt hatte, kam er auf den Gedanken, eiserne Schiffe zu bauen und sie mit Kanonen zu bestücken, um andere Menschen zu bekriegen. Im II. Weltkrieg kamen die Schiffe der Deutschen. Sie eroberten das Land und mußten sofort Festungen bauen, um sich ihre Beute nicht wieder abjagen zu lassen – der Atlantikwall von Nordnorwegen bis Spanien entstand.

Auch Listas Nordwestecke wurde ausgehöhlt, Stellungen wurden betoniert, Tunnelgänge und Bunker ausgehoben – "Varnes Fort" entstand.

Es ist ein regnerischer Morgen, als wir an der Westküste entlang nach Norden fahren. Wolken hängen an den moosbedeckten Felsen, Schafe stehen auf den nassen Wiesen, die durch Steinmäuerchen voneinander getrennt sind. Unterhalb der Straße ragen rundliche Fladen aus dem Grün – erste Bunker. Das miese Wetter trägt nicht gerade dazu bei, unsere Stimmung zu verbessern. Kurz bevor wir an der Nordwestecke der Halbinsel auf HESKESTAD stoßen, folgen wir links dem Wegweiser "Vigan 4 km". Auf der schmalen, aber guten Erdpiste ereichen wir nach 2600 m ein Viehgatter; dahinter könnte man wenden und parken. Wir rollen noch 400 m weiter zur nächsten Parkgelegenheit. Fahren Sie auf keinen Fall weiter! Der Weg führt nun steil hinab, wird gerröllig und rutschig. Zu Fuß sind es nur 10 Minuten bis zu einer Rechtskurve, wo uns das

Varnes: Teil des deutschen Westwalles

Hinweisschild "Varnes" und rote Pfeile nach links auf einem Pfad in weiteren 5 Minuten durch den Hangwald bis zum Fort leiten.

Der Text der Info-Tafel dort lautet kurzgefaßt:
„Die Stellung hatte vier 10,5-cm-Kanonen mit 16 km Reichweite und einer Schußgeschwindigkeit von 5 Schüssen/Minute. Zwei der Kanonen (von denen noch eine erhalten ist) standen in Kasematten und in dem Hügel war eine große Tunnelanlage, die u.a. mit dem Kommandoturm in Verbindung stand. Die Stellung war ein winziges Stück des Westwalls, den die Deutschen ab 1940 vom nördlichen Eismeer bis zu den Pyrenäen bauen ließen, um sich gegen eine alliierte Invasion zu sichern. An der norwegischen Küste allein ließen sie etwa 300 Geschützstellungen bauen, hier in Varnes wurden 150 russische Kriegsgefangene und norwegische Freiwillige eingesetzt. Die Arbeit dauerte bis zum Kriegsende. Das Fort wurde nie in Kampfhandlungen verwickelt, die etwa 100 Soldaten hielten nur Übungsschießen ab.
Die Anlage darf als ein düsteres Andenken stehen bleiben. Das Volk, das seine Geschichte vergißt, ist dazu verurteilt, sie wieder aufs Neue zu erleben."

Wir stehen im Regen und schämen uns!
Böen und Schauer begleiten uns zurück zur Abzweigung. Wenige Metern nach links sind es bis HESKESTAD, und kurz danach erreichen wir die Teerstraße Richtung LISTEID/KVINESDAL. Es stört uns nicht sehr, daß aus dem Teer kurz darauf wieder glitschige Erde wird, das WOMO sieht schon lange wie

eine Sau aus, die sich im Schlamm gewälzt hat.
Einige Blicke auf den Eidsfjorden sind gestattet, dann queren wir hinüber zum Framvaren, einem weiteren, 180 m tiefen Schwellenfjord, dessen Sauerstoffgehalt in der Tiefe so niedrig ist, daß Prozesse ablaufen, die der Entstehung des Erdöls gleichen – als ob die Norweger nicht schon genug davon hätten! Wem die anaeroben Vorgänge unter Wasser schnuppe sind, kann umso mehr den Blick über die steile Fjordlandschaft genießen.
Bei GJERVOLLSTAD kommen wir auf die 465, auf die wir nach links Richtung KVINESDAL einmünden. Fast 30 km Erdbahn haben wir hinter uns, und die WOMO-Heckscheibe ist ungefähr noch so durchsichtig wie ein Duschvorhang. Aber nach vorn sieht alles frisch gewaschen aus, auf breiter Bahn kann ich mich wieder bequem zurücklehnen und mich am pausenlosen Wechsel der Landschaft erfreuen: Mal Fels, mal Wald, mal See, mal Fjord, diese einmalige norwegische Komposition.
KVINESDAL liegt im "Dal", pardon, im Tal, deshalb schlängeln wir uns nun, vorbei an Felsvorsprüngen rechterhand und dem Steilhang links, hinab zum Ende des Fjords, münden dort wieder in "unsere" E 18 Richtung FLEKKEFJORD ein.
Das nächste Örtchen ist FEDA am Fedafjord an der Mündung des Feda-Flusses. Da, wo die E 18 den Fluß überquert, können wir einen Blick werfen auf die weiße Kirche und die vielen Bootsschuppen und Warenspeicher, die die Flußufer säumen.
11 km später biegen wir von der E 18 auf die 44 links nach FLEKKEFJORD. 300 m nach dem Ortsschild kurven wir um die Statoil-Tankstelle herum und halten auf die beiden Badeplätze "Rauli" und "Grønnes" zu. Es geht steil bergauf, nach 700 m rechts (Grønnes) wieder steil hinab und nach weiteren 800 m stehen wir neben einer kleinen Festungsanlage mit fünf Kanonen an einem kleinen Sandstrand mit Imbißbude, Toilette, Liegewiese, Sprungturm, Rutschbahn und weiterem Spielgerät; das Parkplatzangebot ist etwas knapp – aber wir sind heute die einzigen Gäste.
Badeplatz "Rauli" etwas weiter vorn im Fjord brauchen Sie nicht anzufahren, man muß das WOMO weit oben einsam an der Straße stehen lassen und steil den Hang hinabstiefeln.
Weiter geht es auf der E 18 Richtung STAVANGER. Am Nordufer des Lundevatn überschreiten wir die Grenze nach Rogaland. Das Seeufer ist felsig-steil, wir rauschen durch eine ganze Reihe von Tunnels, die uns die Sicht auf den See versperren. Aber Bade- oder Picknickplätze sichten wir auch in den "oberirdischen" Passagen nicht, wie überhaupt die ganze Strecke bis zur Abzweigung nach EGERSUND keine bemerkenswerten Sehenswürdigkeiten liefert.

Genau 67 km vor STAVANGER verlassen wir die E 18, biegen links auf die 42 nach EGERSUND, um von dort die alternative Küstenstraße 44 nach STAVANGER zu nehmen – ein "Umweg" vom nur 27 km, der uns jedoch zu den ausgedehntesten Sandbadestränden Norwegens führen wird.
Von EGERSUND bekommen wir nicht viel zu sehen, denn die 44 streift nur den Ortskern. Immerhin sichten wir die Hinweisschilder zum Dalane-Volksmuseum und zum Fayence-Museum – Interesse?
Nachdem wir den Ortsrand passiert haben, verlassen wir für einen Abstecher auf die Insel Eigerøya die 44, rollen auf der 502 über die Brücke, biegen dahinter rechts nach YSTEBRØD. Die Insel hat etwa das Aussehen eines auf dem Kopf stehenden "U", also Hufeisenform. Im Inneren des Bogens liegt YSTEBRØD, und dort finden wir einen Strand, ein Plätzchen, sage ich Ihnen, das nicht nur einen Abstecher von genau 4300 m seit der Inselbrücke wert gewesen wäre.
Platzbeschreibung: Großes Parkgelände hinter Liegewiesen, durch buschige Kiefern unterteilt, davor Dünen mit wunderschönem Sandstrand, blaues Wasser. Die ganze Bucht umgeben von Schäreninselchen, die wie Krokodile im Wasser liegen; neben dem Platz eine Mini-Golf-Anlage, Toiletten, Mülleimer.

Badeplatz Ystebrød auf Eigerøya

Wir sind begeistert, auch von der angenehmen Wassertemperatur (knapp 20°C); und als ob der Wettergott ein Einsehen hätte, verschwinden die letzten Regenwolken am Horizont. Da fällt die Entscheidung nicht schwer: Badehose, Liegestühle, Sonnencreme heraus, hier bleiben wir!

TOUR 6 (160 km / 2-4 Tage)

Egersund – Refsnes – Orresanden – Stavanger – Lauvvik – Preikestolen (Karte s. Tour 5)

Wir kehren auf der 502 zum Festland zurück und biegen am ersten Kreisverkehr nach links auf die 44 Richtung STAVANGER. 2 km weiter nördlich kommen wir am Campingplatz "Steinsnes" vorbei. Er liegt direkt an der Straße und am ungastlichen Geröllufer eines Flusses – fürchterlich!
Unsere 44 umgeht auf der Landseite einen felsigen Küstenabschnitt, kehrt erst nach 10 km wieder zur Küste zurück; um uns zu trösten, begleitet uns derweil eine Reihe von Seen rechts der Straße. Der letzte von ihnen, fast wären wir an diesem "Edelstein" unachtsam vorbeigeträumt, könnte zu einem Ihrer Urlaubsträume werden! Sie fahren an seinem Ende, bereits hinter dem Ortsschild von HELLVIK, rechts und kommen nach 300 m Teersträßchen mit zwei "gemeinen" Geschwindigkeitsbremsen und weiteren 300 m auf einem Sand/Schotterweg direkt zum goldgelben Sandstrand; Busch- und Wiesengelände und viel Raum zum Einparken fehlen auch nicht – wie wär's?

Badesee bei Hellvik

700 m später hat die 44 wieder Meerkontakt und schmückt sich nun mit dem Titel "Nordsjøvegen". Selbstbewußt schlängelt sie sich zwischen den von den Eismassen glattgeschliffenen Felskuppen hindurch, nähert sich dann wieder der Küste, gibt Blicke auf die Schäreninseln frei, die völlig den Felsklößen am Lande gleichen, nur daß sie eben nicht von grünen Wiesen, sondern von blauem Meer umgeben sind; auf einer der größten

grüßt der Leuchtturm "Eigerøy fyr" herüber.
Die "Friluftsområde", das Freizeitgebiet von OGNA ist ein Traum! Vorn am Meer ein silberglänzender Sandstrand in einer vielgestaltigen Umgebung von hohen Dünen und Schärenfelsen, auch der Parkplatz nicht zu fern der Straße ist weitläufig und einsam, umgeben von Wiesenflächen zum Toben und Faulenzen. Zwischen beiden Träumen jedoch liegt die rauhe Wirklichkeit von sechs Minuten strammen Fußmarschs durch eine liebliche Wiesen- und Weidelandschaft. Wie Sie beides in Übereinstimmung bringen wollen, soll Ihr Geheimnis bleiben – wir ziehen enttäuscht weiter und erinnern uns an eine ferne Vergangenheit, in der wir noch mit Fahrrad und Zelt unterwegs waren ....
Der Campingplatz von OGNA folgt knappe 2 km später. Er liegt, wie könnte es anders sein, direkt hinter den Dünen. Ob da ein Zusammenhang besteht?
Linkerhand begleiten uns nun in ihrer Verlassenheit und Urtümlichkeit beeindruckende Geröllstrände mit steinernen Kugeln im Format "Tennisball", "Kegelkugel" und gar "futuristisches Kugeleigenheim". Die Landschaft ist ringsum völlig flach. Norwegen ohne Berge, ein ganz neues Empfinden für uns – und falls Sie doch mal einen größeren Hügel entdecken sollten, dann ist es vielleicht einer von den vielen Grabhügeln aus der Bronzezeit.
Hinter VARHAUG passieren wir die Abzweigung zu einem "Bygdetun", also einem musealen, alten Bauernhof und einem "Gammel prestegård", einem ebenso alten, mittelalterlichen Pfarrhof. Gemeinerweise hält die 44 seit einigen Kilometern

Supersandstrand bei Refsnes

respektvollen Abstand zum Meer. Um uns mehr Küstennähe zu verschaffen, biegen wir in SØYLAND auf die 507 Richtung ORRE. Diese Entscheidung war die beste des Tages, denn bereits 2300 m später entdecken wir die Abzweigung zum Badeplatz von REFSNES. Der Schotterweg führt an Kieferbüschen vorbei zur Küste, endet nach 400 m mit einem Parkplatz hinter den Dünen eines endlosen, herrlichen Sandstrandes. Geboten sind außerdem Mülleimer, Wasserspültoiletten mit separatem Wasserhahn, viel Ruhe und weiträumige Liegewiesen – ein Traumplatz!
Wer hier vorbeifährt, ist selber schuld – oder er hat schon weitergelesen, denn wenn vor den Dünen ein endloser Sandstrand liegt, dann müßten eigentlichen hinter den Dünen auch noch weitere, schöne Plätzchen kommen!?
Und sie kommen!
Unaufhörlich zweigen schmale, manchmal auch verdächtig sandige Pisten Richtung Meer von der 507 ab. Von ihnen soll dieses Buch schweigen, will Raum lassen für eigene Entdekkungen ....
Wir fahren weiter bis ORRE. 1400 m hinter dem Ortsschild zweigen wir wieder nach links zum Strand, eine offen stehende Schranke markiert den Beginn einer Piste ohne Markierung. An ihrem Ende erwartet uns ein Parkgelände ohne weitere Einrichtungen, ansonsten gleich idyllisch wie der Platz bei REFSNES.
600 m weiter, also 2 km nach dem Ortsschild von ORRE, kommt die offizielle, sogar geteerte Zufahrt zum ORRESTRANDA. Das Angebot ist völlig identisch denen an den anderen herrlichen Stränden dieses Gebietes, der Platz ist jedoch viel größer. Das "Friluftshuset" in seiner Mitte ist geschlossen und gibt uns deshalb bezüglich seiner Verwendung Rätsel auf. Im offenen Innenhof haben wir als Zaungäste Grills und Bänke erspäht. Vielleicht erfahren Sie bei Ihrem Besuch mehr – nehmen Sie auf jeden Fall eine Bratwurst mit!
Wer Kontakte sucht und nicht so sehr auf Einsamkeit "steht", dem sei ORRESTRANDA (auf der Karte: ORRESANDEN) ans Herz gelegt!
Zur Abwechslung begleiten uns auf unserem Weg nach Norden nun wieder 3 km Geröllstrand, dann blinkt der nächste, helle Sandstrand auf, gleichzeitig verläßt jedoch auch die 507 den direkten Küstenbereich, mündet kurz darauf in die 510, in die wir nach links Richtung SOLA einbiegen. STAVANGER kommt immer näher, ein letzte Mal noch schlagen wir einen Bogen zur Küste, verlassen die 510 nach VIGDEL.
Dort wartet noch eine ganze Reihe von Badeplätzen auf Sie. Kaum haben wir Meerblick, sichten wir einen großen Parkplatz

direkt neben der Straße, ein Trampelpfad führt in wenigen Schritten zur Düne und zum Wasser. Bereits wenige hundert Meter später führt ein Teersträßchen zum großen Parkplatzrund am Badeplatz von VIGDEL, die große Einsamkeit ist hier jedoch vorbei.
Wer gar auf einem Campingplatz hinter den Dünen nächtigen möchte, biegt kurz darauf nach links Richtung ØLBERG.
Kurz darauf stoßen wir wieder auf die 510, diese mündet in die E 18 ein und wir halten jeweils nach links auf STAVANGER zu, nähern uns der Hauptstadt Rogalands und dem Zentrum der norwegischen Ölindustrie von Süden. Vor allem der zweite Punkt hat Geld in die alte Industrie- und Handelsstadt gebracht, gute Verkehrsverbindungen, moderne Bauten. Aber auch das "alte Stavanger" konnte mit dem reichlich fließenden "Ölgeld" erhalten werden, eine heimelige Fußgängerzone mit wohlrestaurierten, alten Holzhäusern, einen Stadtpark mit großem See und davor den ehrwürdigen, gotischen Dom aus dem 12. Jahrhundert.
In einer Stadt, in der fast 100.000 Menschen leben, wird die Suche nach einem Parkplatz sicher Nerven kosten!?
Probieren Sie doch den Ladenschlußtrick!
Im Sommer werden in Norwegen die meisten Geschäfte um 16 Uhr geschlossen, die Menschen können nichts mehr einkaufen, fahren nach Hause, setzen sich vor die Glotze. Wir bemühen uns, genau zu dieser Zeit in die größeren Städte einzufallen – und es klappt **immer:** Viele Parkplätze sind leer, und zum Bummeln, Besichtigen und Fotografieren ist noch bis weit nach 22 Uhr genügend Licht. Die Sache hat nur einen

Stavanger: Alte Handelshäuser am Hafen

einzigen Haken: Museen, Kirchen usw. sind zu dieser Zeit auch schon geschlossen!
Wir halten zunächst auf der E 18 aufs Zentrum von STAVANGER zu, zischen durch den Bergjeland-Tunnel und zweigen dahinter, vor der großen Brücke Richtung HUNDVÅG nach links, zum Hafen ab(Wegweiser: "Byøjene"). Direkt neben dem Schnellbootterminal können wir unter 50 kostenlosen Parkplätzen wählen und haben gleichzeitig einen idealen Ausgangspunkt für einen kleinen Stadtbummel gefunden: Østervag (Richtung Südost) – St. Petri-Kirche – Bergjelandsgata (nach Süden) – Breibakken (nach Westen) – Kongsgata (nach Norden) – Stadtpark mit Breivatnet – Dom – Kirkegata (nach Norden) sind in dürren Worten die Stationen unseres vergnüglichen Rundganges, der den schönsten Teil des alten STAVANGER umfaßt.
Daß unser Hafenparkplatz nicht unbedingt ruhigen Nachtschlaf verspricht, wird uns bei der Rückkehr beim Anblick einiger sehr kurzberockter, auffällig-unauffällig hin- und herschlendernder junger "Damen" klar. Aber da wir nach dem Studium einiger Speisekarten ohnehin in Gedanken bereits in der WOMO-Konservenkiste wühlen, wollen wir uns zum preiswerten Mahle wenigsten eine anspruchsvolle Umgebung aussuchen!
Wir rollen auf der E 18 nach Süden bis SANDNES zurück, biegen dann auf die 13 Richtung SAND/LAUVVIK. LAUVVIK ist der Ort, wo die 13 per Fähre den Høgsfjorden überquert, SAND liegt 80 km weiter im Norden an der 13. Passen Sie aber auf, achten Sie mehr auf die 13 als auf den Wegweiser LAUVVIK, sonst werden Sie östlich SANDNES auf einen anderen Streckenverlauf geführt – und kommen nicht an dem schönen Übernachtungsplatz vorbei, den wir für Sie gefunden haben!
Hinter VATNE passieren wir zwei Seen, am Ende des zweiten biegt unsere 13 rechts ab nach HOGSTADVIKA. Nach 1400 m entdecken Sie rechts, am Seeufer, neu angelegte Parkplätze mit Toiletten und Wasserhahn neben einem NCC-Campingplatz (nur für Mitglieder des Norwegischen Camping-Clubs). Auf den Parkplätzen daneben ist jedoch ausdrücklich das Parken (max. 24 Std.) und die Toilettenbenutzung gestattet.
Wir schlafen nicht ganz so ruhig, wie wir uns gewünscht hätten, denn die Straße führt doch recht nahe an unseren Ohren vorbei, und einen zweiten Nachteil entdecken wir, nachdem wir (nach dem Frühstück) an der nur 7 km entfernten Fährstation ankommen: Der Fährbetrieb beginnt am Wochenende erst um 9 Uhr (werktags 6.20 Uhr) – wir jedoch hatten uns beeilt, und können nun eine Stunde warten. So bleibt uns, einen bequemen Parkplatz links oberhalb der Straße zu entdecken, an dem

man sicher ruhiger gestanden hätte, denn die letzte Fähre legt um 22.20 Uhr ab.
Für die weitere Strecke jedenfalls nehmen wir uns vor: Abends lieber noch die letzte Fähre nehmen und dahinter nächtigen – als morgens warten. Heute ärgern wir uns besonders (über uns selbst), denn wir haben viel (schönes) vor: Die Wanderung zum "Preikestolen", dem Predigtstuhl, dem wohl markantesten Felsabsturz Norwegens.

Fähre über den Høgsfjorden

Endlich tuckert die "schwimmende Fjordbrücke" herbei, und dann geht alles ganz schnell; erstaunlich, daß die ganze Schlange, die sich hinter uns inzwischen angesammelt hatte, mühelos Platz findet. Die junge "Schaffnerin" nimmt aus dem Augenwinkel Maß an unserem WOMO, fragt dann nach der Personenzahl, ich nutze die Gelegenheit, mich über die Preisgestaltung zu informieren. Die Preisklassen sind bei allen norwegischen Fähren gleich, die Preise sehr ähnlich: z. B. Fahrzeug bis 5 m 32 nKr, 5-6 m 58 nKr, 6-7 m 72 nKr jeweils incl. Fahrer, weitere Personen 14 nKr, Kinder 7 nKr. Während wir zahlen, legt die schwimmende Plattform ab, kaum haben wir Zeit, in die Tiefe des Fjords zu spähen, denn nach wenigen Minuten hat sie das andere Ufer erreicht, spuckt uns aus, lädt wieder ein, legt brummelnd ab – Tagesroutine.
Unsere 13 führt uns nur ein kleines Stück in den Lysefjorden hinein, dann quert sie den Landzipfel, führt nun am Ufer des Høgsfjorden entlang, denn den Preikestolen, die Kanzel 597 m senkrecht über dem Lysefjorden kann man nur von der Landseite her "angehen".
Im Wasser liegen runde Drahtkäfige, Maststationen für die

dünnen, roten Scheiben, die auf keiner Schlemmertafel fehlen dürfen – Zuchtlachse werden hier herangepäppelt.
Wir passieren die Abzweigung zur Insel Idse – und schon heißt das Wasser neben uns Idsefjorden. Ein kleiner Bergsee liegt auf der nächsten Höhe rechts mit schönem Picknickplatz an seinem Ufer, dann können wir, auf der anderen Seite einer Fjordzunge, bereits die Häuser von JØRPELAND sehen. Dort, wo wir aufs Fjordniveau hinabgeturnt sind, leuchtet WOMO-Blech links aus dem Wald – auch keine schlechte Wahl!
Wir umrunden nun die Fjordzunge zu zwei Dritteln, lassen uns

Wanderweg zum Preikestolen

dann vom braunen Wegweiser "Preikestolen" nach rechts in die Stichstraße zu unserem Wanderparkplatz schicken. Auf angenehm breiter Bahn und meist nur mäßig bergauf durch schütteren Kiefern- und Birkenwald steigen wir ins Gebirge. Am Ende der Stichstraße gibt es zwei Parkplätze. Den ersten sollte man benutzen, wenn man nur zum Preikestolen wandern möchte, den zweiten, 400 m weiter hinten liegenden, wenn man hier auch übernachten möchte. Dort ist es ruhiger, dort hat man einen schöneren Blick in die herrliche Gebirgslandschaft und hinab zum Badesee Revsvatn ist's auch nicht weit.

Wanderweg zum Preikestolen

Auf dem ersten Parkplatz ist gegen 11 Uhr schon ein rechtes Gewühle im Gange, wir quetschen das WOMO in eine Lücke. Der Rucksack ist bereits gepackt, die Bergstiefel stehen bereit, 10 Minuten später ist Abmarsch. Ein wurzeldurchsetzter Stolperpfad führt sacht den Hang hinauf zu einem ersten Aussichtspunkt mit Tischen und Bänken auf großen Felsplatten, dann queren wir auf bequemen Laufbohlen eine moorige Fläche, turnen schließlich über Felstrümmer, wie überdimensionale Schotterberge zwischen die Felswände geschüttet – wahrlich eine Piste für gut durchtrainierte Leute wie Sie!
Der Pfad ist mit roten Strichen markiert und so weit ausgetreten, daß man kaum fehlgehen kann. Immer weiter reicht unser Blick, weit hinaus über die Fjorde im Westen, die Inselwelt und die Großstadt STAVANGER. Je länger wir wandern, desto mehr wird uns klar: Den Weg zum göttlichen Blick von der Predigtkanzel hat der Teufel mit Steinen gepflastert! Genau nacheiner Stunde, wir haben die Hälfte des Weges hinter uns, erreichen wir nach einem steilen Geröllhang ein Plateau mit Tischen, Bänken und einem ersten Blick auf einen Zipfel des Lysefjorden im Südosten. Kurz darauf folgt eine kleine Klettereinlage, deren Ergebnis gleich drei "ah" verdient hat: Tief unten der türkisblaue Fjord, direkt vor uns wieder Tische und Bänke zum Rasten und daneben zwei Seen, in denen Wanderer fröhlich planschen – also an Badezeug und Handtuch denken!
Wie in einen dramatischen Film wird der Höhepunkt der Wanderung so lange hinausgezögert, bis die Spannung kaum noch erträglich ist. Der Fjord verschwindet hinter dem Felshang, den wir nun hinaufschniefen. Oben stehen wir dann wie geblendet: Steil unter uns der Fjord im Farbenspiel – und dann brauchen wir nur noch den Blick nach rechts zu wenden, zur Hauptattraktion, dem absoluten Nonplusultra: eine Steinsäule, zwar innig mit der übrigen Felswand verbunden und doch kühn vorgestreckt, mit einer wie mit der Axt geschlagenen, senkrechten Abbruchkante, die auch 600 m weiter unten, am Wasserspiegel, nicht endet, sondern weiter in die bodenlose Tiefe führt.
Wir sind nicht die einzigen hier, das Plateau ist gut besucht, sogar an der Kante sitzen einige ganz Verrückte und lassen die Beine über der Tiefe baumeln, als würden sie auf ihrem Gartenmäuerchen hocken. Wir nähern uns dem Abgrund nur auf allen Vieren, riskieren das verächtliche Grinsen der "Helden" und haben doch beim Blick hinab das Gefühl, als würde der Schwerpunkt unseres Körpers immer weiter nach vorne wandern, als würden wir gleich das Übergewicht verlieren.
Wir vespern, genießen die unglaubliche Fernsicht, lassen die weißen Ausflugsschiffchen zu unseren Füßen vorbeiziehen und bedauern die mageren Pferdchen, die fette Touristen für

Preikestolen

300 nKr pro Nase über die Geröllpfade bis hier her schleppen müssen oder Getränke für die Imbißbude, die trotz der Naturschützerproteste hinter den Felsen Getränke an die ausschenkt, die zu faul sind, selbst welche mitzuschleppen.
Wer nicht schwer tragen kann: Einige klare Rinnsale querten plätschernd unseren Weg – und Zitronenteepulver oder Limopulver wiegt ohne Wasser kaum etwas!
Auf dem Rückweg haben wir etwas mehr Muße, uns der Botanik des Wanderweges zu widmen: In den Moorflächen stehen Unmengen von Binsenbüscheln, vereinzelt Birken,

Lysefjorden mit Preikestolen

Rückmarsch vom Preikestolen, Wollgras

Wacholder und Krüppelkiefern, aus den triefenden Moorpolstern strahlen die lilafarbene Glockenheide und die goldgelben, walzenförmigen Trauben der Liliensimse. Wollgras, Heidekraut, Krähenbeeren- und Heidelbeerbüsche gehören sozusagen zur "Standardausrüstung".

Der Hinweg dauerte 1 3/4 Stunden; den Rückweg hätten wir locker in 1 1/2 Stunden schaffen können, wenn wir nicht eine ganze Weile zwischen den strotzenden Heidelbeerbüschen gehockt hätten ....

Nachdem wir die Bergstiefel von den matten Füßen gezogen haben, rollen wir zunächst zum unteren Parkplatz, gönnen uns dort einen "Belohnungskaffee" und beschließen, daß wir jedem Preikestolen-Wanderer empfehlen werden, abends hier anzurollen, gemütlich am unteren Parkplatz zu nächtigen und am nächsten Morgen loszuwandern, bevor der "Run" einsetzt. Die Parkfläche ist zwar nicht ganz eben – aber Steine zum Unterlegen gibt's in ganz Norwegen reichlich!

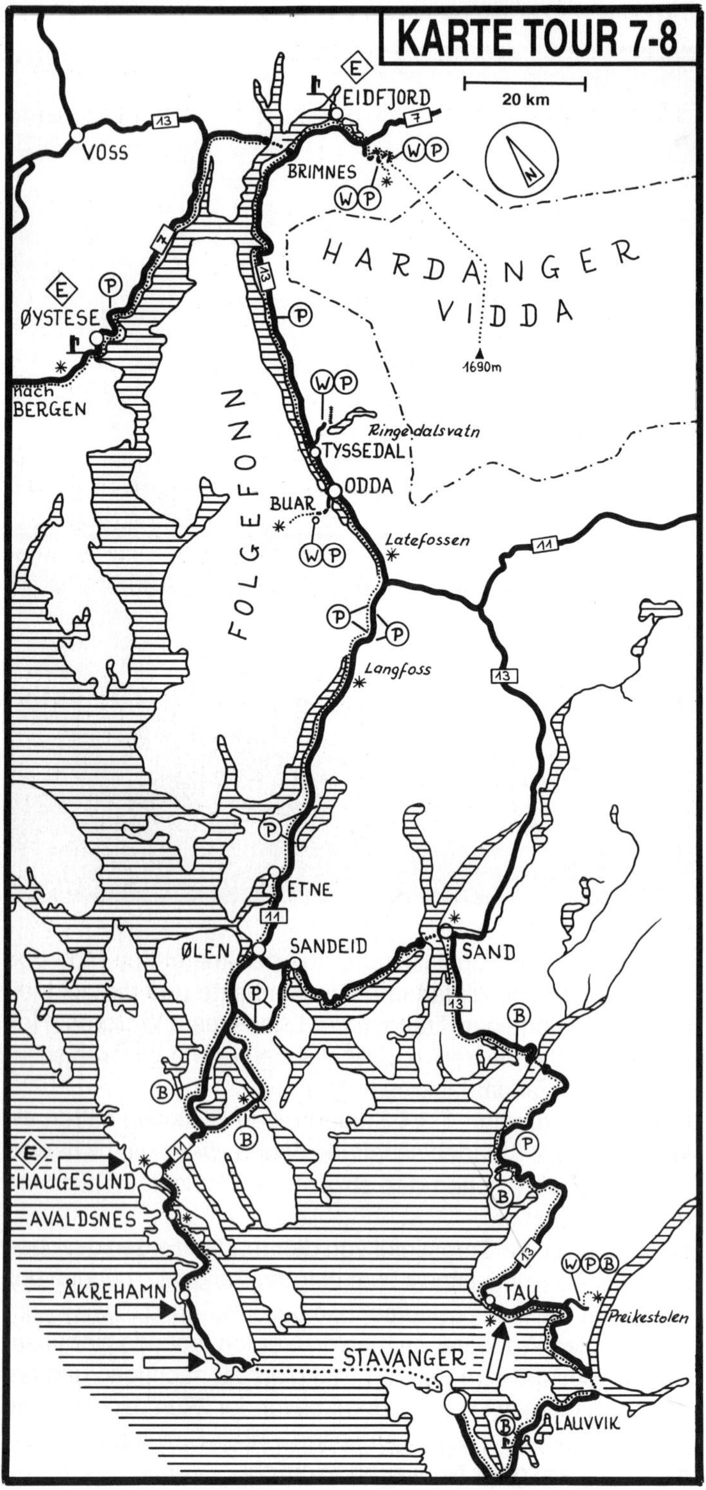
KARTE TOUR 7-8
20 km
N
EIDFJORD
E
7
13
VOSS
BRIMNES
W P
HARDANGER
VIDDA
1690m
E
P
ØYSTESE
nach
BERGEN
FOLGEFONN
P
W P
Ringedalsvatn
TYSSEDAL
ODDA
BUAR
Latefossen
11
P
Langfoss
ETNE
ØLEN
SANDEID
SAND
B
HAUGESUND
AVALDSNES
ÅKREHAMN
STAVANGER
TAU
W P B
Preikestolen
LAUVVIK

TOUR 7 (400 km / 3-4 Tage)

Jörpeland – Sand – Haugesund – Åkrasanden – Ølen – Langfoss – Latefossen – Buarbreen

5,3 km rollen wir vom zweiten Parkplatz, vorbei am Hotel "Preikestol-Hytta" oberhalb des Badsees Revsvatn mit Sandstrand, zurück zur 13, biegen dort rechts nach SAND, rollen auf der neuen, breiten Straße entlang des rechten Ufers des Idsefjorden flott dahin, durchqueren JØRPELAND. Wenig später werden die Felszeichnungen von SOLBAKK angekündigt, die gleiche Abzweigung führt zum Badeplatz von KUVIKA – ein Grund mehr, uns dort mal umzuschauen!
Zu den Felsritzungen sind es von der Hauptstraße aus nur 100 m. Man parkt rechts des Fahrweges und stapft 20 Schritte Richtung Meer: Eine Felskante, die zum Ufer hinabfällt, ist über und über mit Schiffen verschiedener Bauart verziert. Manche sind leer, andere, bereit zum Auslaufen, mit 20-25 Mann besetzt.

Felsritzungen von Solbakk

Der Badeplatz, 900 m weiter, ist mit seinem Kiesstrand sicher nur zweite Wahl, aber er hat Toiletten und bietet wohl eine ruhige Übernachtungsgelegenheit. Außerdem kann man auf der Liegewiese zwischen schattigen und sonnigen Plätzen wählen, und manchem wird es nach der Preikestolen-Wanderung schon ein Genuß sein, die müden Füße ins Wasser hängen zu lassen ....
Bereits 3 km später liegt am Ortsbeginn von TAU ein weiterer Badeplatz direkt an der Straße, sehr bequem für einen Bade-

stopp. Kurz darauf verläßt unsere 13 an einer Kreuzung (!) ohne Kreisverkehr nach rechts den Fjord. Wir brauchen ihm aber nicht nachzuweinen, denn kurz darauf begleitet uns rechts der Bjørheimsvatnet; baden kann man auf der Höhe von HOLTA.

Mächtig schieben sich nun Bergriesen ins Blickfeld, zwischen sich haben sie den Tysdalsvatnet eingeklemmt, gönnen unserer Straße an seinem linken Ufer gerade einen schmalen Streifen. Je nach vorwitzigem Felsvorsprung oder zurückweichendem Hang hat die Fahrbahn unterschiedliche Breite, eine Straßenbaupraxis also, die stets das Mögliche nutzt, ohne gewaltig in die Natur einzugreifen. In der Regel muß man auf diesen Straßen permanent bremsbereit sein, bereits jeder entgegenkommende PKW muß langsam und zentimetergenau passiert werden.

Der einzige Badeplatz am Tysdalsvatnet liegt genau an seinem Ende und wird vom Campingplatz "Tysdal" besetzt. Wir verlassen den See, schauen eine Weile den weidenden Schafen an den steilen Hängen zu, die trotz der mühsamen Futtersuche runde Bäuche haben, dann taucht linkerhand der nächste Fjord, der Årdalsfjorden auf. Es dauert eine Weile, bis wir zu ihm hinabgedüst sind, und kaum haben wir ihn am Ortsrand von Årdal erreicht, verlassen wir ihn schon wieder, setzen das "Norwegen-Küsten-Spielchen" fort, denn kaum haben wir den Fjord aus den Augen verloren, erscheinen flugs als "Süßwasserersatz" ein, zwei Seen, diesmal mit Namen Riskadalsvatnet und Hetlandsvatnet, natürlich erst, nachdem wir den Rücken der abgeschnittenen Halbinsel zwischen zwei Fjorden – Kur-

Badeplatz am Hetlandsvatnet bei Fister

ven rauf, Serpentinen runter – erklommen haben.
Am zweiten See liegt ein kleiner, idyllischer, versteckter und deshalb einsamer Badeplatz. Er bietet keine Attraktionen, außer Ruhe, schönem Blick und recht warmem Wasser – reicht das?
Die Stichstraße zu ihm ist genau 4100 m lang, man biegt ab Richtung FISTER und rollt immer am Nordufer des Hetlandsvatnet entlang, bis man das Badeplatzzeichen entdeckt.
Wieder führt die Straße steil empor, immer mehr Seen sind von ihr aus zu überblicken und natürlich die Fjorde bis hinaus ins offene Meer. Nun geht es zum Garsundsfjord hinab, den wir mit unserer nächsten Fähre von HJELMELAND nach NESVIK überqueren werden. Vorher, noch im Hinabkurven, entdecken wir neben einer kleinen, antik wirkenden Natursteinbrücke einen geschmackvoll angelegten Picknickplatz links der Straße.
Am Fähranleger von HJELMELAND wird Service groß geschrieben: Kiosk mit Babywickelraum, Trampelpfad nach links durch die Wiesen zu einem kleinen Sandstrand ....
Sie wollen nicht schon wieder baden, Ihnen ist mehr nach Essen zumute? Dann pflücken Sie sich Ihr Abendessen!
Nein, nicht schon wieder Heidelbeeren. Steigen Sie mit Gummistiefeln oder Badeschuhen ins Wasser, und ernten Sie von den großen Miesmuscheln, die hier in langen Bänken wachsen (Miesmuschelrezept und viele andere im "Allgemeinen Wohnmobil Handbuch"!).
Das Fährschiff "Hjelmeland" baggert uns in zehn Minuten auf die andere Fjordseite nach NESVIK, dort können wir auf der 13 unseren Weg nach SAND fortsetzen, zunächst am linken Ufer des Jøsenfjords. Auch hier hat die Natur kaum Platz für den Straßenbau gelassen, an manchen Stellen fallen die Felswände wie mit dem Lot gemessen senkrecht ins Wasser. Wer weiß, wie tief sie in den Fjord hinabragen, bis sie seinen Grund erreicht haben. Die Regel gilt: Meist geht es tiefer ins Wasser hinab als die Berge an seinen Ufern hoch sind!
Tunnel auf Tunnel sind hier zu durchqueren. Ungefähr in der Mitte des Fjords hat die Straße genug von den Tunnelröhren und schwingt sich den Hang hinauf – um auf der anderen Seite wieder zum Erfjorden hinabzuturnen. Dort, wo ihn unsere Straße erstmalig berührt und seinen letzten Zipfel auf einer kleinen Brücke überquert, kann man links zu einem Wäldchen an seinem Ufer hinabrollen, zum Picknicken, Baden – oder zum Übernachten.
Aufpassen! Der Platz erscheint unverhofft und ist nicht gekennzeichnet.
Die nördliche Spitze des Erfjorden, den Tyssefjorden, schneiden wir mit einer gewaltigen Hängebrücke ab, die Sie sich in

Ruhe von dem Rastplatz davor begucken können.
Der Fjord endet, ein See taucht auf, der nächste Fjord wird mit Selbstverständlichkeit zur Kenntnis genommen – norwegische Fahrtroutine!
Bald erreichen wir die Region Suldal, durch die der Suldalslågen fließt, ein bei Lachsen besonders beliebter Laichfluß. Dort, wo er bei SAND in den Sandsfjorden mündet, beginnen die geschlechtsreifen Lachse ihre mühsame Reise bis zum sauerstoffreichen Oberlauf des Flusses, um abzulaichen. Vorher haben sie sich einen trefflichen Reiseproviant angefuttert, werden zu dieser Zeit deshalb besonders gern geangelt. Zu sehen bekommt sie also nur der glückliche Petri-Jünger, der sie am Haken aus den Fluten zieht, oder?
Kurz vor SAND überqueren wir auf einer schmalen Metallgitterbrücke den lachsreichen Suldalslågen und biegen unmittelbar dahinter links, Wegweiser: "Sandsfossen/Laksestudio". 700 m später können wir links der Straße auf einen langen Parkstreifen einschwenken, an einer Engstelle schäumt der Fluß als Katarakt hinab – stets eine besondere Mühsal für die Fische. Parallel zum brodelnden Fluß hat man deshalb Lachstreppen erbaut, stufig angeordnete Becken, die die muskulösen Fische, eines nach dem anderen, mühelos hinaufspringen können. In zwei dieser Becken wurden Glasfenster eingesetzt, so daß man einen "Studioblick" auf die wandernden Lachse hat – wenn sie gerade wandern!
Laut Öffnungszeiten scheint dies von 11-20 Uhr zu sein, und wir haben schon weit nach 21 Uhr. So wippen wir, sicher langsamer als Lachse, über zwei "Fartsdempere", wellenförmige Geschwindigkeitsbremsen, bis ins Zentrum von SAND, stellen uns in die Reihe der Wartenden – die Fähre über den Sandsfjorden schnauft gerade mit schäumender Bugwelle herbei.
Am Ortsbeginn von SAND hatten wir unserer 13 für eine Weile "Ade" gesagt, begannen unseren (lohnenswerten) Umweg und Abstecher nach HAUGESUND. Auf der anderen Seite des Fjords setzen wir unseren Weg auf der 46 fort Richtung VIKEDAL/SANDEID. Das Spiel wiederholt sich von neuem: Wir verlassen den Fjord, rechts und links tauchen Seen auf, an ihren Ufern warten lauschige Picknickplätze, jedoch nichts zum Baden. Manche von ihnen sind angekündigt durch das Tisch-Baum-Symbol, andere tauchen völlig unverhofft auf, die dritte Kategorie, die für die "Insider", entdeckt man nur per Zufall:
„Verderben eigentlich Miesmuscheln besonders schnell, Herr Biologe?“
Finden Sie nicht auch, lieber Leser, daß mein geliebtes Weib eine besonders zarte Art und Weise hat, meine Kilometerfresserei zu beenden? Ich beschließe, bei der nächsten Gelegen-

heit zu wenden, um zum letzten Badesee zurückzufahren, sehe eine Seitenstraße 1700 m nach der Abzweigung zur Kirche von IMSLAND und erspähe dabei einen "Insider-Platz", einen 500 m langen Schotterweg mit Tischen und Bänken, der sich, versteckt durch Buschreihen und Felsen, parallel der Straße hinzieht. Er eignet sich prächtig zum Picknicken und Übernachten – und geht in die Geschichte des WOMO-Verlages als "Miesmuschelplatz" ein.
Am nächsten Morgen kurven wir zum Sandeidfjord hinab, im Scheitelpunkt liegt, auf einen flachen Hang hingestreut, SANDEID. Dort folgen wir nicht der breiter wirkenden 514 nach ØLEN, sondern halten weiter auf der 46 auf HAUGESUND zu. Einen Badeplatz hat das schöne SANDEID nicht; falls Sie Ihre Füße ins Wasser hängen wollen, müssen Sie bis zum bald folgenden Gjerdesdalsvatnet warten, dort liegt ein Picknickplatz direkt zwischen See und Straße. Falls es Ihnen jedoch zu viel Mühe bereitet, auf die linke Straßenseite hinüberzuwechseln, dann warten Sie einfach bis zum nächsten See, den Vatsvatnet. Der liegt rechts – und natürlich auch der dazu gehörige Picknickplatz. Kurz darauf stoßen wir auf die 11, die wir in SAULAND (nach der Besichtigung der Stabkirche von HEDDAL) verlassen hatten, halten nach links, auf HAUGESUND zu.
Lassen Sie sich nicht vom riesigen Badeplatzwegweiser nach "Odertong" schicken! Die Fülle der Wegweiser würde Sie, weit von der Straße entfernt auf einen riesigen, völlig leeren Parkplatz in idyllischer Einsamkeit locken – von dem ein Fußweg fast 400 m bis zum Badeplatz führt. Wir finden: Mehr etwas für Jogging-Fans.
Trotzdem sollten Sie an diesem Badewegweiser mit uns von der 11 auf die 513 zur Halbinsel TYSVÆR Richtung NEDSTRAND abzweigen – es gibt etwas zu begucken! Zunächst landen wir in SKJOLDASTRAUMEN, dort biegen wir nach rechts in die 515 nach HAUGESUND ein und halten sofort wieder auf dem Gelände der Shell-Tankstelle. Unmittelbar dahinter entdecken wir die einzige Salzwasserschleuse Norwegens, die Verbindung zwischen dem nördlichen und südlichen Teil des Skjoldafjorden. Sie stammt aus dem Jahre 1908 und ist noch immer in Betrieb (auch wenn sie bei unserem Besuch nicht diesen Eindruck erweckte). Hinter der Schleuse biegt links ein Fahrweg zum Badeplatz "Notaflot" ab. Es sind nur 300 m bis zum Parkplatz hinter der einsamen Liegewiese mit Kies/Sandstrand.
Weiter führt die 515, an der schönen, weißen Holzkirche des Ortes vorbei, nach Westen. 10 km später, in GRINDE, stoßen wir wieder auf die breite 11, die uns nach links nach HAUGE-

Skjoldastraumen: Salzwasserschleuse

SUND trägt. Am zweiten Kreisverkehr biegen wir im 90-Grad-Winkel nach links von der 11 auf die 47 nach SKUDENESHAVN an der Südspitze der Insel Karmøy. Bereits nach 2 km verlassen wir auf der "Karmsund bru", einer gewaltigen Synthese aus Stahl und Beton – 184 m lang, 60 m hoch – das

Avaldsnes: Karmsund bru

Festland. Hinter den ersten Häusern von AVALDSNES, auf einer grasigen Hügelkuppe, erhebt sich die steinern-gedrungene Olavskirche. Håkon Håkonsen IV. ließ sie 1250 bauen, seitdem hat sie ihr ursprüngliches Aussehen fast unverändert erhalten. Wir folgen nach links dem Wegweiser zur Kirche, denn dort bekommen wir eine wichtige, ja **die** existentielle

Frage beantwortet: „Wie lange dauert es noch bis zum Jüngsten Gericht?“
Wir betreten den Friedhof, schreiten links um die Kirche herum. Das Mirakel, ein langer und schmaler, 6 1/2 m hoher Monolith, lehnt fast am dritten Fenster des Längsschiffs: Die "Nähnadel der Jungfrau Maria". Sie Sage prophezeit, daß der Jüngste Tag angebrochen ist, wenn er die Kirchenwand berührt – und er senkt sich wirklich immer weiter ....
Bei näherem Studium werden Sie übrigens feststellen, daß man die oberste Spitze bereits einmal abgebrochen hat (vor

Avaldsnes: Olavskirche mit "Nähnadel der Jungfrau Maria"

1830). So kann man natürlich auch das Jüngste Gericht hinauszögern!
Vor dem Eingang zum Friedhof steht ein norwegisches Vorratshaus, ein "Stabburet". In ihm wurde ein kleines Museum eingerichtet, das die Geschichte von AVALDSNES und Umgebung belegt.
Zur Geschichte AVALDSNES und Karmøys gehörte immer das Meer – und für den mobilen Touristen ist es hier besonders attraktiv! Folgen Sie uns also zum "Südseestrand" Åkrasanden bei ÅKREHAMN!
Zunächst rollen wir auf der Ostseite Karmøys weiter nach Süden bis KOPERVIK. Ins Deutsche übersetzt bedeutet der Name "Kupferbucht" und erinnert an den Kupferabbau auf der Insel. Hätten Sie gedacht, daß das Metall für die amerikanische Freiheitsstatue in Karmøy gefördert wurde? Näheres erfahren Sie im "Gruvemuseet", dem Kupfergrubenmuseum von VISNES, 3 km westlich von AVALDSNES.
In KOPERVIK queren wir mit unserer 47 hinüber zur Westküste der Insel, erreichen ÅKREHAMN. 100 m nach der modernen Kirche (links) biegen wir rechts, Wegweiser: "Åkrasanden". Kurz darauf stehen wir auf einem großen Schotterplatz, von dem es direkt hinab geht zu einem blendend weißen, endlosen Sandstrand – bei schönem Wetter wirklich nahezu "Südseeatmosphäre". Der Parkplatz selbst jedoch ist öde und ungemütlich.
Aber "Åkrasanden" gibt es nicht nur einmal! 350 m weiter nach Süden folgt schon das nächste Hinweisschild. Dort steht man schon etwas gemütlicher auf einem großen Wiesengelände

"Südseestrand" Åkrasanden in Åkrehamn

hinter der "Südsee". Nochmals 250 m später kommt die dritte Abzweigung, diesmal nicht ausgeschildert. Auch dieser Platz hat Klohäuschen, Rettungsring – und eine Telefonzelle.
Wer einen Campingplatz bevorzugt, fährt noch 2 km weiter nach Süden. Dort findet er die Abzweigung zum Camping "Ferkingstadhamn". Auch an dieser Zufahrt findet man nochmals rechts eine Schotterpiste, die direkt zu einem großen Parkplatz oberhalb des feinen Sandstrandes führt. Unmittelbar neben dem Campingplatz liegt der kleine Fischereihafen von FERKINGSTADHAMN mit Wasserhahn an einer Betonsäule.
Allen Plätzen ist gemeinsam der wunderschöne, fast silberne Riesensandstrand – und eine feine, permanente Brise, die, wen wundert's, längst die norwegischen Surf-Fans angelockt hat. Wann zischen Sie mit Ihnen um die Wette über die Wellenkämme? Falls Ihnen unsere Platzauswahl nicht zusagt – weiter im Süden der Insel setzen sich die Strandangebote bei SANDVE fort.
Wir beenden unseren Abstecher in die "Südsee", fahren über die Karmsund-Brücke zurück nach HAUGESUND. Die bedeutende Handelsstadt blickt auf eine lange, ereignisreiche Vergangenheit zurück, hat ihr ein Denkmal gesetzt. Rollt man auf der 47, am Zentrum der Stadt vorbei, nach Norden, so kann man Historie mit Badefreuden verbinden. Gleichzeitig weisen nämlich zwei Wegweiser nach links: "Badeplatz Kvalsvik" und "Haraldshaugen".
Der Badeplatz liegt 1600 m von der Abzweigung entfernt. Es ist ein natürliches Meerwasserschwimmbecken, hineingeschmiegt in die felsige Fjordküste. Alle Einrichtungen sind vorhanden, ruhige, betonierte Parkplätze – statt Sandstrand jedoch nur glattgeschliffene Felsen.
Vorher jedoch kommen wir am Haraldshügel vorbei, einem Nationaldenkmal über dem Grab von Harald Hårfager (Schönhaar), gewidmet dem ersten König Norwegens, der das Land zu einem Reich vereint hatte.
Die Saga berichtet: „Am Haugesund steht eine Kirche, aber am Kirchhof im Nordwesten ist der Grabhügel Harald Hårfagres. Westlich der Kirche liegt der Stein, der über seinem Lager im Hügel gelegen hat. Er ist dreizehneinhalb Fuß lang und fast zwei Ellen breit."
Die Kirche, von der die Geschichte berichtet, verfiel bereits im Mittelalter. Reste waren aber noch vorhanden, als man an ihrer Stelle 1872 das Haralddenkmal errichtete (zum 1000jährigen Jubiläum der ersten Reichseinheit Norwegens). Der 17 m hohe Granitobelisk auf dem 5 m hohen Erdsockel ist umgeben von 29 Steinblöcken. Sie symbolisieren die unterworfenen Fürsten und ihre Ländereien, auf ihnen sind die alten Bezirksnamen

eingehauen. Der in der Sage beschriebene Stein liegt am Fuße des Denkmals, an der Nordwestseite.
Wir kehren auf die 47 zurück, fahren wieder am Zentrum von HAUGESUND vorbei (gemütlicher Stadt- und Hafenbummel gefällig?) und schwenken am fünften (!) Kreisverkehr wieder nach links in die 11 ein so, als wollten wir nach OSLO oder STAVANGER fahren. Hinter GRINDE verläßt uns die 1 nach BERGEN, einige Kurven später taucht überraschend ein Badeplatzzeichen auf (Wegweiser: "Lie"). Man kurvt ungefähr 900 m steil einen Schotterweg zum Strand am Grindefjorden hinab: Wiesengelände, schattige Birken, Toilettenhäuschen mit Wasserhahn und Waschbecken an der Außenwand, nichts besonderes – aber ein absolut ruhiger Picknick- und Übernachtungsplatz.
Wieder kommen wir im Ortsbereich von SOLHEIM an der Abzweigung nach NEDSTRAND und zum Badeplatz "Otertong" vorbei, dann passieren wir die Abzweigung nach SANDEID, an der wir auf die 11 gestoßen waren. Hier schwenkt unsere 11 nach Norden, quert kurz darauf die Grenze nach Hordaland.
Die Straße ist zwar kurvig, aber breit, gut ausgebaut und reichlich mit Picknickplätzen am Straßenrand versehen. In ØLEN trifft die 516 auf "unsere" 11. Hier treffen wir mit den

Lesern zusammen, die direkt von SANDEID, ohne HAUGESUND-Abstecher, nach Norden fahren wollen; als nächste Ziele an der 11 sind ODDA und HAUKELIGREND angezeigt.
In ETNE streifen wir ganz kurz den Etnefjorden, kurz darauf geht es wieder ins Gebirge. Rechterhand schäumt uns ein grünlich schimmernder Fluß entgegen, der Abfluß des Stordalsvatnet, an dessen linkem Ufer wir kurz darauf entlangkurven, am Beginn des Sees liegt ein schön eingerichteter Picknickplatz. Während zu Beginn sanfte Wiesenhänge seine Ufer säumen, richten sich jetzt wieder steile, kahle, dunkle Berghänge auf – und mehr und mehr wird aus der breiten "Bundesstraße" ein schmales, gewundenes "Landsträßchen III. Ordnung".
Auch ohne Karte hätten wir inzwischen darauf gewettet: Kaum verschwindet linkerhand der See, taucht links ein neuer Fjord auf, der Åkrafjorden. Längst haben wir uns daran gewöhnt, hinter jeder Kurve ein entgegenkommendes Auto zu befürchten, aber daß plötzlich eine ganze Ziegenherde auf der Straße steht, hätten wir eher 4000 km weiter im Süden erwartet.
Tief führt unsere Straße zum Åkrafjord hinab, und wenn unser WOMO ein U-Boot wäre, könnten wir noch 630 m weiter in die Tiefe tauchen. Wir aber wenden unseren Blick in attraktive Höhen, denn vor uns tauchen die ersten schneebedeckten Berghänge auf – wir nähern uns der Hochebene Hardangervidda mit den sie umgebenden Gebirgskämmen und Gletschermassen.
Noch nicht ganz habe ich mich von dem "Ziegenschock" erholt, hüpfen vor uns ein paar wollige Schafe über die Straße. Langsam verstehe ich die unaufhörliche Folge von Bremsspuren, die in dieser Gegend den Straßenbelag mit einem Zebramuster verziert. Jetzt kommt eine ganze Kette von Tunnels, zwei von ihnen sind durch eine Brücke verbunden, mitten drauf steht eine ganze Schafherde und guckt mich unschuldig an – und das bei 4 m Straßenbreite und pausenlosem Gegenverkehr von lauter wagemutigen "Wikingern", die mir mitten auf der Straße entgegenkommen.
Bereits zwei namenlose Wasserfälle, die am Beifahrerfenster vorbei in die Tiefe stürzten, haben wir im Vorbeifahren registriert – in Deutschland würde man einen hohen Zaun bauen und Eintritt kassieren, da erspähe ich in der Ferne das weiße Band des Langfossen den Berg hinuntergleiten.
Vorher jedoch kündigt sich eine liebe Fee in Form von Baubuden des Staatlichen Straßenbauwesens an und ab dem Langfossen-Tunnelen ist die Straße wieder breit wie eine deutsche First-Class-Bundesstraße. Gleich hinter dem Tunnel schwenken wir nach links auf einen neuen, geschotterten Parkplatz, denn neben uns schäumt die gewaltige Flut des Langfossen

Langfossen

den Hang hinab. Sofort erkenne ich: Das ist nicht das schmale Wasserband, das ich von der Ferne erspäht hatte; dies ist ein gewaltiger Strom, der sich über mehrere Felskanten 600 m hinabstürzt, um schließlich unter der Straße hindurch in den Fjord zu fließen – ein gewaltiges Schauspiel, dessen Urgewalt uns schon deshalb zum Schweigen bringt, weil sein Donnergetöse jedes menschliche Wort übertönt.

Wir sind der Begeisterung und des Lobes voll über die jetzt fast doppelt so breite Straße – und fallen in ein tiefes Loch der Enttäuschung, denn kurz darauf dürfen wir an der "Bomstasjon" über 10 DM berappen.

FLOTO liegt am Ende des Fjords. Hier sprudelt in einem Katarakt ebenfalls eine gewaltige Wassermenge in die Meeresbucht, wird malerisch überragt von senkrechten, zerfurchten Felsmauern.
Der Rullestadvatnet löst unseren Fjord ab, zwei Wasserfälle stürzen in ihn hinein. Dann verengt sich die Straße wieder, der "Bompenger" ist aufgebraucht, ein kurzes Vergnügen – aber als "Eintrittspreis" für den Langfossen war es ausgesprochen preiswert.
Wir kurven nun hinauf ins Sørdalen. Der Fluß, der sich hier Bahn gebrochen hat, beeilt sich ebenfalls, rauschend, ja kochend in den See hineinzustürzen. An manchen Stellen preßt er sich durch eine nur meterschmale Rinne, dann rauscht er wieder, sechs Meter breit, über eine Felskante. Jetzt fließt er eine Weile ruhig, geradezu unschuldig dahin, um kurz darauf wieder zornig aufzubrausen.
Im eigentlichen Sørdalen, einem beliebten Freizeitrevier, hat sich jeder Stuga-Besitzer eine eigene Eigenbau-Hängebrücke gebastelt, mit der er den breiten Fluß überqueren kann. Aber auch der WOMO-Urlauber findet rechts und links der Straße Stellen, von denen er in Ruhe die Pracht der Natur genießen kann, denn sinnvollerweise sind gebogene Abschnitte der alten Straße erhalten und zu Picknickplätzen umgestaltet worden.
Am Ende des Sørdalen verschwindet die 11 in einem Tunnel – und aus lauter Anhänglichkeit der Fluß parallel dazu in einem Flußtunnel. An dieser Stelle biegen wir links auf die 13, der wir in SAND so untreu geworden waren und halten auf ODDA zu. Ihre liebste Beifahrerin kann jetzt, während Sie die nächsten Serpentinen hinabturnen, scharf nach rechts zurückschauen. Da sieht sie, wie der Fluß aus seinem Tunnel wieder herauspurzelt und den Hang hinabschäumt. Unten im Tale stürzt ihm der nächste Fluß durch eine schmale Schlucht entgegen und vereinigt sich mit ihm zu einem sprudelnden Strudel, dessen felsigem Bett wir ins Tal folgen. Schließlich sprühen die Wogen sogar über die Straße hinweg, das schäumende Inferno strebt jedoch einem doppelten Höhepunkt entgegen – dem Latefossen!
Machen sich rechtzeitig die Seitenscheiben zu und schalten Sie die Scheibenwischer ein, denn hier tost ein Zwillingswasserfall zu Tale, überschüttet die Straße mit seinem Wasserstaub. Haben Sie das "lokale Unwetter" durchfahren, entdecken Sie dahinter links der Straße reichlichen Parkraum – Fototermin!
Nun dröhnt schon ein gewaltiger Fluß neben unserer Straße, milchig blau-weiß sein Inhalt, wie Eis, das sich in Bewegung

Zwillingswasserfall Latefossen

gesetzt hat, einem erwachten Gletscher gleich – und zu unserem ersten Gletscher ist es auch nicht mehr weit!
Kaum schenken wir noch dem Vidfossen einen Blick, der weiter unten im Tal seine weißen Wassermassen über die Hänge schüttet; Schwall für Schwall prallt rhythmisch auf die Felsplatten, stürzt weiter hinab in unseren Fluß, ihn noch mehr zu vergrößern. Fast einen Kilometer rollen wir nun, während die Felswände auseinanderweichen, der Fluß strömt ruhig dahin, verbreitert sich zum Sandvinvatnet. Dafür hat die Straße wieder Miniformat, ist an manchen Stellen nur LKW-breit, und die paar Ausweichstellen sollten Sie sich gut merken, falls Sie zu ihnen zurückstoßen müssen.
300 m nach dem Ortsschild von ODDA biegen wir links Richtung "BUER 6 km". 600 m nach der Abzweigung passieren wir den Campingplatz, dann fahren wir, am Westufer des Sees, ein Stück nach Süden zurück, schwenken dann im rechten Winkel vom See weg, halten direkt auf gewaltige Eismassen zu – der Buarbreen, ein Ausläufer des Folgefonn-Gletschers, liegt direkt vor, besser gesagt über uns. Eigentlich sollten wir aber nicht die Augen himmelwärts verdrehen, sondern uns auf die "Straße" konzentrieren, denn der Schotterweg hat gerade noch die Breite unseres WOMOs. Ich brauche nicht extra zu erwähnen, daß links neben unserer Piste das Schmelzwasser des Gletschers in solcher Fülle zu Tale strömt, daß man Angst um das Bestehen der Eismassen bekommt.
Bei der Gehöftegruppe BUAR endet der Fahrweg nach 5 km mit einem breiten Parkstreifen oberhalb des dröhnenden Flusses. Die Uhr zeigt zwar bereits 19 Uhr, aber wir haben schon längst eine "nordische Uhr" in unserem Körper, haben uns an

die lange Sonnenscheindauer gewöhnt.
Schnell schnüren wir die Bergstiefel, hängen die Fotoapparate um, sicherheitshalber binden wir uns noch eine Windjacke um die Hüften. Rote "T" führen uns auf einem Wiesenweg an einem der Gehöfte vorbei. Wir marschieren in einem idyllischen Talgrund, rechts und links hängen die Äste von Erlen, Eschen und Hainbuchen zu uns hinab – heimische Stimmung. Die Idylle paart sich aber nicht mit Ruhe, denn der Gletscherbach rauscht und dröhnt neben uns.
Der Weg wird zum Pfad, steigt nun zwischen Felsbrocken bergan. Unser dröhnender Fluß wird aus zwei Bächen gespeist, der rechte poltert vom Folgefonn-Hauptgletscher herab, zu dem noch 4 Std. zu wandern wären, wir folgen dem linken zum Buarbreen-Ausläufer. Still und starr liegt der steinerne Tiefkühlmarmor, und doch quellen unaufhörlich brüllende Wassermassen aus ihm heraus – ein Eishauch weht uns entgegen.
Aber seine Majestät der Gletscher möchte heute keine Besucher empfangen! Gerade haben wir ein Bächlein durchquert, sind über Steine gehüpft, haben uns über wankende Brückchen gewagt, sind mit weichen Knien über eine Hängebrücke gewackelt, hängen nun an einem Seil, um uns einen Steilhang emporzuhangeln, da schickt er uns seinen flüssigen Bruder, den Regen! Der malt erst schwarze Punkte auf die Steine, die schließlich zu dunklen, rutschigen, glitschigen Flächen zerfließen. Unsere Stiefelsohlen greifen prüfend zu, wir nehmen die Herausforderung an. Weiter stapfen und rutschen wir, obwohl uns der Schweiß in die Augen und der Regen ins Genick rinnt. Der einzige, trockene Teil von uns sind die Kameras in ihren dichten Taschen unter den Windjacken.
Da haben wir den Gletscher erreicht, berühren die kalte Pracht sicherheitshalber mit den Händen, brechen uns ein Stück uraltes Eis heraus, lutschen daran wie die Kinder – wir sind Sieger!
Aber gerade der Rückweg hat es in sich, rutschige Partien sind bergauf immer einfacher! Doch so, als hätte er aufgegeben, ziehen die "Hilfstruppen" des Gletschers ab; gemütlich stapfen wir hinab, begegnen einem einsamen Wanderer, den es noch kurz vor 21 Uhr hinauf zum ewigen Eis zieht.
Genau 21.30 Uhr sind wir zurück am WOMO – eine 2 1/2-Stunden-Tour ohne große Pausen ist zu Ende, ein Marsch, der uns wegen der "Herausforderung" der Elemente unvergeßlich bleiben wird: Unser erster Gletscher!
Beim Ausziehen der immer noch triefnassen Klamotten und Stiefel merken wir erst, wie schlapp wir sind. Da reichen die Kräfte gerade noch, um das WOMO auf zwei Unterlegsteine zu

Am Buarbreen

bugsieren, denn der Parkplatz ist doch recht schräg. Nach dem Abendessen bekommt jeder eine Portion "Oropax", das beste Mittel gegen dröhnende Gletscherbäche, und wir versinken in einen traumlosen Schlaf.

TOUR 8 (350 km / 3-4 Tage)

Odda – Ringedalsvatn – Eidfjord – Hardangervidda – Osøyro – Lysekloster – Bergen – Dale – Hamlagrøvatnet (Karte s. Tour 7)

Wir kehren zur 13 zurück, zum Zentrum von ODDA sind es noch 2 km. Seltsam deplaziert wirken die Industrieanlagen, die wir passieren, in dieser gewaltigen Naturkulisse. ODDAs Postamt liegt im Zentrum, unmittelbar an der Durchfahrtsstraße vor dem großen Einkaufszentrum "Domus"; so finden wir Nachschub für den Geldbeutel vom Postsparbuch und Gelegenheit, das Geld wieder auszugeben, in idealer Nachbarschaft. Findet man hier keinen Parkplatz – 150 m weiter, linkerhand am Fjordufer: großer Parkplatz und die Touristeninformation.
Weiter geht es auf der 13 nach Norden, immer am rechten Rand des steilen, schmalen, langen Sørfjorden entlang, dessen stiller Wasserspiegel, meist weit unterhalb der Straße, die Felshänge und Wasserfälle des gegenüberliegenden Ufers widerspiegelt; jede Rinne scheint ihren eigenen Wasserfall zu besitzen.
Wir durchrauschen den langen Tyssedal-Tunnelen; unmittelbar dahinter biegen wir rechts zur Kirche von TYSSEDAL und SKJEGGEDALEN (4 km).
Entlang des Hanges einer gewaltigen Schlucht mit dem 160 m hohen Skjeggedalsfossen qualmen wir 6 km hinauf zum Ringedalsvatn, einem Stausee der Elektrizitätsgesellschaft; die Straße ist steil, schmal, aber ausgezeichnet unterhalten und mit Felsbrocken zum Abgrund hin gesichert. An den Kraftwerksgebäuden links des Sees sichten wir die "Talstation" der "Mågelitopp-Bahn", deren zwei kleine Schienenwägelchen sich, an einem gemeinsamen Seil mit Umlenkrolle hängend, in 13 Minuten gegenseitig auf die 985 m höhere Hochebene der Hardangervidda ziehen. Dort sollte man, in idyllischer Wanderlandschaft, seine eigenen Füße in Bewegung setzen; das Fahrvergnügen kostet sage und schreibe, hinauf **und** hinab, eine einzige norwegische Krone. Leider fährt die Bahn, ein Service der Elektrizitätsgesellschaft, nicht immer (und natürlich schon gar nicht, als wir hier waren!): Sonntags 10-18 Uhr, samstags ab 16 Uhr und bei Andrang auch freitags abends.
Sie haben Bedenken, daß das Seil bei diesem günstigen Preis nicht erste Qualität ist ? Die Wägelchen verfügen über eine vollautomatische Notbremse; neben den Schienen kann man dann zu Fuß auf einer schier endlosen Holztreppe seinen Weg fortsetzen. Falls Sie bei den knappen Fahrzeiten zu früh gekommen sein sollten – auch am Ringedalsvatn, einem der

Ringedalsvatn: Talstation der Mågelitopp-Bahn

größten Staudämme Norwegens, kann man picknicken, wandern und ruhig übernachten.
Wir bremsen das schwere WOMO die 6 km Steilhang wieder hinab, wobei wir leider nicht die Dieselmenge zurückerhalten, die wir bergauf verbraucht haben, obwohl uns unser Physiklehrer solches (oder zumindest ähnliches) mal weiszumachen versuchte, kurven weiter am Sørefjorden nach Norden. Ein weiterer Ausläufer des Folgefonn-Gletschers füllt ein gegenüberliegendes Seitental, auch aus ihm quillt Eiswasser, ergießt sich weißschäumend über den Hang. Nun verbreitert sich der Fjord etwas. Besonders auf unserer Seite wird der Hang

flacher, und wenn man den Blick von den eisigen Gletschern und Schneefeldern löst, entdeckt man beidseits der Straße Apfel-, Birnen- und Kirschbäume, der warme Golfstrom macht's möglich. Überall, wo am Straßenrand eine Parkgelegenheit ist, sind Verkaufsstände aufgebaut: Ein Tisch, ein Sonnenschirm und einige Körbchen mit prallroten Kirschen.
Auf der Höhe von HOVLAND liegt ein schöner Picknickplatz, mit Rosenbüschen, Tischen und Bänken und herrlichem Blick auf den See. Hier zelebrieren wir das lukullischste Mahl unserer gesamten Norwegen-Tour: Die Dame des Hauses reicht Räucherlachs (aber nicht ein paar Scheiben, sondern eine ganze Lachshälfte), Meerrettichsahne und Vollkornbrot, zum Nachtisch gibt es frische Kirschen. Wir schwelgen wie die Fürsten, nein, wie die Könige und behalten doch noch ein Stück der rosafarbenen Köstlichkeit fürs Abendessen übrig.
Der Anblick weißgischtender Wasserfälle wird uns langsam zur Gewohnheit, meist sieht man sie aus großer Entfernung auf der gegenüberliegenden Fjordseite. Um so erschrockener ist man, wenn unverhofft unmittelbar neben der Beifahrertür ein tosender Wasserstrom herunterprasselt.
Ab KINSARVIK besteht die zweite Möglichkeit, mit der Hardangervidda Bekanntschaft zu machen; man kann ein Stück ins Husedalen hineinfahren und von dort aus zu ausgedehnten Wanderungen aufbrechen (Wegweiser: HUS).
Die Hardangervidda ist mit 7400 qkm das größte Gebirgsplateau Europas, 1981 wurde die knappe Hälfte davon, genau 3422 qkm, zum Nationalpark erklärt (Saarland: 2569 qkm). Auf diesem Fjell ist alles geboten, was man sich unter "nordischen Erlebnissen" vorstellen kann: Bergheiden, ja Ödland im Osten und große Gletschergebiete im Norden, stark wechselnde geologische und klimatische Verhältnisse bieten Raum für ein breites Spektrum an seltenen Pflanzen und Tieren, in der endlosen Einsamkeit der Landschaft weidet die größte europäische Wildrentier-Population, wohl über 40000 Tiere. Polarfuchs, Schnee-Eule, Sumpfohreule, Rauhfußbussard oder Alpenschneehuhn, dies sind optische Höhepunkte für geduldige, fachkundige Ornithologen. Der Laie erfreut sich an dem Wechselspiel der farbenprächtigen Bodenflora, die er in Ruhe studieren kann.
Haben wir Sie neugierig gemacht?
Dann wollen wir Sie zu einem Platz führen, von dem aus Sie große oder kleine Wanderungen auf dem Fjell der Hardangervidda machen können oder bereits vom Parkplatz aus bei einem kleinen Spaziergang diese Naturpracht genießen können!
Der Sørfjorden, der südlichste Zipfel des Hardangerfjords

endet bei KINSARVIK (Vergnügungspark, Campingplatz, Picknickplätze), wir folgen nun dem nach Osten führenden Finger, dem Eidfjorden. Auch RINGØY hat einen Campingplatz auf einer grünen Wiese, die zum Fjord hin abfällt, umgeben von Kirschbäumen.

Wir registrieren im Vorbeifahren BRIMNES, eine Hand voll Häuser und eine Fährstation, die wir, nach unserem Hardangervidda-Abstecher, zur Weiterfahrt nach BERGEN benutzen werden. Jetzt stellen wir nur fest, daß unsere 13 schon Fähre fährt, unser Weg nach Osten heißt nun 7, die Wegweiser zeigen GEILO an. Am nächsten Wegabschnitt können Sie eine Expreßfüllung aller Ihrer Wassertanks vornehmen, denn rechterhand sprudelt ein Wasserfall nach dem anderen zur Straße hinab, und Parkmöglichkeiten gibt es daneben genügend.

Den östlichsten Zipfel der Fjordausläufer des Hardangerfjords markiert EIDFJORD. Wir drehen eine Runde am Yachthafen und sichten am Beginn des Bootssteges, rechts, etwas versteckt, einen großen Wasserhahn. Dann rauschen wir ins Gebirge hinauf, am Fluß entlang, der den Eidfjordvatnet entwässert. Lieblich liegt ØVRE EIDFJORD an seinem östlichen Ende – und der Campingplatz hat das schönste Stück davon. Rings um die lieblichen Ufer jedoch türmen sich steile Gebirgswände. Genau auf der Höhe des Campingplatzes klafft eine Spalte zwischen zwei Steilwänden; hier hinein führt unser Weg Richtung HJØLMO.

Wenige hundert Meter später sollte man halten und sich die Aufschrift eines großen Schildes nicht nur durchlesen, sondern dem Text auch Glauben schenken:

Bergstraße. Achtung!
Enge Straße, scharfe Kurven, starke Steigung.
Vorsichtig fahren.
Nur für Kleinkraftfahrzeuge ohne Anhänger!

Wir ziehen den Sicherheitsgurt fester, los geht's!

3 km später hört der Teerbelag auf, Waschbrettwellen garnieren manche Abschnitte der Erdpiste, das WOMO schüttelt sich wie ein nasser Hund nach dem Bade. Eine Weile geht es noch im Talgrund dahin, so daß auch der Fahrer an der gegenüberliegenden Wand den freien Fall der langen, schmalen Bänder des Vedalsfossen begucken kann. Aber unser Hang hat einen eigenen Sturzbach, neben dem sich die Piste nun in unaufhörlichen Serpentinen emporschraubt. Der Straßenbauer schien als Maß aller Dinge jedoch einen Fiat Ducato mit langem Radstand benutzt zu haben: Ich muß zwar stets das Lenkrad, wenn ich den Scheitelpunkt der Kurve erreicht habe, bis zum Anschlag einschlagen, jedoch nicht ein einziges Mal zurück-

stoßen – und ins Rutschen kommt der Vorderradantrieb auch nur einmal.
Nach 5300 m Schotter stehen wir auf einem großen Parkplatz neben dem Oberlauf des Sturzbaches. Hier war bisher die Bergstraße zu Ende, hier beginnen die in den Wanderführern beschriebenen Pfade zum Beispiel zur nahegelegenen "Viveli-Hütte", zur "Hedlo-Hütte" und zum Valurfossen, den wir zum Ziel unseres kleinen Hardangervidda-Spaziergangs machen wollen:
Wir überqueren den Bach (Wegweiser: Valurfossen, Loftet,

Hardangervidda: Valurfossen

Hadlaskar), stapfen am kleinen Åsdalen-Café vorbei, Birkenwald nimmt uns auf, rote T-Markierungen zeigen uns den Weg. Nach 20 Minuten gabelt sich der Weg, "Valurfossen 1 Std." zeigt nach rechts. Der lichte Wald, im Wechsel mit Moorgebieten und Heideflächen, bleibt hinter uns zurück, wir federn über weiche Torfpolster, bereits nach weiteren 45 Minuten haben wir den wuchtigen Katarakt unter uns. Wir setzen uns auf grünen Flechtenstein, lassen uns eine Weile volldröhnen wie in der Disco, fragen uns, wie lange die grünlich-schäumenden Wassermassen wohl brauchen werden, bis sie den großen Felsklotz, der ihren Fall umlenkt, "abgesägt" haben.

Wanderung in der Hardangervidda

Moltebeeren, die gleichzeitig weiß blühen und orangerot fruchten, haben wir gesehen und probiert, die Heidelbeeren sind hier oben noch nicht ganz reif. Dazwischen nicken die rosafarbenen Glöckchen der Rosmarinheide, deren Blätter eher Tannennadeln ähneln. Der Boden unter den Birken ist zugewuchert von einem Teppich kleiner, purpurschwarzer Blümchen mit vier auffälligen, weißen, herzförmigen Hüllblättern, dem Schwedischen Hartriegel.

Hin- und Rückweg unser Hardangervidda-Einstimmungstour dauerten, mit Pausen, noch nicht einmal 2 1/2 Stunden, ein optisches Vergnügen, daß man sich auch noch am frühen Abend gönnen kann.

Der Bach am Parkplatz rauscht und brodelt; wesentlich ruhiger steht und übernachtet man 2 km entfernt, wenn man weiter bergauf kurvt und schließlich die Hochebene erreicht hat. Dort endet (derzeit) die Piste hinter einer Brücke, Parkgelegenheiten gibt es reichlich rechts und links des Weges und wer mehr

Zeit mitbringt wie wir, kann auch von hier aus zu erlebnisreichen Wanderungen aufbrechen (Wegweiser: "Hedlo" und "Viveli"). Genauere Auskunft gibt die Wanderkarte im Maßstab 1 : 50.000 Nr. 1415 IV Eidfjord. Übrigens: An beiden Parkplätzen haben wir unsere Trinkwasserkanister aus dem Bach gefüllt; das Wasser ist kristallklar und schmeckt herrlich!
Recht früh am nächsten Morgen starten wir zum Rückzug von der Hardangervidda! Der Gedanke, uns könne auf der Serpentinenstrecke ein Fahrzeug entgegenkommen, verdirbt uns den Frühstücksappetit. Gilt doch in ganz Norwegen die Regel: "Bergverkehr hat Vorfahrt!"

Bergstraße in der Hardangervidda

Die Eile lohnt sich, wir sind die Einzigen, können den Blick hinab über die Serpentinen genießen, Fotopausen einlegen und kurz hinter der Abzweigung nach HJØLMO, diesmal in Ruhe, den Zwillingswasserfall Vedalsfossen genießen.
In ØVRE EIDFJORD, an der 7, müssen uns die Kurzzeit-Urlauber verlassen; nach rechts können sie, einen weiten Bogen über GEILO und GOL schlagend, nach OSLO und zur Fähre zurückkehren. Wir halten uns links, fahren auf unseren Spuren zurück bis zur Fährstation BRIMNES, wo wir den Eidfjorden nach BRURAVIK überqueren. Dort schwenken wir sofort auf die 7 Richtung BERGEN, nach rechts führt die 575 über ULVIK ebenfalls nach BERGEN, ein malerischer Umweg von 13 km.
Unsere kürzere Strecke nutzt den neuen, 7700 m langen Vallavik-Tunnelen.
Aufpassen! Unmittelbar hinter dem Tunnel, man hat sich noch nicht wieder an das grelle Licht gewöhnt, soll man erneut seine

Fahrtroute nach BERGEN wählen! Links sind es 127 km über die 7, rechts 128 km über die 13 und die E 16. Uns fällt die "linke Wahl" nicht schwer, da unsere Bergen-Visite ein Abstecher ist und wir die nördliche Route ohnehin noch kennenlernen werden. Folglich eilen wir wieder an Verästelungen des Hardangerfjorden entlang, der innerste Zipfel heißt Granvinfjorden: Rechts steigen die Wände steil bis in 1200 m Höhe, links fallen sie senkrecht ins Wasser und dann noch 800 m weiter in die Tiefe. Wir passieren die Fährstation KVANNDAL. Hier käme man, den Utnefjorden querend, von KINSARVIK herüber, wenn man den Hardangervidda-Ausflug auslassen möchte.
Unsere 7 ist hier breiter als die meisten Fjordstraßen Norwegens, doch an schwierigen Geländepassagen ist sie auch nur einspurig, und auch die Tunnels sind bei Gegenverkehr nicht zu befahren. Da ich an solchen Streckenabschnitten ohnehin keine Muße habe, die Landschaft zu begucken, entwickle ich eine "Allgemeine WOMO-Fjordstraßen-Vorsichtsregel":

* *Mittelstriche auf der Straße – Entwarnung (problemlos, ungefährlich).*
* *Kein Mittelstrich – vorsichtig fahren, Gegenverkehr kann Probleme geben.*
* *Viele Bremsspuren auf der Straße – gefährlich, langsam fahren; jede Kurve besonders bedächtig angehen.*

Bei ÅLVIK überquert unsere Straße zwei mächtige Druckrohre, die das Wasser vom Bjølsegrøvatn zu den Turbinen des Kraftwerks leiten. Beneidenswert das Land, daß seine Einwohner so umweltfreundlich mit Energie versorgen kann.

Lachszuchtkäfige im Indre Samlafjorden

Auch im Indre Samlafjorden, der den Granvinfjorden abgelöst hat, hängen die runden Drahtkäfige, in denen Zuchtlachse aufgepäppelt werden.
Drei völlig verschiedene Attraktionen auf unserem Weg nach BERGEN möchten wir jedoch besonders hervorheben: Die erste ist die elegante, ja filigranartige Hängebrücke über den Fyksesund, die "Fyksesund brua", deren schmales Teerband durch Ampelverkehr geregelt wird. Ein kleiner Parkplatz links hinter der Brücke eignet sich als Stopp für den Fototermin, bequemer steht man auf dem Picknickplatz einige hundert Meter später (ebenfalls links), ebenfalls mit schönem Blick über den Fjord.

Esso-Station Øystese, WOMO-Ver- und Entsorgung

Die zweite Attraktion ist die Esso-Tankstelle am Ortsende von ØYSTESE, unübersehbar links der 7. Nein, nein, Tankstellen sind in Norwegen reichlich, aber diese hat zwei Besonderheiten: Diesel ist besonders preiswert und am Rückgebäude, bei den Werkstatthallen, hat man eine feine, saubere, kostenlose Ver- und Entsorgungsstation für WOMOs eingerichtet. Ist das nicht ein Grund mehr, dort zu tanken?
Die dritte Attraktion ist einmalig in Norwegen. 1 1/2 km westlich von NORRHEIMSUND rauscht der Steinsdalsfossen rechts der Straße; er ist (für norwegische Verhältnisse) nicht beson-

Steindalsfossen

ders groß. Wir, inzwischen Wasserfallprofis, würden ihm kaum mehr als einen Blick gönnen, wenn er nicht – auch von hinten zu begucken wäre! Ein kurzer Fußweg führt vom Parkplatz an der Straße (mit Telefon) zum Fall und **hinter** ihm, zwischen Felswand und hinabschießendem Wasserband, vorbei. Man braucht weder Schutzbekleidung noch einen Regenschirm, kaum ein Tropfen fällt auf die hin- und hereilenden Video-Filmer, die schier ausflippen wegen der problematischen Lichtverhältnisse. Etwas weiter hinten endet der Fußweg an einer kleinen Aussichtskanzel, von der aus man den schönsten Blick hat: von der Seite, vor und hinter dem Sturzbach vorbei.

3600 m nach dem "Wasserfall-Parkplatz" kann man – Vorsicht! VORSICHT! – unmittelbar vor dem neuen Snauhaugen-Tunnelen links auf einen Parkplatz fahren. Blinker rechtzeitig setzen und auf Gegenverkehr aus der dunklen Tunnelröhre achten! Die alte Straße, um den Tunnel links herum, kann theoretisch noch befahren werden, führt aber in Abschnitten ebenfalls durch schmale Tunnels oberhalb der tiefen, bizarren Tokagjelet-Schlucht. Wer nicht gerade einen kleinen VW-Bus hat, sollte die alte Fahrstraße zu Fuß abschreiten, der Blick hinab ist sehr fotogen! Wer die alte Straße befährt, sollte auch bei der Wiedereinmündung in die neue Straße, nach dem Snauhaugen-Tunnelen, besondere Vorsicht walten lassen.

Das Spielchen mit neuem Großtunnel und alter Straße links vorbei wiederholt sich bis KVAMSKOGEN viermal, aber nur vor dem ersten Tunnel ist ein einigermaßen sicher anfahrbarer Parkplatz.

Hinter KVAMSKOGEN gruppiert sich eine ganze Familie von Campingplätzen um einige Skilifte – wir sind im Wintersportgebiet von BERGEN; wie auf Kommando erinnert uns der Wettergott daran, daß wir uns der norwegischen Stadt mit der höchsten Niederschlagsmenge nähern und öffnet seine Wolkenschleusen.

Ein Fluß, mal reißender Gebirgsbach, mal stiller See, begleitet uns durch eine Schlucht hinab zum Ende des Samnangerfjorden. Seine schönste Passage als Katarakt kann man bei der Abzweigung nach HØYSETER von einem malerischen Picknickplatz aus in Ruhe bewundern; als sehenswerte Zugabe bekommt man nebenan noch die alte Natursteinbrücke aus dem Jahre 1899.

Das letzte Wegstück zum Fjord bricht uns der Hagaå-Tunnelen. Während die breite 7 bald darauf nach Norden zieht, um sich mit der E 16 zu vereinigen, wollen wir weitere 35 km dem Fjord bis OSØYRO nach Süden folgen. Wenn wir dort auf die 1 treffen und von Süden nach BERGEN einfallen, können wir, bequem am Wegrand, einige Sehenswürdigkeiten "mitneh-

men". Wir preschen noch durch den Raunekleiv-Tunnelen, biegen vor dem nächsten dann nach links, Wegweiser: OS/ ROLVSÅG.
Unsere Fjordstrecke ist absolut verkehrsarm und viel breiter, als das dünne, rote Fädchen auf der Autokarte suggeriert, in manchen Abschnitten wurde ihr sogar die Ehre eines Mittelstrichs zuteil – und das will in Norwegen etwas heißen! Picknick- oder gar Badeplätzchen am Ufer sind jedoch nicht zu erwarten, das Ufer ist viel zu steil. Der letzte Wegabschnitt meidet gar den Küstenbereich, zieht durchs Hegglandsdalen, das dem Schwarzwald zur Ehre gereichen würde. Am Ende des Tales treffen wir auf die 552, die links von der Fährstation bei HATVIK heraufzieht und uns nach rechts bis OSØYRO geleitet.
Die junge Dame im Touristenbüro am Jachthafen zögert nur kurz, als ich nach einem Badeplatz frage: „Du mußt zwischen dem Hafen und der 1 (Richtung HALHJEM) links, unterhalb der Felsen entlang fahren .....". Sie kommt mit mir vor die Tür ihres Holzhäuschens und deutet nach links: „Dort siehst Du ein weißes Haus mit Rosenbüschen. An dem fährst Du vorbei bis zu der großen Wiese!"
Gesagt, getan! Auf der versprochenen Wiese unterhalb der Felsen kann man bequem parken; weitere Liegewiesen führen hinab zum schmalen Kiesstrand. An der Felswand zwischen Rosenbüschen liegt ein Wasserschlauch.
Wir rollen nun auf der 1 nach Norden, auf BERGEN zu. Jedoch bereits am Ortsende von OSØYRO verlassen wir sie wieder nach links Richtung HAGAVIK, genau 2 km später schwenken wir nach rechts Richtung SØRSTRAUMEN und bekommen kurz darauf endlich mal ein paar norwegische Soldaten zu sehen, die auf einem großen Übungsgelände den Ernstfall – gegen wen auch immer – proben. An der nächsten Straßengabelung ist zum ersten Mal unser Ziel, das "Lysekloster" angezeigt.
Die Ruinen des Klosters, das im Jahre 1146 gegründet wurde, liegen idyllisch in einem leise rauschenden Hain. Die 1930 restaurierten Mauerreste von Norwegens ältestem Zisterzienserkloster sind brust- bis mannshoch; eine Bronzetafel nahe des Eingangs schafft Übersicht über das Areal. Besonders gut erhalten sind einige Bögen des Kreuzganges. In der nördlichen Kapelle, links neben dem Chor, hat man einige Grabmäler vor dem weiteren Verfall durch ein Holzdach geschützt, daneben wurden in einer Ausstellungshalle kleinere Gemäuerreste untergebracht.
Fein kann man durch die Stille schlendern. Zisterzienser aus dem englischen York bemühten sich hier um das Seelenheil

Ruinen des Lyse-Klosters

der wilden Wikinger. Ob sie wohl erfolgreich waren? Konnten sie die tief sitzenden, heidnischen Bräuche in christliche Bahnen lenken?
Ein großer, norwegischer Künstler hat es besonders verstanden, die Gefühle seiner Landsleute, die Stimmungen der Landschaften, die Sagen aus der Welt der nordischen Zwerge und Trolle musikalisch auszudrücken: Edvard Grieg. Er wurde 1843 in BERGEN geboren, schuf dort die meisten seiner Meisterwerke, starb auch dort, hochgeehrt, im Jahre 1907.
Wie lebte der bedeutendste skandinavische Komponist, wie arbeitete er?
Edvard Griegs Heim, genannt "Troldhaugen", liegt am Südrand BERGENs am Nordås-See. Es ist als Museum jedermann von 9.30-17.30 Uhr zugänglich!
Vom Lysekloster rollen wir weiter nach Norden Richtung FANA. So wenig hoch die Berge hier sind, so sind sie doch zerklüftet wie "richtige" Gebirge im Landesinneren, an der höchsten Stelle der Straße liegt FANASETER mit Aussichtspunkt, Berghof und Heimatmuseum; dann geht es steil hinab nach FANA mit seiner 800 Jahre alten Kirche. Dort stoßen wir auf die 580 Richtung BERGEN, wechseln später auf die 553 über. Wenn Sie jetzt teuflisch aufpassen, entdecken Sie am ersten Kreisverkehr das Hinweisschild "Troldhaugen" nach rechts.
Durch eine schattige Buchenallee wälzt sich ein Besucherstrom, die Gesprächsfetzen, die ich auffange, stammen aus aller Herren Länder – Grieg hat Verehrer auf der ganzen Welt! Ein liebevoll gepflegter, jedoch weitestgehend naturbelassener Park, in dem Rhododendren dominieren, ein bescheidenes

Bergen: Troldhaugen – Edvard Griegs Wohnhaus

Holzhaus, jedoch mit herrlicher Aussicht über die Fjordlandschaft und weiter unten im Park, fast am Wasser, die Komponistenhütte, so eingerichtet, als hätte der Meister sie nie verlassen ....

Auf einem Felsen vor der Hütte träumt ein junges Mädchen in den Tag, walkman-hörend. Ob sie wohl Solvejg's Lied aus der Peer Gynt-Suite hört – oder eher die Scorpions?

Wir kehren zum Kreisverkehr zurück, setzen unseren Weg auf der 553 fort. Links der Chaussee plötzlich gepflegte Anlagen, Rhododendron-Büsche, eine hohe Mauer, darüber die Türmchen einer kleinen Burg, "Gamlehaugen", die Residenz des

Bergen: Edvard Griegs Komponisten-Hytte

Königs bei Bergen-Besuchen. Der Park ums Schloß kann Mo-Fr von 10-13 Uhr besichtigt werden.
Ein zweiter Kreisverkehr, ein dritter, immer weiter auf der 553, ein vierter, dann sind wir plötzlich auf der 1 und stehen kurz darauf an der "Bomstasjon", rund 2 DM "Eintritt" kassieren die Stadtväter von BERGEN, um den Straßenausbau zu finanzieren. Jetzt kann man den Wegweisern zum Zentrum und denen zum Fährhafen "Internasjonal" folgen. Dort, wo Sie "Vågen" erblicken, den Hafen von BERGEN, schwenken Sie links auf die 555 Richtung SOTRA, den südwestlichen "Strandkaien", in dessen Verlängerung Sie, zumal im Bereich der "Nykirken", der neuen Kirche, nach 16 Uhr mit Sicherheit viele leere Parkplätze vorfinden werden. Von hier aus sehen Sie, am gegenüberliegenden, nördlichen Ufer, bereits die bedeutendsten Wahrzeichen der ehemaligen Hansestadt: "Bryggen", die Handelshäuser der "Deutschen Brücke", links dahinter die Mariakirken und weiter links, wieder vorn am Ufer, die Håkonshalle neben dem Rosenkrantztårnet, dem Rosenkrantzturm.
Wir schlendern am Yachthafen vorbei, um Vågen herum zur Bryggen. Gleich eines der ersten Gebäude auf der Nordseite ist das Hanseatische Museum, eines der ältesten Holzhäuser der Stadt, eingerichtet als Handelshaus im Stil des 18. Jahrhunderts; es spiegelt das kaufmännische Leben und Treiben zur Zeit der Hanse wider (offen: tägl. 9-17 Uhr). Wir spazieren nun an der "Brygge", der berühmten Giebelfront der Handelshäuser entlang, die jede zweite Ansichtskarte von BERGEN ziert und machen auch Abstecher in die schmalen Gassen dazwischen; denn dahinter liegen die Lagerhäuser mit den typischen Lastenaufzügen. In ihnen findet man heute Gaststätten, An-

Bergen: Blick über Vågen zur "Deutschen Brücke"

denkenläden und die Werkstätten verschiedener Kunsthandwerker, an der historischen Architektur, die unter dem Schutz der UNESCO steht, wurde jedoch nichts verändert. Spaziert man weiter am Kai entlang, so kommt man schließlich zum Rosenkrantzturm. Er wurde im 16. Jahrhundert vom Schloßhauptmann zu Bergenhus, Erik Rosenkrantz, als kombinierter Festungs- und Wohnturm errichtet, zwei ältere Anlagen wurden integriert. Gleich dahinter liegt die würdige Håkonshalle, der größte und stattlichste Bau im ehemaligen Königshof von Bergen, gebaut für König Håkon Håkonsson zwischen 1247 und 1261 (offen 10-16 Uhr).

Zwischen der Giebelfront der Brygge und dem Rosenkrantzturm führt ein kurzes Straßenstück zur Mariakirken, dem ältesten Gebäude BERGENs und einer der schönsten romanischen Kirchen Norwegens überhaupt. Als "Kirche der Hansekaufleute" war für ihre reiche Ausschmückung bestens gesorgt, die Kanzel gar ist eine der prächtigsten Barockarbeiten überhaupt (offen: wochentags 11-16 Uhr). Hinter der Kirche halten wir uns rechts und marschieren die Øvregaten nach Südosten, parallel zur Bryggen. Von hier aus kann man nochmals einen Blick in die historischen Lagerhäuser hineinwerfen und landet am Ende der Øvregaten an der Talstation der "Fløibanen". Dies ist eine Standseilbahn, die Sie in 10 Minuten auf den 320 m hohen Fløyen-Berg hinaufhievt (einfache Fahrt ca. 5 DM). Dieser ist nicht nur der schönste Aussichtspunkt über Bergen und seine reiche Fjord- und Insellandschaft, Sie können sich auch im "Folkerestaurant Fløyen" zu keineswegs volkstümlichen Preisen verwöhnen lassen (Steak mit Zwiebeln - Biff med løk, 145,00 nKr). Völlig kostenlos jedoch kann man

Bergen: Alte Lagerhäuser der "Deutschen Brücke"

von dort aus auf Wegen und Pfaden durch unberührte Wald-, Berg- und Seenlandschaft wandern und den Weg hinab zur Stadt zu Fuß zurücklegen.

Wir wenden der Bahnstation den Rücken zu und kehren wieder zum Hafen und zum WOMO zurück. Unser letzte Ziel in BERGEN ist das berühmte "Akvariet", das Aquarium, eines der modernsten und umfangreichsten in Europa. Sie finden es nur wenige hundert Meter weiter nach Nordwesten, ab der Nyekirken: Strandgaten – Nordnesgaten – Nordnesbakken. Von 9-20 Uhr können Sie bestaunen, was in neun großen und zweiundvierzig kleineren Aquarien an Seetieren Europas bestaunenswert ist. Direkt unterhalb des Aquariums, an der Westküste der Halbinsel, liegt übrigens "Nordnes sjøbad", ein Meeresbadeplatz. Der Blick mit der Taucherbrille dürfte Sie nach dem

Besuch des Aquariums allerdings ziemlich enttäuschen.
Wir verlassen BERGEN nach Norden, rollen auf der 1 am Fährhafen "Internasjonal" vorbei und gelangen auf die Zufahrt zur E 16 Richtung OSLO. Diese schlägt einen weiten Bogen um das gebirgige Hinterland von BERGEN zunächst nach Norden, Osten, Südosten, schließlich schwenken wir in unsere Hauptrichtung Nordosten, der Veafjorden begleitet uns linkerhand, VOSS ist als nächste größere Ortschaft angezeigt. Ein Tunnel nach dem anderen wird dröhnend durchquert, dazwischen schnell ein Blick auf die Natur im Tageslicht.
Ungewohnt, ein Verkehrsschild im Lampenlicht des Tunnels, aber wirklich, direkt dahinter zweigt unsere E 16 nach links ab. Im Tunnel hatte ich runterschalten müssen, jetzt turnen wir in Serpentinen wieder zur Fjordküste hinab. Ein besonders schmaler Tunnel wird angezeigt, mittendrin drei Reisebusse im Gegenverkehr, ich drücke das WOMO an die Wand und warte, bis die Luft wieder rein ist. Ab und zu sichten wir neben uns, auf dem schmalen Band zwischen Fels und Fjord, auch noch die Bahnlinie, aber meist ist sie gerade in einer Tunnelstrecke, wenn wir im Freien fahren – oder umgekehrt.
Eine Pause tut not! Hinter dem Stanghelle-Tunnel schwenken wir links nach STANGHELLE, halten geradeaus auf "STANGHELLE West" zu. Biegt man wenige Schritte hinter der Brücke über den Dalevågen links, so landet man an einem kleinen geteerten Parkplatz vor dem lauschigen Badeplatz von STANGHELLE. So klein der Parkplatz ist – der Badeplatz ist ein Idyll: Die ausgedehnte Liegewiese ist umgeben von malerischen Felsen mit einem Birkenwäldchen; Tische und Bänke,

Badeplatz von Stanghelle

Rutschbahn am Kies/Sandstrand, warmes und kaltes Wasser in der Toilette am Parkplatz. Hier läßt's sich wohl sein!
Gestärkt kehren wir zur E 16 zurück, wo sich die "Tunnelpartie" fortsetzt. Nach dem 30. oder 40. Tunnel – oder waren es erst 20, haben wir "die Schnauze voll". Da gibt es doch noch die alte Bergstrecke übers Kjerringa-Fjell!? Vor der Kirche von DALE biegen wir rechts Richtung DALE-Zentrum/Bergsdalen, unserer Ausweichstrecke.
„Das geht ja gut los!“ Unmittelbar neben der Kirche verschwindet auch die alte Straße in einem Tunnel (Hinweisschild: 2,80 m Höhe). Wir haben auch mit 3,00 m keine Probleme, denn in der Mitte ist er wesentlich höher. Die Bergstraße geht sofort voll zur Sache, ist schmal, führt oberhalb eines Sturzbaches steil bergan. Eine in den Berg geschlagene Galerie passieren wir noch, dann erreichen wir den Picknick- und Aussichtsplatz oberhalb der Staumauer des Storefossen. Es ist der vierte von einer Kette von Seen, die jeweils durch Druckrohre miteinander verbunden sind. Die Weiler FOSSE und ØYE werden durchquert, gebrechliche Hängebrücken überqueren das Flüßchen neben der Straße zu einsam gelegenen Ferienhütten. Wanderer mit schwerem Gepäck nähern sich aus der Wildnis einer einsamen Bushaltestelle, über uns haben die Bergkuppen weiße Hüte auf. LID heißt der nächste Weiler; seine kleine Kirche, natursteingemauert, mit quadratischen Schieferplatten auf dem Dach, steht ganz alleine für sich auf einer grünen Wiese.
Es wird langsam Abend, die Suche nach einem ruhigen Übernachtungsplatz beginnt: Eine Weile rollen wir durch menschenleere Wildnis, dann beginnt der zweite See, an dessen Anfang wir gleich einen großen Übernachtungsplatz entdecken. Weiter geht es am linken Seeufer, ein Wasserfall wird kurz registriert, BERGE und HATTLESTAD ziehen vorbei, dann passieren wir das Kraftwerk von KALDESTAD mit einem Picknickplatz an den Kaskaden des Baches. Nun wird die Landschaft wieder belebter, im Gebiet von HOLEBERG scheint hinter jeder Birke eine "Hytta" zu stehen. Kühe ziehen die Straße entlang, ein Schäfchen kaut versonnen und guckt uns nach, dann haben wir den obersten, den größten See, den Hamlagrøvatnet erreicht, ziehen an seinem langen, linken Ufer entlang. Ein einziger Picknickplatz auf weiter Flur, weit oberhalb des Wasserspiegels mit Info-Tafeln, Tischen und Bänken wäre auch nicht schlecht ....
Wir nehmen jedoch, genau 7,2 km später, nach rechts die kurze Stichstraße nach HODNABERG. Bereits nach 500 m haben wir, fern jeglichen Durchgangsverkehrs, unser heutiges Übernachtungsplätzchen rechts des Sträßchens gefunden.

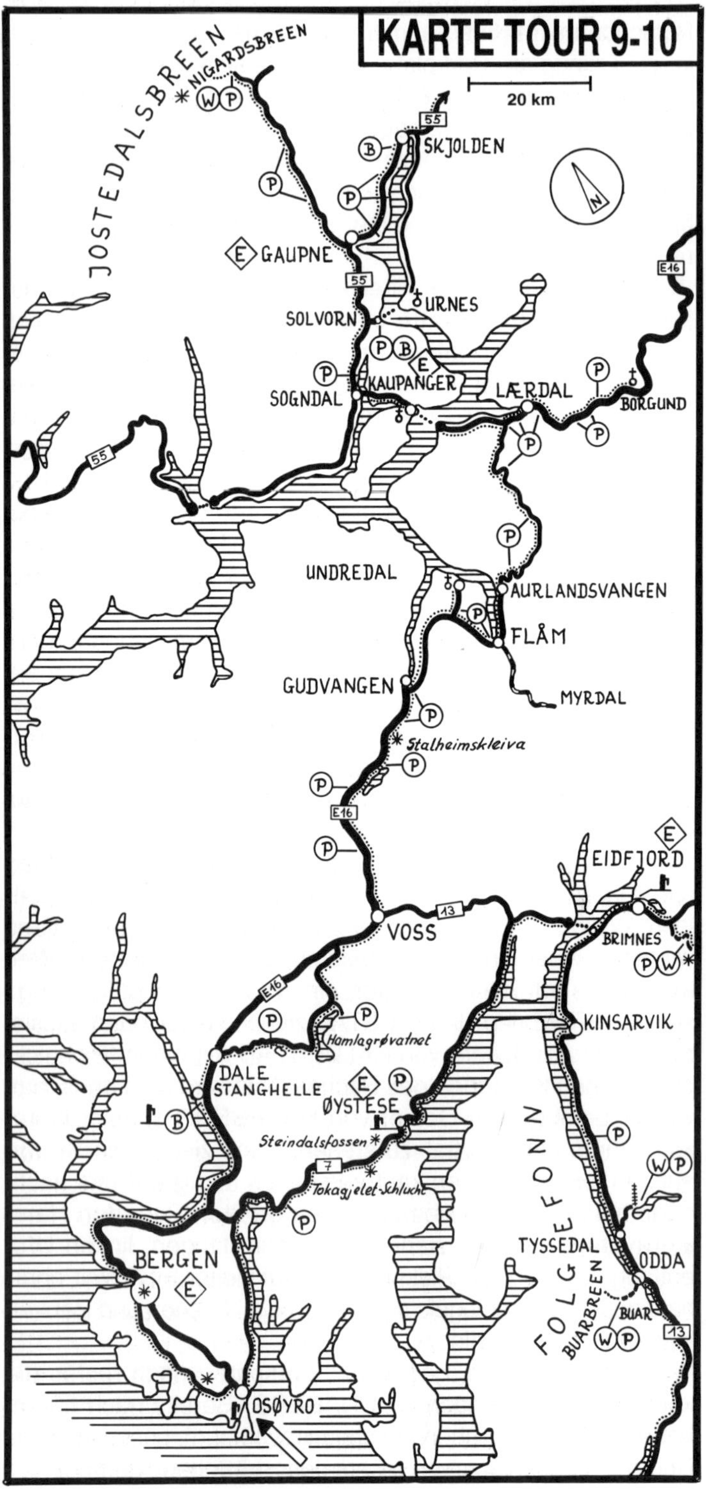
KARTE TOUR 9-10
20 km
JOSTEDALSBREEN
NIGARDSBREEN
SKJOLDEN
GAUPNE
55
URNES
SOLVORN
KAUPANGER
SOGNDAL
LÆRDAL
BORGUND
E16
UNDREDAL
AURLANDSVANGEN
FLÅM
GUDVANGEN
MYRDAL
Stalheimskleiva
E16
EIDFJORD
VOSS
13
BRIMNES
KINSARVIK
Hamlagrøvatnet
DALE
STANGHELLE
ØYSTESE
Steindalsfossen
7
Tokagjelet-Schlucht
FOLGEFONN
TYSSEDAL
ODDA
BUARBREEN
BUAR
BERGEN
OSØYRO

TOUR 9 (200 km / 2-3 Tage)

Voss – Stalheimskleiva – Undredal – Flåm – Lærdal – Borgund

Kaum sind wir von unserem Übernachtungsplätzchen am Hamlagrøvatnet wieder zur Hauptstraße übers Kjerringafjell zurückgekehrt und rechts eingebogen, haben wir die höchste Stelle der Gebirgsstrecke erreicht und rollen wieder abwärts, an zwei kleinen Seen vorbei. Langsam wird das Gefälle steiler, am Rande einer schmalen Schlucht turnen wir hinab, eine Galerie nimmt uns auf – alles einspurig. Erst im Tal hatten die Straßenbauer mehr Platz und nutzten ihn auch gleich aus. Noch ein paar Kilometer, ein kurzes Tunnelstück, dann überqueren wir den Fluß und schwenken wieder in die E 16 nach VOSS ein. Unsere Gebirgsalternative hat uns die gewünschte Abwechslung gebracht und einen ruhigen Übernachtungsplatz geschenkt. Wie zeitaufwendig diese Strecke jedoch ist, merken wir, als wir jetzt mit erlaubter Höchstgeschwindigkeit auf der breiten Allee dahinfegen. VOSS liegt schön am Ende des Vangsvatnet (Campingplatz) und am Beginn des Lønavatnet. Falls Sie mal wieder ein paar Wasserfälle sehen möchten: Von den Steilhängen links des Sees stürzt eine ganze Serie herab. Der Lønavatnet wird vom Strondaelva abgelöst, der uns im typischen Wechselspiel von breitem Strom und sprudelnden Kaskaden begleitet. Wir überqueren ihn auf einem besonders schmalen Brückchen und zwängen uns gleich dahinter links auf den kleinen Parkplatz vor dem Wasserfall "Tvinnefoss": Breit gefächert stürzt der Wasserstrom über mehrere Felsstufen, die er mit schwarzen Algen überzogen hat; wenige 100 m später, auf der linken Straßenseite, wartet ein schöner Picknickplatz an den wild schäumenden Kaskaden des Flusses. Hier herrscht wesentlich weniger Andrang als zu Füßen des Wasserfalles. Unser Kaskadenfluß führt uns nun steiler hinauf ins Gebirge, eine Schlucht nimmt uns auf, die ersten Schneefelder blitzen am gegenüberliegenden Hang, als sich vor uns der Oppheimsvatnet ausbreitet; zu seinem Beginn, links der Straße, ein großer Picknickplatz; ein zweiter, an seinem Ende rechts, noch schöner gelegen.

Wir verabschieden den See und rollen nun zwischen gemütlich dahockenden Gebirgsklößen dahin. Der See markiert den höchsten Teil der E 16 zwischen BERGEN und GUDVANGEN. Von BERGEN bis zum Oppheimsvatnet brauchte die Straße dafür 125 km, nun soll sie in 20 km wieder auf Meeresniveau hinabführen. Die modernen Straßenbauer bevorzugen dafür gleichmäßiges Gefälle, bauen Tunnel und Brücken. Wie so oft

gibt es aber auch noch das alte, das "Profilsträßle", das Serpentine auf Serpentine das Geländeprofil hinauf- oder hinabkurvt.
Vorteil – Nachteil?
Der Urlauber, der Zeit hat, möchte ja die Vielfalt der Natur erleben, "etwas sehen", Tunnel aber sehen immer gleich aus! Folglich werden wir jetzt mit Ihnen ein "Profilsträßle" fahren, das Sie Ihr Leben lang nicht mehr vergessen werden, denn eine der schönsten Schluchten liegt vor uns, die "Stalheimskleiva". Normalerweise würden Sie unter ihr, neben ihr, auf jeden Fall so an ihr vorbeifahren, daß Sie sie nicht zu Gesicht bekommen. Um das zu ändern, gibt es drei Möglichkeiten:

* Sie biegen vor, d.h. oberhalb der Schlucht Richtung STALHEIM/BREKKE ab und fahren bis zum "Stalheim-Hotel". Dort steigen alle aus bis auf den Fahrer. Dieser (Arme) fährt zurück zur E 16, durchrollt die Tunnelstrecke und wartet am unteren Ende der Stalheim-Schlucht auf Sie, denn der Rest der WOMO-Mannschaft durchwandert das Schluchtsträßle zu Fuß.
* Sie fahren gemeinsam das Schluchtsträßle hinab; sie hat 20 % Gefälle. Probieren Sie auf keinen Fall, die Schlucht aufwärts zu durchfahren! Alle (erfahrenen) Touristenbußlenker rollen abwärts.
  Trick: Warten Sie, bis Sie einen vor sich haben, er "knackt" Ihnen jeden Gegenverkehr!
* Sie rollen auf der E 16 weiter, durchbrausen zwei Tunnels, den ersten mit einer langgezogenen S-Kurve, dann kommt ein sekundenkurzer Blick ins Freie, ein zweiter Tunnel nimmt Sie auf, und an seinem Ende sind Sie am unteren Ende der Schlucht, wo Sie rechts zur "Stalheimskleiva" abbiegen. Kurz hinter dieser Abzweigung können Sie rechts parken, ein Stück die 20 % Steigung hinaufstapfen, Blicke in die wunderschöne Schlucht mit ihren Wasserfällen werfend.

Unsere E 16 verläßt nun Hordaland; die nächste Fylke heißt Sogn og Fjordane. Unmittelbar vor der "Grenze" finden Sie rechts einen großen Picknickplatz zwischen den Natursteinbrücken des alten Straßenverlaufs – sehenswert!
Rechts und links der Straße türmen sich die Berge immer höher, werden die Hänge immer steiler, Wasserfälle rauschen herab – ein Fjord bereitet sich vor, der Nærøyfjorden. Eine Steilwand liegt vor uns, zerfurcht, nahezu vegetationslos, und ein Wasserfall neben dem anderen stürzt sich hinab, eine unbeschreibliche Kulisse. Unmittelbar vor dem Ortsschild von GUDVANGEN kann man rechts auf ein Wiesenstück am Fluß hinabfahren und in Ruhe das Panorama genießen. Kurz darauf zweigt die E 16 nach links ab, endet am Fjord, kapituliert vor der

gewaltigen Landschaft, vertraut sich bis REVSNES den Fährschiffen an.
Wir halten weiter geradeaus, folgen nun der 50 Richtung AURLAND und verschwinden im Gudvanga-Tunnelen, der mit einer Länge von 11400 m nahezu das ganze Gebirgsmassiv bis zum Aurlandsfjorden durchbohrt. Am Tunnelende kann man sofort rechts auf einen Parkplatz rollen und sich wieder ans Tageslicht gewöhnen.
600 m später biegt die 601 links nach UNDREDAL ab. Diese schmale Stichstraße nehmen wir wegen der Stabkirche von

Undredal: Umgebaute Stabkirche

UNDREDAL, aber auch die Strecke selbst ist "eine Reise wert": Rechts begleitet uns ein Sturzbach, links schießt ein Wasserfall hinab, rauscht dann unter einem Schneefeld hindurch, dann folgt eine ganze Herde von Wasserfällen, flankiert unsere Fahrstraße rechts und links wie die "weißen Mäuse" einen Staatsgast. 3400 m nach der Abzweigung liegt ein Picknickplätzchen rechts unten am Fluß.
Am Ortsbeginn von UNDREDAL endet die Teerstraße, und wir halten rechts auf dem Parkplatz. Wer sich mehr für den Blick auf den Fjord und einen Rundgang durch das Fischerdörfchen interessiert, rollt in den Ort hinein und findet reichlich Parkraum dort, wo der Sturzbach in den Fjord mündet.
Vermutlich ist die Kirche von UNDREDAL eine der ältesten von Norwegen (und gleichzeitig die kleinste, die noch benutzt wird); bei der Dachreparatur fand man die Jahreszahl 1147.
1722 wurde sie jedoch zu ihrer heutigen Gestalt umgebaut, ihre Herkunft als Stabkirche ist deshalb nur noch im Inneren zu erkennen. Von der Inneneinrichtung besonders sehenswert ist ein Leuchter mit fünf geschnitzten Rehköpfen und die Kanzel aus dem Jahre 1696. Die Ministranten jedenfalls hatten's gut: Sie brauchten zum Läuten nicht in den Glockenturm zu klettern, denn die Seile hängen bis in den Vorraum der kleinen Kirche hinab. Bei der letzten Restaurierung im Jahre 1962 mußte man drei Farbschichten entfernen, um auf die ursprüngliche zu stoßen. Jetzt kommen Sie in den Genuß der ältesten Malerei auf den Holzwänden und an der Tonnendecke: Sterne, Engel, Baum- und Blumenmuster deuten auf ihre mittelalterliche Herkunft.

Flåm: Letzter Zipfel des Aurlandsfjorden

Wir kehren zur Abzweigung von der 50 zurück, die mit uns sofort wieder in einem Tunnel, dem 5000 m langen Flenja-Tunnelen verschwindet. Wir blinzeln an seinem Ende in ein kreisförmiges, von hohen Bergen umgebenes Tal, in das wie mit der Axt hineingeschlagen der letzte Zipfel das Aurlandsfjorden hineinragt. Statt Idylle erblickt man an seinem Ende eine Bahnstation, die eher zu einer Großstadt gehören könnte als zu dem Dörfchen FLÅM. Aber von der Eisenbahn geht in Norwegen ein besonderer Zauber aus. Dies liegt daran, daß die zerklüftete Landschaft geradezu abenteuerliche Konstruktionen für die Schienenwege erzwang, die jede Bahnfahrt zu einem besonderen Erlebnis machen. Die Flåm-Bahn, ein Abstecher der Strecke Oslo-Bergen, turnt von der Bergstation MYRDAL in 865 m Höhe in 20 km bis auf Meeresniveau hinab, der steilste Teil hat ein von Gefälle 1 : 18 und sinkt wie in einer Achterbahn aus 20 Tunnels, die teils am, teils im Berg liegen, in die Tiefe. Eilig hat es der Lok-Führer nicht, denn die meisten Fahrgäste sind Touristen. Folglich wird an den markantesten Punkten entsprechend langsam gefahren, und am Kjosfossen wird gar angehalten – wir freuen uns auf die Fahrt mit der Flåm-Bahn!
Im Bahnhofsbereich steht ein riesiges Parkareal zur Verfügung, und es wird auch gut benutzt. Überquert man jedoch die Schienen auf ihren letzten Metern, findet man im hinteren Teil weite, leere Flächen. Außerdem findet man im Talrund Banken, Gaststätten, Picknickplätze und einen Campingplatz.
Zwischen 00.05 Uhr und 18.20 Uhr gibt es zehn Abfahrten, eine Fahrt dauert runde 50 Minuten und kostet (rauf und runter)

Fahrt mit der Flåmbahn: Kjossfossen

runde 25 DM (bis 14 J. die Hälfte).
Wir sind bis MYRDAL hinaufgekurvt und wieder hinab, haben alles angeguckt, waren begeistert – und haben eine ganze Reihe von Fehlern gemacht, die wir das nächste Mal vermeiden werden: Das Flåmsdalen, durch das wir fuhren, bietet eine herrliche Naturkulisse, ein schöneres Wandergebiet kann man sich nicht vorstellen.
Was stört jedoch bei Bergtouren? Der Aufstieg!
Und genau den – und nur den – sollte man deshalb mit der Bahn machen, nicht mehr und nicht weniger.
Die fast 100-jährige "Baustraße" der Flåmbahn durchzieht die gleiche Strecke wie die Bahntrasse, von MYRDAL bis hinab nach FLÅM sind es rund vier Stunden zu Fuß, auf bequemem Weg, übrigens auch geeignet für Radfahrer.
Noch ein letzter Tip: Lösen Sie nur eine einfache Fahrt bis REINUNGA, die erste Station nach dem Wasserfall. Bis dahin ist man das schönste Stück bergauf gefahren, hat am Wasserfall angehalten, der Rückmarsch dauert nur drei Stunden – und die Fahrkarte kostet weniger als die Hälfte!
Wir rollen nun am rechten Ufer des Aurlandsfjorden 8 km bis AURLANDSVANGEN. Am Ortsbeginn verlassen wir die 50 nach links, folgen dem Wegweiser LÆRDAL durchs Zentrum. Ungefähr 5 km braucht das schmale Sträßchen, bis es sich die senkrechte Wand emporgehangelt hat, dabei bieten sich (für den Beifahrer) phantastische Blicke auf den nach unten versinkenden Aurlandsfjorden; der Fahrer zirkelt um die Serpentinen herum und achtet auf den Gegenverkehr! Oben, auf der Hochebene, wird die Straße wesentlich breiter, man kommt wieder

Aurlandsfjorden

bequem aneinander vorbei.
Bald haben wir die Baumgrenze überschritten, eine freie Sicht in alle Richtungen tut sich auf; wildes, einsames Land durchqueren wir; die einzigen nichtmotorisierten Lebewesen, denen wir begegnen, sind Schafe. Wir passieren die rotweiße Schranke, ab der die Straße im Winter gesperrt ist, davor große Parkplätze; immer weiter, noch weiter kurvt die Straße durch die Tundralandschaft – da beginnt der Winter!
Ab 1200 m Höhe beginnen sich Schneefelder rechts und links der Straße auszudehnen, zusammenzuwachsen, immer höher zu werden, bis schließlich schneeweiße Wände die Straße begleiten, als hätten sie sich in der Jahreszeit geirrt.
Haben Sie genug Heizgas dabei? Dann dürfen wir Ihnen den Parkplatz auf dem Paß in 1306 m Höhe zum Übernachten empfehlen – er ist riesengroß und menschenleer!
Langsam begreifen wir: Hier oben wohnt der Winter, hier läßt er sich auch im Sommer nicht vertreiben! In den Seen treiben im August Eisberge, man will kaum glauben, daß zur gleichen Zeit unten am Fjord reife Kirschen an den Bäumen hängen. Und trotzdem wagt sich an den häufiger sonnenbeschienen Hängen eine Minivegetation aus Gräsern und Flechten aus dem Boden, Polsterpflänzchen beginnen zu blühen, ein gelbes Hornveilchen guckt trotzig auf nur einen Meter entfernte Eisbrocken.
Kaum haben wir einige Höhenmeter verloren, tauchen die ersten Sennhütten auf, zwischen den Schneefeldern weiden Schafe, Büsche und Bäume beleben wieder das Bild. So, wie wir zum Lærdalsfjorden hinabsteigen, kehren Frühling und Sommer zurück.
Im letzten Stück sind wieder 8 % Gefälle angezeigt, und wie aus einem Wintertraum erwachend tauchen wir ein in das sommerliche Grün. Um uns herum rauscht und braust all das, was weiter oben still und starr in den Armen des Winters lag, munter zu Tal. Die Rinnsale vereinigen sich schließlich zu zwei grandiosen Wasserfällen, gemeinsam bilden sie einen dicken, breiten, schäumenden Sturzbach, der uns lautstark begleitet. Noch ein paar Serpentinen, und wir haben den Lærdalsfjorden vor uns. An seinem Ufer angekommen, stoßen wir auf die E 16. Eigentlich müßten wir hier links zur Fährstation REVSNES abbiegen. Die besterhaltene Stabkirche Norwegens, die von BORGUND, können wir aber keinesfalls auslassen! Also wenden wir uns zunächst nach rechts Richtung LÆRDAL (direkt an der Einmündung in die E 16 rechterhand ein großer Parkplatz, 300 m später, am Fjordufer, jedoch ein schöner gelegener Picknickplatz).
Wir fahren am Zentrum von LÆRDAL vorbei, bleiben auf der

E 16 Richtung FAGERNES. Der Fjord endet, der Lærdalselva jedoch ist ein guter "Ersatz".
Das breite Lærdal hat einen ebenen, fruchtbaren Talgrund, in dem Obst und Gemüse gedeihen. Die Felder liegen, vor den Unbilden der Winde geschützt, zwischen steilen, fast vegetationslosen Felswänden; an der Hangkante leuchten bereits Schneefelder; aus ihnen stürzen Wasserfälle, die den Talgrund bewässern. Die letzten Kilometer vor der Stabkirche verengt sich das Tal zusehends, wird zur Schlucht, zur Klamm; kaum bleibt mehr Platz für Straße und Fluß. Bei allem Respekt vor dem Gegenverkehr sollte man einen Blick über den Fluß werfen. Dort schlängelt sich der antike Handelsweg oberhalb des Wassers entlang, auch als "Königsstraße" bezeichnet, wurde sie doch bereits im Jahre 1023 von König Olav dem Heiligen benutzt. Der Picknickplatz unterhalb des Sjurhaugsfossen ist etwas für optische Feinschmecker, er taucht links der Straße auf, kurz nachdem die besonders enge Passage (Warnschilder) begonnen hat. "Vindhella" steht auf dem nächsten Hinweisschild: Während man dort besonders gut erhaltene Teile des alten Königsweges besichtigt, entdeckt man auch einen Gedenkstein an den ersten Automobiltouristen, der Norwegen im Jahre 1901 bereiste – bereits 878 Jahre nach Olav dem Heiligen!
Die Stabkirche von BORGUND ist wirklich schön, sie mag sogar die schönste von ganz Norwegen sein! Daß man deshalb aber bereits für den Zutritt zum Kirchengelände 10 DM bezahlen muß (offen 9-19 Uhr), halten wir für stark übertrieben – und machen ein Erinnerungsphoto über die Mauer hinweg.
Die Besonderheiten von Borgund:
Prächtige, geschnitzte Drachenköpfe an den Dachtraufen, weitere typische Schnitzmuster am Portal sowie 30 Runeninschriften; im Inneren eine Kanzel aus dem 16. Jahrhundert und eine Altartafel von 1620. Neben der Stabkirche von HEDDAL soll die von BORGUND die typischste Vertreterin dieser Kirchengattung sein, seit ihrem Bau um 1150 blieb sie so gut wie unverändert.
Nun haben wir Sie zu einem 30-km-Abstecher verlockt, und es wird Abend! Da müssen wir Sie wenigstens mit einem praktischen Übernachtungsplätzchen belohnen! Wir haben an der Stabkirche gewendet und sind auf der gleichen Straße zurückgefahren.
8,3 km sind es bis zum Picknickplatz am Sjurhaugsfossen, 1 km weiter kommt ein zweiter Parkplatz, diesmal auf der linken Straßenseite. 1,4 km später wechselt unsere Straße von der linken zur rechten Flußseite und 300 m nach dieser Brücke

Stabkirche von Borgund

kann man links von der Straße auf ein altes Straßenstück abzweigen, das hinter einem Felsklotz ungefähr 100 m entlangführt. Dort steht man sicht- und geräuschgeschützt von der Straße, hat eine Liegewiese und einen prima Übernachtungsplatz (seit der Stabkirche genau 11,0 km).

Einen ähnlichen Platz findet man hinter LÆRDAL, nach dem ersten Straßentunnel. Vom Parkplatz hinter dem Tunnel kann man (am besten rückwärts) in die alte Straße hineinstoßen, die um den Felsklotz herumführte, den der neue Tunnel durchbohrt (die Zufahrt vor dem Tunnel ist versperrt). Hier steht man nicht nur ruhig, sondern hat auch noch einen schönen Blick auf den Fjord.

TOUR 10 (270 km / 3-4 Tage)

Kaupanger - Solvorn - Gaupne - Nigardsbreen - Skjolden - Jotunheimen (Karte s. Tour 9)

Von LÆRDAL kommend, passieren wir die Abzweigung zu unserer "Winterstrecke" von FLÅM her, rollen die letzten 11 km am Fjord entlang bis zur Fährstation REVSNES (Toilette mit kaltem und warmem Wasser), tuckern über den Sognefjorden hinüber nach KAUPANGER. Wer nach dem Verlassen der Fähre sofort scharf rechts biegt, kommt zum Campingplatz des Ortes, geradeaus führt die 5 ins Landesinnere. Wir folgen ihr 500 m, biegen dann links zur Stabkirche von KAUPANGER. Das Schottersträßchen führt uns nach 200 m zu einer der größten Stabkirchen überhaupt. 1862 wurde sie außen weiß angestrichen, nach der letzten Restaurierung hat sie ihr altes, naturbraunes Aussehen zurückerhalten. Schmückende Stilelemente am Baukörper läßt sie vermissen, und so können wir über den Friedhof spazieren, die Kirche von allen Seiten begucken, ohne daß uns ein Zaun oder gar ein Kassenhäuschen daran hindern würde. Keine Menschenseele ist in der Nähe, man könnte neben dem Friedhof sicher gut nächtigen – lauter ruhige "Nachbarn"!

Unsere 5 übersteigt den Höhenrücken zum Sogndalsfjorden. SOGNDAL liegt an der Brücke, die die Engstelle zwischen dem Sogndalsfjorden und dem Barsnesfjorden überspannt. Hinter dieser Brücke halten wir uns rechts nach GAUPNE, tauschen also die 5 gegen die 55 ein.

Kaum haben wir das linke Ufer des Barsnesfjorden verlassen, zieht die Straße bergan – Tunnel! Zwischen der ersten und der zweiten Röhre rechts und nach der zweiten links je ein Picknickplatz, der zweite schöner an einem kleinen See, beide jedoch direkt an der Straße!

Wir könnten einen Schlafplatz gebrauchen, einen ruhigen! Den aber suchen wir uns, wenn's geht, nicht gerade an einer Hauptstraße!

Während unter uns der Hafslovatnet im Abendlicht schimmert, bringt uns das Hinweisschild "Stabkirche URNES 4 km" auf die passende Übernachtungsidee. Nach einem weiteren Kilometer schwenken wir nach rechts in die 3 km kurze Stichstraße, die nach SOLVORN am Lustrafjorden hinabkurvt. Die Stabkirche von URNES, wohl die schönste überhaupt, liegt jedoch auf der anderen Fjordseite. Üblich ist es, das Fahrzeug in SOLVORN stehen zu lassen, überzusetzen und die 20 Minuten zur Kirche zu Fuß zu gehen. SOLVORN hat also reichlich Parkraum, auch für Wohnmobile. Die erste Fähre legt 7.50 Uhr ab,

die letzte 18.10 Uhr an – also kann kein Verkehr den Nachtschlaf stören. Beim Bummel durch das kleine Dörfchen entdekken wir einen Einkaufsladen, am Rande des Parkplatzes Toiletten mit Kalt- und Warmwasser und ein Telefon; geht man nach links am Ufer entlang, so findet man einen kleinen Badeplatz mit Sandstrand und Schwimminsel.
Das ist doch ein Übernachtungstip, oder!?

Stabkirche oder nicht – das ist die Frage am Frühstückstisch! Nach zwei Stabkirchen am Vortag entscheiden wir uns für die Weiterfahrt – und für eine zweite Gletschertour am Nigardsbreen, einer von 24 Zungen des riesigen Jostedalsbreen; er ist mit seinen 470 qkm der größte des europäischen Festlands.
Wir kehren also zur 55 zurück, setzen unseren Weg nach rechts Richtung GAUPNE/LOM fort (unmittelbar hinter der Einmündung rechts ein Picknickplatz).
Lieblich liegt HAFSLO auf den Wiesenwellen des Hanges oberhalb des gleichnamigen Sees, die Häuser, typisch norwegisch, in die Landschaft gekleckert.
Wir bezwingen einen Hügelrücken mit dichtem Kiefern/Fichten/Birkenwald und einem Skilift auf der Kuppe, rollen wieder hinab zum Lustrafjorden, besser gesagt seiner westlichen Nase, dem Gaupnefjorden. Der Fjordkontakt ist nur kurz, bereits 400 m nach dem Ortsschild von GAUPNE biegen wir links auf die 604 ins Jostedalen zum 37 km entfernten Nigardsbreen.
Das Jostedalen wird beherrscht vom Jostedalselva, der milchigweiß mit bläulichem Stich im Talgrund dahinrollt. Jetzt, in der Sommerzeit, liegen breite, weiß schimmernde Schotterbänke frei, zeugen von der wilden Flut, die sich während der Schneeschmelze hindurchwälzt.
Gemütlich schlendert die Straße am Flußlauf entlang; wir lassen uns erschrecken von einer einspurigen Tunnelröhre, aus der mit warnendem Hupen ein Sattelschlepper herausdröhnt. Wir warten, wagen uns hinein – und lenken unseren dicken Kasten um einem PKW herum, der sich ängstlich in eine Nische gedrückt hat.
Ein Wechselspiel aus breitem Talgrund und eingeschnürten, felsengen Bereichen beschäftigt den Blick. In Muße kann man die "bayerische Atmosphäre" von einer ganzen Reihe von Picknickplätzen aus genießen, auch zum Fluß kann man da und dort hinabrollen.
Kurz vor Ende des Tales verlassen wir die 604, biegen links zum Nigardsbreen. Und da ist er schon: Wie ausgeschüttetes Milchpulver quillt die weiße Masse zwischen zwei Felsklammern zum Talgrund hinab – ein Panorama, dem man sich nicht

Am Nigardsbreen

nähern darf, bevor man nicht seinen "Bompenger" entrichtet hat. Die Privatstraße führt 2,5 km zwischen grünen Birken und blühenden Weidenröschen auf das ewige Eis zu, kaum einen Blick schenken wir den vielen Picknickplätzchen am Wegrand. Am Ende der Straße freilich ist Parkraum Mangelware, dort drängen sich die Gletscher-Touristen-Autos wie Heringe – und mit dem WOMO gar sollte man lieber zu früh als zu spät einparken und vorher möglichst noch wenden. Der Fußweg zur Gletscherzunge ist eine lustige Kletterei über die glattgeschliffenen Felsen des Berghanges, allerdings sollte man auch bei trockenem Wetter griffiges Schuhwerk tragen. Schon deshalb,

weil auch die Ausläufer von zwei Wasserfällen auf Wackelsteinen zu durchqueren sind. Der Anblick der glitzernden Eismassen ist bei Sonnenschein natürlich besonders schön. Aus der Ferne wirkt die Oberfläche zunächst häßlich grauweiß von den jahrelangen Ablagerungen, aber in den Sprüngen und Falten tritt ein blendendes Weiß zu Tage, das an den dünnsten Stellen von einem strahlenden Blau abgelöst wird.
Wanderer bringen kein Geld in die Kasse, sagte man sich am Nigardsbreen und richtete flugs einen Bootspendelverkehr ein, der über den Gletschersee den Fußweg von 35 auf 15 Minuten abkürzt. Wer den Gletscher nicht nur begucken, sondern auch erwandern möchte, kann, ja sollte sich einer geführten Tour anschließen. Die Menschenkette mit der Sicherheitsleine sieht zwar aus, als würde gerade ein Sklaventransport übers Eis getrieben – aber Sicherheit geht vor (denken Sie an "Ötzi", der lag hunderte von Jahren im Eis).
Gletschertrunken rollen wir die Privatstraße wieder zurück zur 604. Die Picknickplätzchen im schütteren Birkenwald sind wirklich praktisch. Wenn man hier übernachten würde, käme man ganz früh am Gletscherparkplatz an, hätte keine Parkprobleme und das ewige Eis wirkt natürlich auf den Erinnerungsfotos ohne Menschentrauben wesentlich erhabener ....
Ein zweites Mal bestaunen wir das Jostedalen, biegen in GAUPNE in die 55 ein, überqueren nach links den Jostedalselva. Dahinter findet man rechts bei der Shelltankstelle oder links bei den Supermärkten riesige Parkplätze, die nachts ganz einsam liegen. Falls Sie während der Geschäftszeiten vorbeikommen: Hier haben Sie letztmals die Gelegenheit, sich mit der Wanderkarte "1 : 50.000 Nr. 1518 II Galdhøpiggen" einzudekken, denn unser nächstes Ziel ist das größte, das höchste, was wir Ihnen in Norwegen bieten können: Vom 2469 m hohen Galdhøpiggen können Sie auf alles in Norwegen hinabblicken – wir besteigen mit Ihnen den höchsten Berg des Landes!
Ein paar Meter soll uns aber das WOMO noch emportragen, schließlich sind wir in GAUPNE noch auf Meeresniveau! Auf dieser Höhe bleiben wir auch noch eine Weile, rollen gemütlich am Lustrafjorden entlang. Zwei Picknickplätze warten gleich am Anfang, rechts neben der Straße, kurz vor LUSTER gar ein kleiner Badeplatz neben der Straße, fünf weitere Picknickplätze verteilen sich auf den Rest des Fjords, rechtzeitig durch das Tisch-Baum-Symbol angekündigt. Am besten hat uns der letzte gefallen, dort, wo wir den Fjord verlassen: Ein Wiesenstück, Tische und Bänke, Bademöglichkeit – und auf der anderen Straßenseite ein Bolzplatz!
Ab SKJOLDEN beginnt der Aufstieg der 55 zum Sognefjell, einer Hochebene, die die günstigsten Einstiegsmöglichkeiten

ins·Jotunheimen-Massiv bietet, in dem die bizarrsten und höchsten Gipfel Norwegens beisammenstehen, als hätten sie Wichtiges zu besprechen.
Falls Sie Ihr WOMO bis vor die Stabkirche von URNES fahren möchten, müßten Sie nun, ab SKJOLDEN, auf der Südseite des Fjordes 31 km zurückfahren.
Die 55 passiert einen türkisfarbenen See, dahinter rauscht eine breite Wasserfahne den schwarzen Fels hinab, eine zweite stürzt in mehreren Stufen zu Tale. Dann, ab FORTUN, steht das Gebirge wie ein Klotz vor der Straße. Serpentine auf Serpentine nimmt sie die Herausforderung an, folgt dabei, wie üblich, dem Wege eines Sturzbaches. Einige mächtige, stumpfe Kegel schieben sich als Vorhut ins Blickfeld, lauter Zweitausender. Am Hotel "Turtagrø" macht die Straße einen Rechtsknick, die ersten schroffen, so hohen Zacken, daß Gletscher sie nie erreichen und abschleifen konnten, blicken hochnäsig auf uns hinab. „Wartet nur!“ denke ich.

Auf dem Sognefjell

Am Rande eines breiten Trogtales, das die Eiszeitgletscher wie eine Schüssel ausgeschliffen haben, ziehen wir weiter hinauf. 1000 m über dem Meer sind erreicht und immer noch kein Ende. Längst haben wir die letzten Bäume zurückgelassen, in schattigen Mulden lagert noch der Schnee vom letzten oder vorletzten Winter. 1100 m, 1200 m, die Straße (und mit ihr das WOMO) verschnauft eine Weile auf einer Hochfläche. Bei 1300 Meter ein Picknickplatz – das Außenthermometer zeigt 10°C. In 1400 m Höhe hat der Winter die Landschaft wieder voll im Griff, Schneeflächen bedecken über die Hälfte des Bodens, rechts und links der Fahrstraße türmen sich meterhohe

Schneeberge, auf den blauschwarzen Seen schwimmen Eisberge, und kurz nachdem wir die Grenze zum Opplandsfylke überschritten haben – nomen est omen – haben wir bei 1434 m die höchste Stelle der Bergstraße erreicht, den Fantestein-Paß. Näher kann ein motorisierter Urlauber den Berggöttern von Jotunheimen nicht kommen.
Neben der Straße folgen einige Skifahrer, mit freiem Oberkörper, einer schmalen Loipenspur. Warum haben Sie keine Skier dabei?
Schon kündigt sich der Abstieg an! Einige Serpentinen, 8 % Gefälle, im Breiseterdalen ist schon wieder Frühling! Wasserfälle schießen rauschend unter unserer Straße hindurch, zwischen den Weidenbüschen kauen Kühe und Schafe, massenhaft Picknickplätze in gewaltiger Umgebung, kaum besucht. Nochmals sinkt die Straße, 7 % Gefälle, in Schleifen bergab. Uns ist nicht wohl dabei – das müssen wir alles, zu Fuß, wieder hinauf.
Wir erreichen das Leirdalen, bereits dicht bewaldet. Auch hier malerische Picknickplätze am rauschenden Fluß. Die Straße zum "Galdhøpiggen-Sommerski-Senter" zweigt nach rechts ab. Bitte merken Sie sich diese Stelle genau, wir kommen aus wichtigem Grund nochmals auf sie zu sprechen!
Jetzt müssen wir aufpassen! Genau 4 km später zeigen zwei Schilder nach rechts. "Visdalen" und "Gaststätte-Restaurant-Hotel Spiterstulen 18 km" lesen wir und folgen in eine Schotterstraße.
Die Straßenräuber des Mittelalters waren gegen die Besitzer der Visdalenstraße harmlose Almosensammler! Wir sind es ja

Auf dem "bomveg" ins Visdalen

schon gewöhnt, auf Privatstraßen zur Kasse gebeten zu werden, was uns auf dem Weg zum Ausgangspunkt unserer tollsten Bergtour widerfährt, läßt uns jedoch fast den Kragen platzen! Ein hübsches Holzschild, gleich hinter der Abzweigung, verheißt die Preise: 50 nKr soll ein Auto kosten, ein LKW (so vermuten wir) ist 150 nKr "wert". 3,5 km später, an der "Bomstasjon", finden wir das Schild nicht mehr so lustig, denn der LKW soll ein WOMO darstellen! Zähneknirschend zahlen wir 150 Kronen, rollen 15 km bis zum Restaurant "Spiterstulen", haben noch nicht fertig eingeparkt, da kommen zwei freundliche junge Männer (warum wohl gleich zwei?) und verlangen von uns 30 Kronen "Campinggebühr" (pro Person, versteht sich)!
Auf meine Frage, wo denn hier der Campingplatz sei und vor allem, wie weit er reiche, weist die Hand mit dem Rechnungsblock in die Runde: „Ringsum!“
Ich schweige, drehe den Zündschlüssel um, rolle fast 2 km die Fahrbahn zurück, wo ich am Wegrand bei der Herfahrt bereits verdächtig viele Autos und Zelte gesichtet hatte: Hier bleiben wir, hier fühlen wir uns wohler als bei den "Straßen-Wikingern". Falls Sie ebenfalls bereits abends anrollen: 4,9 km und 8,2 km hinter dem Zahlhäuschen liegen die schönsten Übernachtungsplätze – kostenlos, versteht sich!
Erstmals wird abends der Wecker gestellt, die Bergstiefel werden dick eingefettet, die Grödel (Spikes für die Bergschuhe) werden ausgepackt und angepaßt, Proviant wird gerichtet und verstaut – wir nehmen den Galdhøpiggen ernst!
Am nächsten Morgen, gegen 6 Uhr, rollen wir bis zum Restaurant "Spiterstulen", dort schläft alles noch. Genau um 6.15 Uhr überqueren wir den Visabach auf dem schmalen Holzbrückchen, kurz darauf geht es hinauf, steil, fast senkrecht, im Zickzack, 1 1/2 Stunden lang. Wir sind nicht gerade Anfänger, wollen keinen Rekord aufstellen, gehen "die Sache" bedächtig an – aber wer hier nicht ins Schnaufen kommt ....
Ein erstes Plateau ist erklommen, dieses ist völlig verschneit. Die Spuren der letzten Wanderer sind jedoch als tiefe, schmutzbraune Rinne zu erkennen. Ein heller Schimmer zieht über den Horizont – die Sonne erwacht zwischen den Bergen. Nach 30 Minuten haben wir das Schneefeld durchquert (der Schnee ist so kalt und trocken, daß die Stiefel keinerlei Nässespuren zeigen) , kraxeln über eine Geröllhalde, die zum Svellnosi (2053 m) hinaufführt. 40 Minuten später haben wir eine Abbruchkante erreicht, vor der wir schaudernd zurückweichen, in respektvollem Abstand geht es weiter, sehr steil bergauf, wieder ein Schneefeld, wieder ein Geröllband. Seltsam die runde Schleifspur im Schneehang, sie hat genau die Form

Tour auf den Galdhøpiggen, erstes Schneefeld

eines menschlichen Gesäßes....
Nun geht es fast eben auf der Kuppe der Keilhausspitze (2351 m) weiter, dann sinkt die Spur steil hinab zum Piggletscher, einem Sattel, der uns noch von unserem Ziel trennt. Der Abstieg ist total vereist; jetzt bewähren sich die kleinen Kegelspitzen der Grödel, die sich schnell anschnallen und wieder ablegen lassen. Der Sattel, lockerer Schnee, wieder hinauf, steil noch einmal, sehr steil, dann, nach insgesamt vier Stunden und zehn Minuten, stehen wir auf dem König der norwegischen Berge, sind die ersten am 17.7.1992.
Stolz schauen wir in die Runde, blicken über die Zacken von hunderten von schneebedeckten Bergen. Wir haben ein "würdiges Wetter" für diesen erhabenen Augenblick: Kein noch so kleiner Dunstschleier trübt den Blick, mühelos erkennen wir durch das Peilrohr auf der Orientierungsscheibe den 100 km entfernten Snøhetta im Dovrefjell und Rondslottet im Rondane-Massiv und natürlich den nur wenige Meter kleineren Nachbarberg, den vergletscherten Glittertinden.
Neben dem Gipfel, ins Geröll geschmiegt, liegt die "Volehytta", eine Schutzhütte, in der man von 12-18 Uhr auch einkehren kann. Kaffee, Limo, Brühe gefällig oder eher ein Galdhøpiggen-T-Shirt? Ein Gipfelbesteigungs-Zertifikat?
Wir schießen unsere Erinnerungsfotos vom einsamen Gipfel, rechtzeitig, bevor die lange Schlange tschechoslowakischer Bergfreunde ihn überflutet, die mit uns im Tal übernachtet hatten.
Da kommt wirklich ein Paar aus Norden auf den Gipfel zu! Locker schlendern sie herbei, müssen die eine Kondition haben!? „Wir kommen von der Juvasshytta beim Sommerski-

Galdhøpiggen (2469 m) mit Volehytta

center, haben den Styggebreen-Gletscher überquert; für die 600 Höhenmeter braucht man knapp 2 1/2 Stunden...."
Wir sind sprachlos über so viel Dummheit (von uns!). Warum sind wir nicht auch zum "Galdhøpiggen-Sommerski-Senter" abgebogen? Die Zufahrt ist zwar auch mautpflichtig, WOMOs wird aber keine Wuchergebühr abverlangt und kostenlose Park- und Übernachtungsplätze gibt es wie Sand am Meer

Galdhøpiggen: Gletscher-Hahnenfuß *(Ranunculus glacialis)*

(oder besser Schnee in Jotunheimen). Nun, Sie wissen es jetzt – wählen Sie selbst!

Falls Sie Bedenken wegen des Gletscherfeldes haben: Uns wurde es als völlig harmlos beschrieben. Von der Juvasshytta werden aber jeden Tag (10.00 und 10.30 Uhr) geführte Überquerungen (15 DM/Person) durchgeführt.

Unser Rückmarsch ist auch keine Kleinigkeit! Viele Passagen sind so steil, daß die Knie beim schnellen Lauf ins Zittern kommen. Die "Gesäßspur" am steilen Schneehang haben wir natürlich auch ausprobiert. Ob es daran lag, daß wir für den Rückmarsch "nur" 3 Std. und 55 Minuten gebraucht haben?

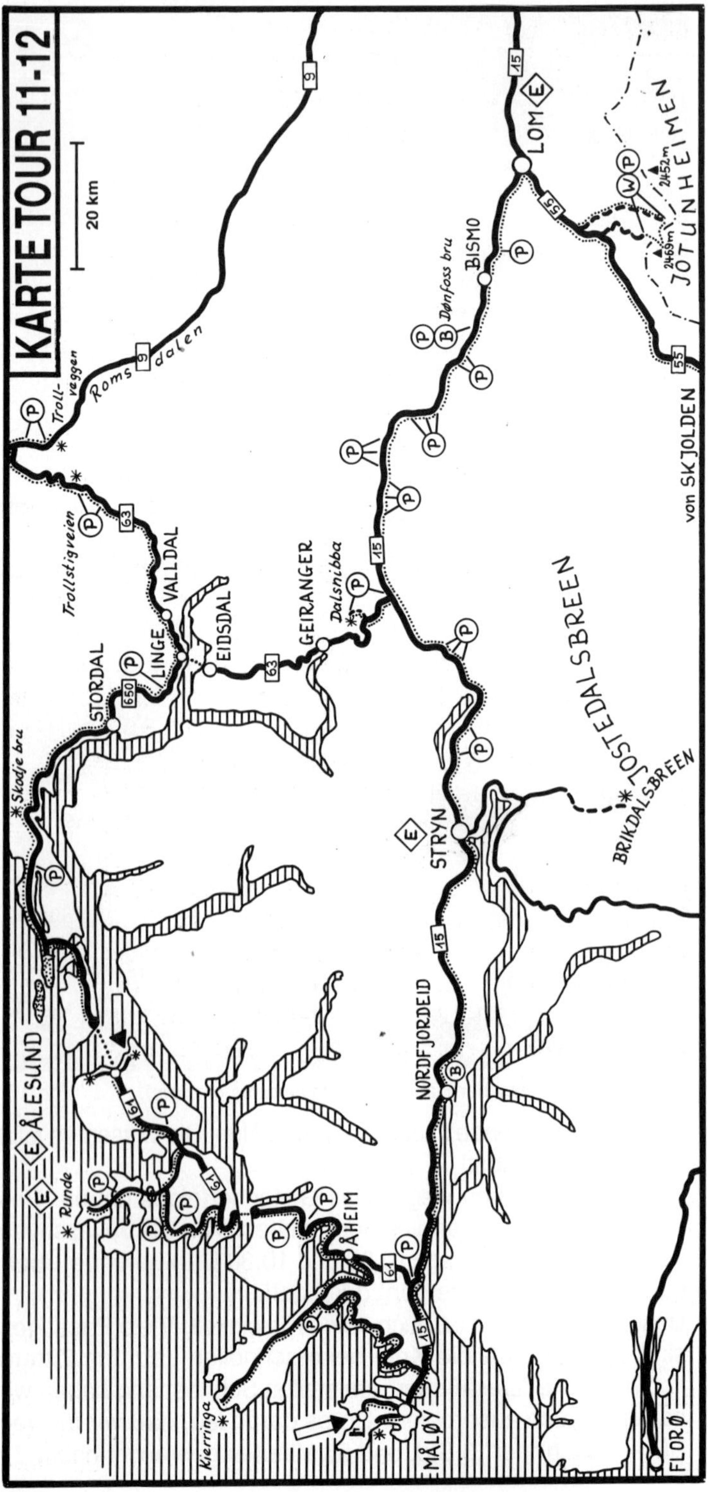
KARTE TOUR 11-12
20 km
ÅLESUND
Runde
Skodje bru
STORDAL
LINGE
VALLDAL
EIDSDAL
GEIRANGER
Dalsnibba
Trollstigveien
Troll-veggen
Romsdalen
LOM
BISMO
Dønfoss bru
JOTUNHEIMEN
2469m
2452m
von SKJOLDEN
JOSTEDALSBREEN
BRIKDALSBREEN
STRYN
NORDFJORDEID
ÅHEIM
MÅLØY
Kjerringa
FLORØ
9
63
650
15
61
55

TOUR 11 (300 km / 2-3 Tage)

Lom – Ottadalen – Dalsnibba – Stryn – Nordfjordeid – Måløy – Refvik

Voll der herrlichen Gebirgseindrücke holpern wir zurück zur 55, biegen dort rechts, rollen durchs Bøverdalen hinab nach LOM, rechts neben uns wälzt sich der breite Bøvra zwischen Sandbänken dahin. Schöne Picknickplätze bietet der Straßenabschnitt nicht, nur zwei Parkplätze ohne jegliche Einrichtungen, etwa auf gleicher Höhe rechts und links der Straße; sämtliche Zufahrten zum Fluß sind verbarrikadiert – vielleicht gibt es hier Schotterdiebe?
Unser erster Weg führt mich in LOM zur Touristeninformation (Ortsbeginn rechts). Ich muß meinen Ärger über den Visdalen-Bomveg loswerden. Die junge Dame ist mitfühlend, ja fast schuldbewußt und verspricht mir, alle Touristen vor den Straßenräubern zu warnen! Sozusagen als Entschädigung preist sie mir die Sehenswürdigkeiten LOMs in glühenden Farben – und wir werden ihren Eifer bald verstehen:
Zunächst fahren wir am Kreisverkehr rechts und kommen nach 50 m zur Esso-Tankstelle, dort ruht die erste Attraktion des Orts 10 m rechts der Dieselzapfsäule unter dem Pflaster. Auf Wunsch kommt der Tankwart mit einem kleinen Sender herbeigeeilt, wie durch Zauberkraft bewegt sich ein Metalldeckel zur Seite – und gibt eine Entsorgungsstelle für WOMOs frei, die hiermit allen Interessenten empfohlen sei!
Auf der gegenüberliegenden Straßenseite liegt die Zufahrt zum Steinmuseum (offen 9-21 Uhr, sonntags 10-20 Uhr). Das "Steinsenter" mit dem Steinmuseum ist eine Idee von Torgeir T. Garmo. Er verband gucken und kaufen zu einer für Touristen und Verkäufer gleichermaßen befriedigenden Synthese. Auch wir durchqueren zunächst ohne Aufenthalt den Verkaufsraum, lassen uns blenden von der reichen Sammlung, einer der größten Privatsammlungen Norwegens, die auch noch kostenlos zu besichtigen ist. Herr Garmo hat sie aus der näheren Umgebung, aus Norwegen,ja der ganzen Welt zusammengetragen.
Dann statten wir Herrn Arne Fordal, der in der "Verkstad" hantiert, einen Besuch ab. Er zeigt – und erklärt in bestem Deutsch – wie die Funde gesägt und stundenlang geschliffen werden müssen, um ihre Schönheit erst richtig zu entfalten.
„Darf ich auch meine eigenen Funde bringen?" interviewe ich kurz darauf Herrn Garmo. „Sicher, wir führen jede unserer Arbeiten auch für Kunden durch, ein Steinschnitt kostet zwischen 5 DM und 10 DM. Schauen Sie in meiner Regional-

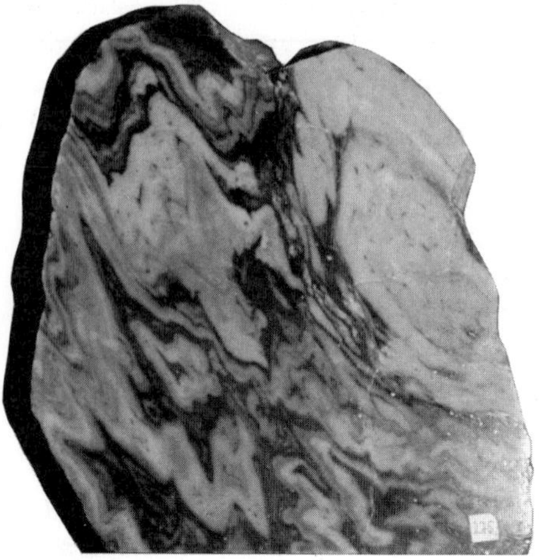

Geschliffener Sparagmit

sammlung, was hier in der Umgebung zu finden ist, es lohnt sich!“ Bescheiden reicht er mir ein kleines Büchlein, den "Natur- und Kulturführer von Lom", in dem nicht nur die besten Fundorte für Mineralien, sondern auch alle anderen Attraktionen der Region und des Ortes beschrieben sind – lesenswert.

Dieses Büchlein und natürlich einige schöne und gar nicht teure Schmuckstücke tragen wir zum WOMO, dann ist die Stabkirche dran (zurück zum Kreisverkehr, dann rechts auf die 15 Richtung STRYN, 150 m später wieder rechts). Nun haben wir bereits eine ganze Reihe von Kirchen dieses Typs bewundert, aber die von LOM ist wirklich ganz besonders sehenswert. Besonders auf den herrlich geschnitzten Altar und auf die Deckenmalerei im Chor sei hingewiesen. Und weil all' diese Pracht kostenlos zu besichtigen ist, kaufen wir auch gerne einige Fotos.

Neben der Kirche residiert eine lokale Handwerks- und Kunstausstellung, und Parkplätze gibt es hier so reichlich, daß man sich geradezu zum Übernachten eingeladen fühlt.

Lom: Stabkirche, Malerei im Chor

Wir verlassen LOM auf der 15 Richtung STRYN, unsere Straße zieht durchs weite Ottadalen, Platz ist für viel Landwirtschaft, den gemächlich dahinströmenden Otta-Fluß und eine breite, schnelle Straße. Ein ruhiges Übernachtungsplätzchen jedoch kann man am Straßenrand nicht erwarten – dafür gibt es einsame Seitenstraßen!
Wo wir geschlafen haben?
Hinter LOM hatten wir zunächst den Ottavatn rechts neben uns, einen langgestreckten, ruhigen See, in dem sich die gegenüberliegenden Berghänge spiegeln. Bald nach Ende des Sees wechselt die 15 die Flußseite nach rechts, die Abzweigung nach SOLSIDEVEGN wird angezeigt und 900 m nach der Brücke (Wegweiser: "Sjok Sement Støperi o.ä.") führt ein schmales Brückchen wieder zurück über den Fluß. Hinter ihm und einer kleinen Sägemühle liegen links ruhige Übernachtungswiesen!
Am nächsten Morgen rollen wir weiter auf der 15, sichten ein schönes Plätzchen neben der Kirche von NORDBERG (ein großes Wiesenstück mit Info-Tafel unter einigen Kiefern, sehr weitläufig) links der Straße.
Bei BISMO hatte die 15 wieder auf die linke Flußseite gewechselt, hinter NORDBERG überlegt sie es sich wieder anders: Die "Dønfoss bru" überspannt den Otta an einer schäumenden Kataraktpassage, dem Dønfossen. Und weil diese Stelle so malerisch ist, wurde sie für den Tourismus "hergerichtet".
Es muß ein Künstler am Werk gewesen sein, der dieses gepflegte Gelände angelegt hat: Hinter der Brücke liegt zunächst ein großer Parkplatz mit Tischen und Bänken daneben, wo man sein WOMO tagsüber abstellen und picknicken kann, daneben liegen Kiosk und Schwimmbad. Aber nicht einfach ein Badeplätzchen am Ufer, sondern ein angelegtes, pieksauberes Schwimmbecken neben dem reißenden Fluß. Um den Pool führt ein Aussichtsweg; von ihm aus kann man entweder die Badenixen, den schäumenden Katarakt oder einen tiefen "Riesentopf" begucken. Riesentöpfe entstehen im Strudel, wenn das Wasser bei seinen kreisenden Bewegungen harte Steine (Reibesteine) schleifend am Flußgrund bewegt. Die größten und vor allem tiefsten Riesentöpfe liegen natürlich am weitesten unten, unser "Riesenbabytopf" ist nur während der Frühjahrsüberschwemmungen "in Betrieb".
Wer sich in das Gelände verliebt hat, sollte für die Nacht auf den Campingplatz hinter dem Kiosk überwechseln (Preise: 20 DM/Platz, Schwimmbad 4 DM/Person).
Hinter der "Dønfossen bru" hört die Besiedlung des Ottadalen schlagartig auf; statt Landwirtschaft begleitet uns lockerer Kiefernwald, die steiler werdenden Hänge sind zum größten

Teil bereits kahl. Knapp 4 km nach der Brücke ein schöner Picknickplatz mit Blick auf weitere Stromschnellen. Wenn Sie jedoch weiterlesen, werden Sie ihn kaltlächelnd ignorieren, denn kurz darauf erweitert sich der reißende Fluß zu einem lieblichen See – und an seinem Ufer, man traut seinen Augen kaum – entdeckt man die romantischsten und ruhigsten Urlaubsplätzchen, die man sich vorstellen kann: Genau 1,3 km nach dem ersten Picknickplatz führt die erste Piste nach links von der Straße, durch Birken- und Kieferngebüsch, zum stillen Ufer. Nach 300 m die nächste Abfahrt; wesentlich umfangreichere, verzweigte Stichsträßchen verlieren sich, unsichtbar, im Ufergesträuch. Da und dort schimmert WOMO- oder Wohnwagenblech, Angeln hängen im Wasser, über einem (verbotenen) Lagerfeuer schmoren Steckerlfische – ein Idyll!

Picknickidyll im Ottadalen

Wieder ein Stück reißender Fluß, dann der nächste, spiegelglatte, türkisfarbene See, in dem die Berggipfel Kopfstand üben. Kleine Birkeninselchen oder -halbinselchen, ein einsamer Kahn – man müßte Kunstmaler sein!
Bis zur Gaststätte "Pollfoss", bei der unser Fluß einen besonders gewaltigen, beeindruckenden Katarakt bildet, gibt es noch eine ganze Reihe von Möglichkeiten, zu den Seen hinabzufahren, aber die ersten zwei waren die schönsten. Der Pollfossen markiert nur das östliche Ende einer Kette von schäumenden Sturzbächen, die bei unserer Weiterfahrt neben der Straße hinabtosen; eine ganze Reihe von Picknickplätzen bietet Rast- und Fotografiergelegenheit.
Übernachtungsgeeignet?
Der Autoverkehr wird Sie sicher nicht stören, das Brausen des

Ottadalen: Picknickplatz "Tora bru"

Flusses übertönt alle anderen Geräusche! Aber der Lärm ist nicht überall gleich stark und manche Plätze liegen an verschlungenen Wegen so weit von der Straße entfernt, daß sie lärm- und sichtgeschützt sind (zwischen Pollfossen und Grotli insgesamt 18 (!) Picknickplätze).

Hinter GROTLI begleitet uns linkerhand eine Seenkette, von denen der größte der Breidalsvatnet ist, rings um sie schneebedeckte Berge; wir rollen auf der 900-m-Höhenlinie dahin. Am Ende der Seen, vor einer gewaltigen, senkrechten Felswand, der sechste und letzte Picknickplatz nach GROTLI. Diesen Platz sollten Sie unbedingt anfahren, denn an der Info-Tafel erfährt man, warum auch uns der Straßenabschnitt zwischen LOM und diesem Picknickplatz so gut gefallen hat: Er erhielt 1988 vom Generaldirektor der Straßenverwaltung den Preis "Schöne Straße". Wir gratulieren hiermit dem Herrn Generaldirektor zu seiner (auch WOMO-freundlichen) Entscheidung!

Weiter sollten Sie nicht lesen, sonst vergraulen Sie sich vielleicht Ihren Aufenthalt:

Hier spukt's!

In einer der Straßenwärterhütten am Wegrand haust ein Gespenst. Aber es soll gut-

mütig sein, weshalb man es dem Schutz der Autofahrer anempfohlen hat und wegen seiner nächtlichen Umtriebe ein Warnschild aufgestellt hat.
Also: Fahren Sie vorsichtig, vor allem zwischen 0.00 und 1.00 Uhr, Gespenster sind heutzutage auch nicht mehr so häufig wie früher!
200 m nach diesem Picknick- und Informationsplatz haben Sie die Wahl: Geradeaus, auf der 15 im Tunnel Richtung STRYN verschwinden oder nach rechts, auf der 63, einen Abstecher zum Aussichtspunkt "Dalsnibba" machen!
Lassen Sie das Wetter entscheiden! Bei guter Sicht sollten Sie uns nach rechts Richtung GEIRANGER folgen. Wir sind nun am Beginn des "Ørneveien", des "Adlerweges", einer Bergstraße, die auf der Pariser Weltausstellung wegen ihrer genialen Technik einen Preis erhielt.
Leider können wir Ihnen nur 7 km Adlerweg gönnen – aber dafür einen geradezu "Adlerblick" auf ihn hinab, vom Dalsnibba aus. Auf diesen 7 km herrscht Winter, die Berge sind weiß, in den Seen treiben Eisberge, und neben der Straße weidet ein Rentier, ein richtiges, lebendiges Rentier! Wir reiben uns die Augen – es ist immer noch da! Allerdings angepflockt neben einem Verkaufsstand für Lappenartikel: Felle, Geweihe, Kunstgewerbe.
Nach genau 7,6 km "Ørneveien" müssen wir 4,9 km auf Schotter zum Aussichtspunkt hinaufserpentinen und dürfen dafür auch noch 10 DM "Bom" berappen.
Der Parkplatzkreis des "Dalsnibba" liegt genau 1476 m hoch, und man kann, gutes Wetter vorausgesetzt, wirklich die Serpentinen des Ørneveien bis hinab nach GEIRANGER am Fjord verfolgen. Falls Ihre Kindern dem Blick in die Tiefe nichts abgewinnen können: Steinmännchenbauen ist hier "in", der Parkplatz ist umringt von hunderten steinerner "Erinnerungsmänner".
Übernachten hier? Warum nicht? Der Parkplatz ist riesig, Durchgangsverkehr gibt es nicht – und wer wird schon nachts zu einem Aussichtsplatz fahren ....
Wir rollen die 7,6 km Ørneveien zurück. Das Wasser im kleinen See ist so klar, daß wir uns davon überzeugen können: Die Eisberge schauen wirklich nur zu 1/9 heraus (im Meer zu 1/7)!
In die 15 reihen wir uns nach rechts ein, verschwinden nach 500 m im Tunnelloch, namenlos und doch über 4 km lang. Dahinter rechts gleich ein Picknickplatz, ein Stück Alm-Landschaft, dann schon der nächste 4-km-Tunnel, wieder ländliches Treiben. Das Verkehrsschild "Husdyr" braucht man wohl nicht zu übersetzen, um so mehr, als man an den vielen Picknickplätzen Ziegen und Schafe streicheln kann.

Der dritte Tunnelrachen gähnt uns an – diesmal sind es nur 2,5 km – und nach dieser dritten Gebirgsröhre hat man einen freien Blick über Wasserfälle und den Kaskadenbach. Die alte Gebirgsstraße zum "Sommerskisenter" und durchs Måràdalen nach GROTLI führt nach links zurück, dann schwingen wir in weiten, gut ausgebauten Serpentinen und Schleifen hinab zum Strynsvatn und zählen dabei weitere fünf aussichtsreiche Picknickplätze, von denen der dritte eine "Umwegpiste" um einen Hügel herum hat, lärm- und sichtgeschützt für die Nacht.
Die 15 führt links am See vorbei, die schmale Passage erfordert volle Aufmerksamkeit, und so entdecken wir erst im letzten Augenblick, daß jemand durch unser Dachfenster einsteigen will!? Ach nein, der Fallschirmspringer hängt an einer Strippe und läßt sich über den See ziehen – Para-Gliding!
Ab der Mitte des Sees hat die 15 wieder "normale" Breite und bis zum Seende zählen wir sieben Picknickplätze, einer von ihnen hat ebenfalls die wichtige "Umwegpiste um den Felsen herum" für ruhigen Nachtschlaf.
Bis STRYN sind es nun noch 12 km mit katastrophalem Straßenzustand, aber die Spreng-, Grab-, und Räumarbeiten sind im vollen Gange und das Staatliche Verkehrswesen verspricht, daß Sie 1993 alles fertig und perfekt vorfinden werden.
Zwischen der Abzweigung "Dalsnibba" und STRYN führte unsere Fahrt nördlich des Gletschergebiets des Jostedalsbreen entlang; den Nigardsbreen, eine seiner südlichen Zungen, kennen wir ja bereits. Falls Sie noch "gletscherhungrig" sind: Ab STRYN führt die 60 zurück nach Südosten, nach 11 km kommen Sie nach LOEN und können von dort aus bis zum Fuße des Kjenndalsbreen abzweigen (20 km); nach 17 km wären Sie in OLDEN, wo die Stichstraße (24 km) zum Briksdalsbreen beginnt ....
Wir biegen hinter dem lebhaften Städtchen STRYN rechts; auf unserer 15 geht's weiter Richtung MÅLOY, das Meer hat uns wieder, der Innvikfjorden begleitet uns. Die Straße ist schnell, wir ziehen weit oberhalb des Fjordufers mit Höchstgeschwindigkeit dahin, machen einen weiten Bogen um einen Sommerskiläufer, der sich vom Verkehr nicht einschüchtern läßt.
Nun kurven wir hinüber zum Hornindalsvatn. Er unterscheidet sich kaum von einem "richtigen" Fjord, nur die Verbindung zum offenen Meer fehlt. So trägt er mit 514 m Tiefe wenigstens den Titel "tiefster Binnensee Europas". Eigene, umfangreiche Badewannenversuche haben bewiesen, daß ein Stein im Wasser pro Sekunde ungefähr 1 m sinkt. Dann würde er im Hornindalsvatn 8 1/2 Minuten bis zum Grund unterwegs sein. Welche Zeit schätzen Sie für Ihr WOMO?

Neun Picknickplätze und vier Tunnel zählen wir am südlichen Seeufer. Die alte Straße neben den Tunnels ist noch befahrbar. Dort könnte jeweils eine ganze WOMO-Karawane parken und übernachten. Ob jedoch immer auch die Ausfahrt passierbar ist, wenn Sie eine freie Einfahrt sichten, können wir nicht garantieren – beim dritten Tunnel haben wir's ausprobiert.
Nur ein kleiner Hügelrücken trennt den Hornindalsvatn vom Eidsfjorden und an seinem Ende liegt NORDFJORDEID.
Alle großen und kleinen Kinder: Aufgepaßt!
Gleich sind wir beim größten Fjordpferde-Center Norwegens. Dort kann man Pferde streicheln, Kutsche fahren – und natürlich reiten!

Genau 1 km nach dem Ortsschild von NORDFJORDEID, dort, wo es links zum Ortszentrum geht, biegen wir rechts zum "Nordfjordhest-Senter". 1600 m später stehen wir auf dem Parkplatz vor dem großen Reitstall. Dort kann man jeden Tag (9-19 Uhr) für 20 DM/Std. reiten oder Kutsche fahren; gucken und Pferde streicheln ist kostenlos. Natürlich gibt es auch eine Gaststätte für wartende Eltern!
NORDFJORDEID hat auch einen abseits und damit ruhig gelegenen Badeplatz, der, wenn das Wasser zu kalt ist (und wann ist es das nicht?), immer noch einen prima Picknick- und Übernachtungsplatz abgibt. Man fährt (vom Reitstall aus) über die 1 ins Zentrum. Die Straße endet an einem freien Platz vor dem Hafen (Einkaufsmöglichkeiten). Dort halten wir uns links, fahren immer am Ufer des Fjords entlang und entdecken nach 900 m das Hinweisschild zum Badeplatz "Osvika", er bietet als einzige "Einrichtung" eine vor dem Kiesufer schwimmende Holzinsel.

Wir verlassen NORDFJORDEID auf unserer 15 nach Westen Richtung MÅLOY, jetzt wollen wir wieder norwegische Fjordlandschaft erleben. Wir lassen die schroffen Berge, die Schneefelder hinter uns, vor uns liegt das Meer, über uns blitzt der blaue Himmel!
Der Eidfjord erweitert sich zum Nordfjord. Wir rollen an seinem Nordufer entlang; auch hier sind Straßenverbreiterungsarbeiten im Gange, von angelegten Picknickplätzen kann im Moment noch nicht die Rede sein. Aber auch an den fertiggestellten Abschnitten ist davon nichts zu sehen. Hier sollte man mal den Generaldirektor der Straßenverwaltung herschicken!
Aber was soll's – der westlichste Zipfel Norwegens, das "Vestkapp" wartet auf uns! Eine elegant geschwungene Spannbetonbrücke führt uns über den Ulvesundet hinüber nach MÅLOY, und damit Sie bei Ihren begeisterten Blicken nicht über das Geländer geweht werden, haben die Brückenbauer eine elektronische Windanzeige montiert (und nicht solch einen schlaffen Windsack wie an deutschen Autobahnbrücken). MÅLOY wird von zwei Bergen überragt, die verblüffend an ein abgelegtes Bikinioberteil erinnern. Noch auf den letzten Metern der Brücke, angesichts der Kirche, biegen wir links nach OPPEDAL, zum "Kannesteinen".

Die Insel VÅGSØY hat zwei steinerne Wahrzeichen: Das eine ist "Kråkenes fyr", der Leuchtturm an der Nordwestspitze der Insel, das andere ist der "Kannesteinen". Nur ein schmales Sträßchen führt uns an der Südküste entlang, und wir müssen die Ausweichstellen häufig anfahren, um den Gegenverkehr vorbeizulassen. In VÅGSVÅG verlassen wir die Küste, schneiden auf einem noch schmaleren Teerwegle ein felsiges Kap ab. In OPPEDAL ist das Gekurve zu Ende. Kurz vor Ende der Stichstraße liegt links ein gemütlicher Picknickplatz und unterhalb, an der Brandung, steht die "Hauptperson", der etwa fünf Meter hohe "Kannesteinen". Es ist ein von den Flutwellen und vor allem von den hin- und herwogenden Steinen der Brandung becherförmig abgeschliffener Fels, oben dick, unten mit schlankem Stiel. Mich erinnert er ein bißchen an korsische Macchiebüsche, unten von den Ziegen abgefressen, weiter

Insel Vågsøy: Kannesteinen

oben breit wuchernd ....

Hier könnten wir übernachten, hier ist kein Durchgangsverkehr. Wir haben Sie jedoch nicht nur wegen dem Steinle nach VÅGSØY geschleppt! An der Nordküste wartet ein wahrer Traumstrand auf uns.

Vor dem Traum kommt jedoch nochmals der Alptraum der "Einbahnstraße", die wir mit viel Geduld hinter uns bringen (Abstecher 19 km). Dann fahren wir unter der Sundbrücke hindurch, durchqueren MÅLØY auf der Hauptstraße nach Norden. Der Hauptort der Insel hat nur diese eine Hauptstraße, an ihr liegen nicht nur Geschäfte, sondern auch eine ganze Reihe von Fischfabriken.

An der Ostküste, am Ulvesundet, rollen wir bis RAUDEBERG. Die Fischzuchtkäfige im Wasser sind hier quadratisch und die Lachse darin springen, als wollten sie fliegen lernen. Auch RAUDEBERG ist ein Fischerort. Riesige Netze hängen an Seilwinden und werden dadurch mechanisch entwirrt.

13 km sind es von MÅLØY bis VEDVIK, immer an der Küste entlang. Dort schneiden wir wieder, hügelauf, hügelab eine kleine Halbinsel ab – und dann klappt selbst uns alten "Mittelmeer-Sandstrand-Profis" der Kiefer herunter – vor uns liegt "Refviksanden", das Strandwunder von REFVIK: Breit, flach, blendend weiß in einer ruhigen Bucht vor saftig grünen Wiesen – nichts wie hin!

500 m nach dem Ortsschild von REFVIK biegen wir rechts zum Sandstrand.

Das Negative: Dieser prächtige Platz, der alles bietet, wovon ein WOMO-Urlauber träumt, hat im Sommer Wassertemperaturen von 12-13°C, ist also kein Badeplatz im eigentlichen

Insel Vågsøy: Sandbucht Refviksanden

Sinne. Der Rest jedoch ist der pure Luxus, denn außer den bereits geschilderten optischen Genüssen wird dem Urlauber auch noch ein Sanitärgebäude mit warmem und kaltem Wasser zum Duschen, Waschen und Spülen, mit Steckdosen zum Rasieren oder Akku-Aufladen geboten und ein Strand, an den man bis an die Sandkante heranfahren kann.
Die Besucherdichte ist gering, diese Ecke Norwegens ist offensichtlich unbekannt. Die meisten kommen immer wieder hierher, haben Bootchen und Angel dabei, um aus dem Meer die eintönige Konservenkost aufzufrischen; man lobt die Ruhe und die gute Luft. Wir können uns diesem Lob nur anschließen, parken unser WOMO auf einem kleinen Wiesenhügel ein und beenden den Tag mit einem langen, langen Strandbummel auf dem herrlichen "Refviksanden".

TOUR 12 (220 km / 2-3 Tage)

Måloy – Selje – Vestkapp – Gurskøy – Runde

(Karte s. Tour 11)

Wir fahren durchs Landesinnere zurück nach Måløy, passieren die Abzweigung zur Stichstraße zum "Kråkenes fyr". Kurz vor dem Leuchtturm ist zwar auf unserer Karte ein Badeplätzchen eingezeichnet. Wir finden jedoch: Refvik läßt sich nicht steigern – und verzichten.

In RAUDEBERG treffen wir wieder auf die Ostküste, dann turnen wir einen bekannten Streckenabschnitt: Måløy – Ulvesundbrücke – Eldevik auf der 15 zurück. Direkt hinter dem ersten Tunnel schwenken wir nach links auf die 618 Richtung SELJE.

38 km führt dieses Sträßchen durch eine urgewaltige Landschaft aus Meer und Fels, folgt immer dem Küstenverlauf, zieht um jede Bucht, schlingt sich um jedes Kap. Die menschliche Besiedlung hält da und dort nur einen schmalen Brückenkopf zwischen dem brausenden Meer und den unbewohnbaren, steilen, fast vegetationslosen Felsen, die gleich neben der Straße ansteigen. Am lebendigsten geht es wieder in den großen Lachszuchtkäfigen in den Fjorden zu. Inseln und Inselchen verwirren den Betrachter: Welches ist eine Insel, welches ein Kap?

Der Moldefjorden wird umrundet, SELJE erreicht. 500 m nach dem Ortsschild müßte man rechts Richtung "Vestkapp" abzweigen. Wir halten jedoch nochmals die gleiche Strecke geradeaus und landen im Hafen. Hier geht ein Bootchen hinüber zur Insel Selja mit den Ruinen eines Benediktiner-Klosters aus dem 11. und 12. Jahrhundert sowie den Ruinen der Sunniva-Kirche (Abfahrt im Juli: 10, 13, 16 Uhr, August: 13 Uhr, 20 DM). St. Sunniva, eine irische Königstochter, erlitt dort den Märtyrertod. Man kennt noch die Höhle, in der Sie starb ....

Falls Ihnen mehr nach Diesseitigem der Sinn steht: Am Beginn des Hafengeländes liegt nicht nur ein Parkplatz, die Touristeninformation und ein Sanitärhäuschen mit Dusche, WC und Waschgelegenheit, sondern davor auch ein schöner, langer, weißer Sandstrand und dahinter ein gepflegter Park.

Wer die Einsamkeit am Ende der Welt sucht – oder etwas ähnliches – der fährt hinter diesem Park am Fjord weiter nach Norden. 4,6 km weiter, in SKÅRBØ (drei Häuschen), endet die Straße mit einem Wendeplatz: Wiesengelände, Picknickplatz, Tisch und Bank und Auslauf am Fels- und Geröllufer.

Wir überqueren ab SELJE die Halbinsel Stadlandet nach SANDVIK, um dort, am Vanylvsfjorden, links zum "Vestkapp"

abzubiegen. Wer die vielgestaltige Küstenlandschaft schon immer mal aus der Vogelperspektive begucken wollte, der bekommt diesen Wunsch während der Überquerung erfüllt!
Unser Sträßchen serpentint sich in kürzester Zeit auf einen steilen Hügelrücken hinauf, von dem aus Sie eine prächtige Sicht nach beiden Seiten haben. Auf dem kurzen, ebenen Stück warten einige kleine, einsame Seen darauf, daß Sie ihnen eine Weile Gesellschaft leisten; Picknickplatz rechts der Straße!
Wieder unten, an der Küste angekommen, biegen wir links, noch 24 km sind es über LEIKANGER bis zum "Vestkapp", der 496 m hohen Klippe Kjerringa. Unterwegs, direkt hinter der Info-Tafel am Ortsbeginn von LEIKANGER, ein kleiner Parkplatz und ein Streifen feiner Sandstrand unmittelbar neben der Straße.
Die Straße führt am Ortszentrum vorbei. Wer die Tankstelle aufsuchen **muß**, wird feststellen: Sie ist eine der teuersten ganz Norwegens! Auch im hohen Norden gilt: Warte mit dem Tanken nie, bis du in einsamer Umgebung bist. Nur in Großstädten herrscht Konkurrenz!
Die letzten Kilometer lassen wirklich das Gefühl aufkommen, man käme ans Ende der Welt. Im fast schwarzen Wasser der Seen spiegeln sich eigentümlich grün bemooste Hänge. Nun zieht die schmale Straße, Schleife auf Schleife, langsam bergan. Nur noch eine dünne Erdschicht bedeckt den Felsboden. Kahler Fels, Gras, Moos, müde Schafe, das sind die trostlos wirkenden, letzten Meter.
Beim Aussteigen am "Vestkapphuset" reißt mir der Sturm die Tür aus der Hand. Er fegt, mit ungebremster Wucht, von den schäumenden Wogen am Fuße der Klippe zu uns hinauf, rüttelt an den Wänden der Gaststätte.
Die Innenräume sind geschickt geplant, zum Teil in den Fels hineingebaut, optisch eine Augenweide. Wir gönnen uns zur unvergleichlichen Sicht von unserem Fensterplatz aus das "Vestkapp-Menü" für knapp 20 DM und, das wichtigste, ich erfahre endlich, warum das "Vestkapp" das Westkap sein soll, liegen doch nach meiner Karte eine ganze Reihe norwegischer Halbinseln noch weiter westlich: Die Klippe Kjerringa ist das westlichste Fjellplateau Norwegens! Und für Norweger zählt eben nur, was ein Gebirge ist – und nicht irgend ein angeschwemmter Sandhaufen, basta! Wer wie wir, aus 500 m Höhe, bis nach Kanada zu schauen glaubt, hat dafür vollstes Verständnis.
Ein Bildschirm im Restaurant überträgt die aktuellen Daten der Wetterstation auf der Klippe. Die Windgeschwindigkeit wird mit 18,2 m/s angegeben, das entspricht etwa 8 Beaufort. Ein

Baum auf der Klippe würde dabei sofort seine Äste abliefern – aber Bäume gibt es hier nicht.
Jedoch einen großen, ebenen Parkplatz, etwa 200 m vor der Gaststätte – und wer schon lange keine stürmische Nacht mehr erlebt hat, der sollte hier sein WOMO festzurren. Wir ziehen die Windjacken fest, lassen uns vom Wind übers Plateau treiben, genießen das Heulen und Pfeifen, den Blick übers weite, sturmgepeitschte Meer und freuen uns dann um so mehr auf einen heißen Kaffee im gemütlichen WOMO, das sich behäbig in der Federung wiegt.
Dann kehren wir der stürmetrotzenden Klippe Kjerringa den Rücken, verlassen die einsame Halbinsel über LEIKANGER, SANDVIK, fahren auf ÅHEIM zu, müssen vorher jedoch auf schmalem Sträßchen den tief ins Land ragenden Ausläufer des Vanylvsfjorden umkurven. Hier ist absolute Windstille, ohne eine einzige Welle spiegelt, einem Smaragd gleich, das Wasser die Bergspitzen und den Himmel. Kurz nach dem Scheitel des Fjords betreten wir die Møre og Romsdal-Fylke und wenig später, vor ÅHEIM, wechseln wir von der 620 auf die breitere 61, biegen links Richtung HAREID. Die 61 führt uns im Bogen um ÅHEIM herum, so daß wir von dem Ort überhaupt nichts zu sehen bekommen. Anschließend begleitet uns der Syltefjorden, ein Aussichts-Picknickplatz lädt zum Verweilen ein. Bei FISKÅ verläßt die 61 den Fjord, biegt nach rechts ins Landesinnere ab, schneidet die Halbinsel Vanylven ab. Wenige hundert Meter später rechts ein völlig neu angelegter Picknickplatz mit Toiletten und fließendem Wasser; noch ein Picknickplatz links, dann sind wir schon wieder an der nächsten versunkenen Flußmündung, dem Syvdsfjorden, an dem wir bis zur Fährstation KOPARNES entlangrollen.
Die Fähre überquert mit uns den Rovdefjorden, trägt uns hinüber zur Insel Gurskøy, die gegenüberliegende Fährstation heißt ÅRVIK. Nach links setzt die 61 ihren Weg mit uns fort, zunächst am Fjord entlang, ab LARSNES wieder "über Land". Die Straße muß ganz schön steigen, bis sie zur nächsten Meeresbucht wieder hinabkurven darf. Trotz der mühsamen Arbeit haben es sich die Straßenbauer nicht nehmen lassen, an den drei aussichtsreichsten Punkten – vor, auf und hinter dem Kamm, je einen Picknickplatz anzulegen. Am Wasser, bei GURSKEBOTN, verlassen wir die 61, biegen links Richtung MOLTUSTRANDA, GJERDSVIKA und HAUGSBYGDA. Werften, und seien sie auch noch so klein, haben hier einen guten Namen. Viele Norweger schwören auf solide Handwerkerarbeit und zahlen lieber einen höheren Preis – "das Boot" ist Hobby Nr. 1 in Norwegen. Kräne überragen die Werften, Schiffe und Schiffchen, neu oder verrottend, säumen die Ufer,

auch riesige Frachter werden überholt.
Die Kirche von HAUGSBYGDA liegt am Straßenrand, der Friedhof hat einen großen Parkplatz – und einen WOMO-gerechten Wasserhahn.
Die Fischer von GJERDSVIKA haben ihren Hafen mit einem gewaltigen Steinwall vor den anbrausenden Wellen geschützt. Entwurzelte Bäume rechts und links der Straße machen deutlich: Keine überflüssige Maßnahme. Aber nicht nur der Wind macht den Bäumen zu schaffen! Bei näherer Betrachtung weisen viele deutliche Krankheitssymptome auf, einige sind bereits abgestorben. Nun, die Kohlekraftwerke Englands sind so weit nicht entfernt, saurer Regen ist auch in Skandinavien kein Fremdwort mehr.
Ein kleiner Leuchtturm mit roter Kappe steht einsam auf einer Klippe, wenige Meter später werden wir an der Gemeindegrenze von Herøy begrüßt; 50 m davor, hinter einem Felsen, ein Picknickplatz.
400 m später sollten Sie Ihren Blick links der Straße entlangschweifen lassen. Sehen Sie die Kuppen aus kindskopf- bis koffergroßen Steinen, Durchmesser etwa 25 Meter, die in der Mitte eine kegelförmige Vertiefung haben. Diese "Vulkantrichter" sind ausgeraubte Grabhügel aus der Wikingerzeit.
Hinter MOLTUSTRANDA erkennen wir schon von weitem die langgezogene Brückenkonstruktion, die unsere Insel Gurskøy über das Inselchen Notøy mit der Insel Leinøy verbindet. Damit ist das Inselspringen jedoch keineswegs zu Ende, die nächsten Brücken führen über Remøy zu unserem Ziel, der "Vogelinsel" Runde.
Hinter der ersten Brücke führt eine Stichstraße nach links zum Küstenmuseum auf dem Gehöft Herøy, wir kommen auf den abseits der Durchgangsstraße gelegenen, geradezu einsamen Parkplatz des Museums noch einmal zu sprechen.
Die zweite der Brücken, die "Herøy brua", eine elegante Spannbetonkonstruktion, hat eine Länge von über 500 m. Am Ende der Brücke finden Sie links einen Picknickplatz für einen Fototermin. Ab der nächsten Straßengabelung ist der Weg zu unserer Vogelinsel Runde bereits ausgeschildert.
Der Anblick der dritten Brücke nimmt einem schon fast die Luft weg, so filigranhaft zerbrechlich spannt sie sich über den Sund. Das zierliche Gebilde ist nur einspurig, hat jedoch in der Mitte eine "Beule", zwei Ausweichstellen für den Gegenverkehr. Jetzt sausen wir, zur Abwechslung, durch eine 1 km lange Tunnelröhre.
Danach trennen uns nur noch ein letztes, fast halbkreisförmig gebogenes Einbahnstraßenbrückchen und ein Damm von unserem Ziel, der Vogelinsel Runde. Sie besteht aus einem

schmalen, flachen Streifen, der sich um die Ostspitze herumzieht, der größte Teil der Insel jedoch ist Fjell, also Hochebene, umgeben von den typischen, bis zu 300 m hohen Felswänden, in denen Jahr für Jahr mehr als eine Million Seevögel brüten, auf jeden der etwa 200 Einwohner Rundes kommen also 5000 Dreizehenmöven, Papageientaucher, Trottellummen, Tordalken, Baßtölpel, Austernfischer – über 200 verschiedene Arten. Vom Inselbeginn bis zum Parkplatz "Fuglefjell" zeigt ein Hinweisschild 3,8 km an. Wir kommen im Dörfchen Runde am "Runde-Camping" vorbei, wo täglich Rundfahrten zu den Vogelfelsen angeboten werden (10, 13, 16 Uhr, 18 DM).
Der Parkplatz, direkt am Ufer, ist fast leer, wir registrieren eine Toilette mit warmem und kaltem Wasser, sind aber zu müde, uns noch weiter umzuschauen; Morgen ist auch noch ein Tag.
Mitten in der Nacht reißen uns eine brüllende Stimme und wütendes Klopfen am WOMO aus dem Tiefschlaf. Ein zornrotes Gesicht hält mir einen "Ausweis" vors Gesicht, gibt mir fünf Minuten, mich "zu verziehen". Ratlos stehen fünf WOMO-Chauffeure beisammen, ein sechster hat schon den Diesel an – Aufbruch. Wir sind viel zu müde zum Nachdenken, im Scheinwerferlicht erspähe ich einen Feldweg – Motor aus, Licht aus, schlafen.
Natürlich stehen am nächsten Morgen die gleichen WOMOs wieder auf dem Parkplatz, und der nächtliche Zauber entpuppt sich, wie so oft, als 1-Mann-Show des Campingplatzbesitzers Goksøyr aus dem zweiten Runde-Dörfchen.
Amüsiert über unsere nächtliche "Tapferkeit" schnüren wir die Bergstiefel. Rucksack, Fotoapparat mit Teleobjektiv und Fernglas dürfen auch nicht fehlen, los geht's, Millionen von Vögeln warten auf uns!
Vom Parkplatz bis zum Campingplatz "Goksøyr" sind es nur dreihundert Schritte. Weitere 300 Meter läuft man auf der Fahrstraße bis zum Beginn des steilen Fußweges aufs "Fuglefjellet". Neben dem Pfad hocken zwei grasgedeckte Hütten direkt auf dem Sturzbach – uralte Mühlen, die wir erst mal angucken müssen. Die untere scheint noch funktionstüchtig zu sein: Im Bachbett sieht man die "Turbinenschaufeln", im Häuschen die zwei Mühlsteine und die Schütte.
Nach kurzem Aufstieg stapfen wir bequem über saftiggrüne Schafweiden. Rechts des Weges entdecken wir an kurzen Holzpfosten farbige Markierungen, wir folgen der blauen, weil sie auf kürzestem Wege zu den steilsten Klippen im Nordwesten der Insel führt.
Unglaublich, was uns dort erwartet: Tausende und Abertausende von Seevögeln sausen hin und her, stürzen sich in die Tiefe, tauchen, schnellen wieder aus dem Wasser, lassen sich

Insel Runde: Vogelfelsen

vom Wind herauftreiben, hocken einzeln, paarweise, in kleinen, meist jedoch großen Gruppen auf winzigen Felsvorsprüngen und vollführen ein ohrenbetäubendes Gezeter.
Die Sieger bei unserem Sympathiewettbewerb werden eindeutig die putzigen Papageientaucher, die so wenig in den kalten Norden zu passen scheinen, man würde ihnen, mit ihren knallroten Schnäbeln und Füßen, viel eher einen Urwaldbaum am Amazonas als Brutplatz wünschen als einen kalten, glitschigen, norwegischen Felsvorsprung. Aber sie scheinen sich wohl zu fühlen, sind sich ihrer Schönheit bewußt und in alter Dressman-Manier putzen und stolzieren sie vor mir auf dem

Papageientaucher *(Fratercula arctica)*

Felsen, lassen mich immer näher kommen, bis ich fast selber fliegen lerne.
Wir schauen und schauen, suchen die bizarren Felstürme, an denen sich nie die schleifenden Gletscher der Eiszeit vergriffen haben, nach weiteren, seltenen Arten ab, sichten wirklich ein Baßtölpelpaar, das sich aus 20, 30 Metern Höhe, noch durch Flügelschläge angetrieben, senkrecht ins Wasser stürzt ....
Fast zwei Stunden verbringen wir, ab und zu den Standort wechselnd, an der Kante des "Fuglefjellet", dann ist unser Vogelbedarf gesättigt, und wir treten den Rückmarsch an: Fjell – Abstieg – Fahrstraße – Besuch beim Campingplatzbesitzer!
An der Rezeption sitzt seine Frau, freundlich, gesprächig. Eine Tafel wirbt für einen Vogelfilm über Runde; Eintrittspreis 5 nKr, "Wildcamper" 100 nKr. Wir bestehen auf einem Gespräch mit dem selbsternannten "Sheriff", er kneift, läßt sich nicht blicken.
Was sollen wir Ihnen, liebe Leser, für Ihren Runde-Aufenthalt empfehlen?
Einerseits sollte man sich nicht einschüchtern lassen, andererseits will man ja nicht Ärger um jeden Preis! Wir haben für Sie zwei Ausweich-Plätze gesucht, falls Sie abends anrollen wollen, um früh morgens auf "Vogeljagd" gehen zu können:

* Übernachtung beim Küstenmuseum (Kyst-Museum) auf der ersten, kleinen Insel Notøy. 500 m nach der ersten, der flachen Brücke führt nach links ein Teersträßchen zum 1600 m entfernten, ruhig gelegenen Parkplatz.

* Übernachtung auf der Insel Remøy hinter dem Tunnel und unmittelbar vor der Runde-Brücke. 50 m hinter dem Seitenwind-Warnschild geht es rechts hinter einem Felsen zu einem großen Parkgelände hinab.

TOUR 13 (300 km / 3-4 Tage)

Hareid – Ålesund – Stordal – Trollstigveien – Trollveggen – Åndalsnes – Molde (Karte s. Tour 14)

Wir kehren Runde den Rücken und über alle Brücken zurück zur Insel Gurskøy. Dort fahren wir jedoch nicht geradeaus nach MOLTUSTRANDA, sondern biegen links nach HAREID, unserem nächsten Fährhafen.

Die "Dragsund brua" verbindet die beiden Inseln Gurskøy und Hareid-Landet. Gleich hinter der Brücke rechts ein ausgedehntes Picknickgelände mit von der Straße sichtgeschützten Stellplätzen. Eigentlich wollten wir die Insel schnurstracks, von links unten nach rechts oben durchqueren, wir hatten nichts "Interessantes" über sie in Erfahrung gebracht. Aber es kam ganz anders!

Zunächst passierten wir ULLSTEINVIK, schön in Terrassen am Hang eines großen Naturhafenrunds angelegt, ein Wald von riesigen Kränen weist auf seine Bedeutung als Werftenort hin. Überragt wird das Städtchen vom supermodernen "Ullstein-Hotel", Sonderangebot pro Bett und Nacht: 295 nKr!

Ein paar Kurven hinauf, dann senkt sich die Hauptstraße 61 zur Nordostküste mit dem Sulafjorden hinab. Wir erreichen den Fährhafen HAREID, und gleichzeitig legt die Fähre ab – ohne uns! „Gelegenheit für ein zweites Frühstück", sagen wir uns, schwenken ohne groß nachzudenken nach Süden ab, also nach HJØRUNGAVÅG (2,5 km). Dort entdecken wir, sofort hinter dem Ortsschild, völlig unerwartet zwei Attraktionen auf

Hjørungavåg: Badeplatz mit Wikingerdenkmal

einem Platz: Auf einem Landsporn ragt ein riesiges Denkmal in die Höhe, ein Wikingerdenkmal zur Erinnerung an eine Seeschlacht zwischen Norwegern und Dänen vor der Küste; eingeweiht wurde das gewaltige Monument 1986 von König Olav V. Nun wissen wir nicht, ob der norwegische König ein WOMO-Fan ist. Der Badestand, der neben dem Monument angelegt wurde, spricht jedoch dafür: Glänzender, weißer Sandstrand mit Wasserhahn am linken Ende, golfplatzgleiche Liegenwiesen, Toiletten, Duschen und ein großer Parkplatz. Dieser kann jedoch durch eine Schranke versperrt werden – vielleicht ist sie nachts geschlossen!?

Wir genießen den Blick auf Strand und Meer, kehren wieder zur Fähre zurück und das blöde Spiel wiederholt sich – sie legt vor unserer Nase ab. Wenn Sie jetzt glauben, wir würden aus Schaden klug – weit gefehlt! Wir rollen nun nach Norden, bis BRANDAL (4,5 km). Dort parken wir im Hafengelände bei der roten Telefonzelle. Links davon, das unscheinbare, rote Holzhaus, ist das "Ishavs-Museet", das Eismeermuseum. Neugierig schlüpfen wir ins Erdgeschoß hinein – keine Menschenseele ist zu erblicken, aber ein Eisbär, eine Robbe, ein Seehund, Seevögel (alle natürlich ausgestopft), die komplette Funkkabine eines Schiffes, ein Eskimokajak....

Brandal: "Ishavs-Museet"

„Wie schön, daß Sie unser kleines Museum gefunden haben!" Erschrocken drehen wir uns um, werden freundlich von Herrn Magnus Sefland begrüßt; er spricht perfekt deutsch (wie es sich für einen Deutschlehrer gehört), ist ehrenamtlich im Museum tätig und beweist uns schnell – er ist ein Kenner der Materie. Wir erfahren fast nur unbekanntes: BRANDAL war früher

Ausgangspunkt für arktische und antarktische Expeditionen; es sollten Überwinterungsmöglichkeiten für Robbenfänger, Pelztierjäger, Grubenarbeiter u.a. auf Grönland und Spitzbergen untersucht werden. Fast alle der speziell für diese Zwecke gebauten oder umgerüsteten Schiffe sind noch erhalten – als Modelle im ersten Stock! Fotos aus der Zeit, weitere Dokumente und Gerätschaften runden das Informationsangebot ab. Die wichtigste "Einrichtung" des Museums aber ist Herr Sefland. Bei seinen Worten fangen die Modelle an, ins riesenhafte zu wachsen, Männer schlagen auf die Robben ein, schleppen sie zu den Schiffen. In BRANDAL wurde das Fleisch verwertet, Tranfabriken lieferten das Öl für die Lampen unserer Urgroßeltern. Das erste Schiff verließ BRANDAL 1890, ein reines Segelschiff ohne verstärkten Rumpf, 1918 ging es im Eis verloren, aber auch heute fahren noch zwei Robbenkutter bis ins Eismeer....
Das kleine Ishavsmuseet, das wir Ihnen ganz besonders ans Herz legen möchten, ist täglich von 13-18 Uhr geöffnet, und die 10 nKr Eintritt sind gut angelegt!
Man kann von BRANDAL noch knapp 2 km weiter bis zur Nordostspitze der Insel fahren, dort liegen noch Reste des Atlantikwalls aus dem II. Weltkrieg.
„Du bist hier unerwünscht, Dein Großvater und Dein Vater waren schon hier!“ Ein alter Mann verwehrt uns dort die Weiterfahrt, weist uns von seinem Grundstück. Ich bin entsetzt über die Trauer in der Stimme des Greises, welches Leid werden die Deutschen ihm oder den Seinen wohl zugefügt haben.
"Ich habe damals ja noch gar nicht gelebt!" „Man muß doch einmal vergessen oder vergeben!?“ und schließlich gar: „Auf Ihre Vorfahren, die grausamen Wikinger, habe ich auch keine Wut!“ sind meine Argumente im Gespräch, das doch noch zustande kommt. „Das ist 1000 Jahre her, in 1000 Jahren bist Du hier willkommen!“
Wir kommen uns nicht näher, trotzig verabschiede ich mich und muß doch immer wieder an den alten Mann aus BRANDAL denken ....
Diesmal haben wir Glück im Fährhafen von HAREID, reihen uns in die kurze Schlange ein und nutzen die Wartezeit, um auf der "Aarvak" aus dem Jahre 1912 herumzuklettern, die neben uns am Kai liegt. Dieser Robbenkutter ist bereits im Besitz des "Ishavs-Museet" und soll als besonders attraktive "Außenstelle" des Museums eingerichtet werden.
Kurz darauf rollen wir auf der Südseite der Insel Sula weiter nach Osten, die 61 schlägt einen weiten Bogen nach ÅLESUND, der "Jugendstil-Stadt".

Das Stadtbild von ÅLESUND, ja der Anblick vieler einzelner Häuser wird Ihnen unvergeßlich sein, das versprechen wir Ihnen! Der Grund dafür war ein durchaus betrüblicher: Am 23. Januar 1904 brannte die Stadt fast vollständig ab. Kaum, daß Reste der Häuser übrig blieben, den norwegentypisch waren fast alle aus Holz. Geschockt beschlossen die Bürger, diesmal in Stein zu bauen. Wie zu allen Zeiten üblich, baute man "modern" – und modern war damals der "Jugendstil", dessen besonders auffallende Merkmale Dekorationen und von Pflanzenmotiven ausgehende Ornamente in auffälligen Farben sind. Nun sind während der (kurzen) Zeit des Jugendstils nicht gerade viele Städte komplett abgebrannt, folglich gibt es auf der ganzen Welt kein lebendigeres "Jugendstilmuseum" als die Stadt ÅLESUND!

Kurz vor unserem Ziel mündet die 61 in die 1, und dort, wo sie sich (nach rechts) mit der 9 vereinigt, knicken wir nach Westen ab, halten auf die Stadt der drei Inseln im Ålesund zu. Unübersehbar sind nacheinander zwei Abfahrten von der Einfallstraße, erst lesen wir "Museer", dann "Fjellstua" auf den Wegweisern. Wir schauen auf die Uhr, es ist früher Nachmittag. Jetzt bekommt man im Zentrum noch keinen Parkplatz. Also biegen wir zunächst Richtung "Museer". Als erstes erreichen wir das "Sunnmøre-Museum (offen: 11-16 Uhr, Sa/So 12-16 Uhr). Hier sind im Freigelände über 50 alte Häuser aus Sunnmøre, der Region um ÅLESUND, wiedererrichtet und ausgestattet worden. Drei Bootshallen zeigen eine umfangreiche Holzbootsammlung, u.a. auch eine 18-m-Kopie des Kvalsundschiffes, eines Wikingerbootes.

100 m später entdeckt man die Abzweigung zum "Middelaldermuseet i Borgundkaupangen". Dort, auf dem Areal des mittelalterlichen Handelsplatzes Borgund, wurden umfangreiche Grabungen durchgeführt. Das Museumsgebäude sitzt direkt auf einem Teil des Ausgrabungsfeldes (offen: 11-15 Uhr, Sa/So 12-16 Uhr). Die Borgundkirche, ein paar Schritte weiter, geht auf einen romanischen Bau aus dem 12. Jahrhundert zurück. Besonders sehenswert sind die außergewöhnlich schönen Holzschnitzereien und die Deckenmalereien (offen: 10-14 Uhr, Mo zu). Vor der Kirche ruhige, ja einsam gelegene Parkgelegenheiten.

An der nächsten Abzweigung von der 9 steht u.a. "Fjellstua" auf dem Wegweiser. Dies ist ein Restaurant auf dem Aussichtsgipfel Aksla, von dem man einen so tollen Blick auf die Stadt der drei Inseln und die Fjordlandschaft hat, daß man eigentlich nicht darauf verzichten kann. Gute 4 km sind es bis hinauf – der Blick über hunderte von Inseln und direkt in die Schornsteine von ÅLESUND hinein ist wirklich überwältigend. Die Gaststätte

Blick auf Ålesund vom Aussichtsgipfel Aksla aus

"Fjellstua" ist ab 22 Uhr geschlossen. Ob man hier oben allerdings ungestört übernachten kann, wage ich zu bezweifeln. Gar manches Pärchen wird hier zu nächtlicher Stunde die Aussicht auf die erleuchtete Stadt genießen wollen. Neben der Fjellstua führt eine Treppe mit genau 418 Stufen hinab in den Stadtpark von ÅLESUND. Natürlich könnten Sie jetzt das WOMO hier oben stehen lassen – und die Stadt "per pedes" erobern!

Uns trägt die 9 mitten ins Zentrum hinein, und da wir uns angestrengt haben, wieder nach 17 Uhr einzutreffen, ist die Parkplatzsuche kein Problem. Direkt am Hafen, auf dem St.

Olavs-Plass, wohl dem zentralsten Punkt der Stadt, stellen wir das WOMO ab: Wo ist "unser Kaiser"?
Ausnahmsweise ist nicht der Altnationalspieler Beckenbauer gemeint, sondern Kaiser Wilhelm der Zweite. Richtig, der mit dem Kriegsschiffspleen, der alles immer besser wußte als Reichskanzler Bismarck ....
Seine Sommerferien verbrachte der Kaiser gerne mit eigener Jacht und Gefolge in den Fjordgewässern Norwegens, kaiserlicher Besuch bei den königlichen Gletschern sozusagen. Als ÅLESUND abbrannte, schickte Kaiser Wilhelm sofort Hilfsgü-

Ålesund: Kaiser-Wilhelm-Denkmal

ter aus seiner Privatschatulle, half auch beim Wiederaufbau der Stadt. Die Bürger dieser Stadt haben ihm das nicht vergessen, über zwei Weltkriege hinweg trug und trägt die größte Straße seinen Namen, im Stadtpark steht sein Denkmal.
Wir wenden vom Nordende des Parkplatzes unsere Schritte genau nach Osten, überqueren die Fußgängerzone (Kongensgate), eine kreisförmige Treppe (neben einer roten Telefonzelle und einem Reh aus Bronze) führt hinauf zur Lihauggata und zum Stadtpark. Gleich am Anfang, rechterhand hinter einer für nordisches Klima geradezu sensationell großen Araukarie,

Ålesund: Jugendstill-Fassade

steht die Bronzestatue von Rollon (norwegisch: Gangerolv), dem angeblichen Gründer der Normandie. Er kam (ebenfalls nur vermutlich) auf der Insel Giske nördlich ÅLESUND zur Welt: Seit 911 gibt's die Normandie, seit 1911 das Denkmal, ein Geschenk der Normandie-Stadt ROUEN. Wir wenden uns nach links: Etwas versteckt, an einer roten Sandsteinsäule, prangen Wappen und Relief unseres Kaisers. Zwischen beiden Denkmälern führt die bewußte Treppe auf den Aksla, den Aussichtsberg ÅLESUNDS mit dem "Fjellstua-Restaurant". Falls Sie noch nicht oben waren - Jogging ist gesund!
Wir schlendern ein wenig durch den schön angelegten Park, verlassen ihn nach Süden, spazieren die Parkgata nach Osten, schwenken von dort nach Süden in die Buholmgata und an der nächsten Ecke, wieder nach Westen, in die Keiser Wilhelms Gate (korrekte norwegische Schreibweise!), die uns zum Zentrum zurückführt (nach Osten ist sie der Beginn der Zufahrt zum Aksla). Wir sind begeistert vom einheitlichen, gepflegten, "jugendlichen" Bild der Stadt, vom Anblick mancher Häuser kann man sich kaum losreißen: Da gibt es Türmchen und Erker, Fassaden aus rotbackigen Äpfelchen, aus verschlungenen Blumenranken, wir schlingen die Eindrücke in uns hinein. Schließlich kommen wir durch die Lorkenesgata wieder zurück zum Hafen. Am Ende dieser Straße rechts das Gebäude der "Arbeiderforeningen" ein besonders sehenswerter Bau, quer übers Wasser guckt die "Apotek" mit ihren spitzen Türmchen. Die Apotekergata und die Kirkegata dahinter rechts und links quellen geradezu über von liebevoll erhaltenen Jugendstilfassaden. Am Hafen entlang schlendern wir dann zurück zum WOMO, verlassen das jugendliche ÅLESUND auf der gleichen Straße, wie wir es betreten haben, nach Osten führt die 9 Richtung ÅNDALSNES.
Erst in SPJELKAVIK, wo die 1 mit in die 9 einmündet, endet das bebaute Gelände, wir knicken auf der 1/9 nach links ab. Der Brusdalsvatnet begleitet uns rechterhand, wir haben jedoch Mühe, einen Blick auf den Wasserspiegel zu erhaschen, denn die Straße zieht durch Wald und Fels, oft sind Passagen in die Felsen hineingesprengt.
Dürfen wir Sie zu einem kleinen Umweg verführen, der eigentlich gar keiner ist?
Dann verlassen Sie mit uns die 1/9 auf die 661 nach links Richtung VATNE/BRATTVÅG. Bereits 2 km nach der Abzweigung durchfahren wir einen schmalen Tunnel und rollen dann über zwei sehr elegante Steinbrücken, kombiniert aus Natur- und Ziegelstein, technisch perfekte und doch ästhetische Bauwerke – die "Skodje bru". Nach all den High-tech-Bauwerken aus Stahlseilen und Spannbeton zeigen sie uns, daß sich auch

zu Beginn des Jahrhunderts gute Ingenieurleistung nicht in statischen Berechnungen erschöpfte. Hinter der zweiten Brükke lädt ein Parkstreifen zum Verweilen und Schauen ein.
Über SKODJE fahren wir zur 1/9 zurück, direkt an der Einmündung, linkerhand, ein großer Parkplatz.
Wir ziehen nun bis STORDAL am linken Ufer des Storfjorden entlang. Unsere 1/9 verläßt uns allerdings am Ende von SJØHOLT nach links, wir bleiben am Wasser Richtung STORDAL/GEIRANGER – die gewaltigste Bergstraße Norwegens, der "Trollstigveien", fehlt noch in unserer "Serpentinensammlung".
Zunächst konzentrieren wir uns jedoch auf die Fjordflankenstraße bis STORDAL. Sie ist "den Umständen entsprechend" gut ausgebaut, nur für Picknickplätze war beim besten Willen kein Platz. Eile ist ohnehin angebracht, denn in STORDAL wartet ein besonderer Schatz auf den Kunstkenner – die "Rosekirke". Nun ist die Rosenmalerei, eine Art Bauernmalerei, in der die Abbildung von blühenden Rosenzweigen in allen Variationen und Abstraktionsgraden dominiert, in Norwegen nicht gerade selten, die Rosenkirche von STORDAL stellt jedoch zweifelsohne einen der Höhepunkte dar, ist ihr Inneres doch über und mit Rosen geschmückt.
Die "Rosekirke" ist nicht die erste Kirche mit dem auffälligen spitzen Turm, die wir schon vom Fjord aus sehen, sondern die zweite am Wege, die "Stordal gamle Kirke", 500 m später links der 650. Es ist ein kleiner, achteckiger Zentralbau mit zweistökkigem Türmchen, schindelgedeckt (offen: 11-16 Uhr, 4 DM). Wir kommen natürlich zur Unzeit und müssen uns mit einem Blick durch die Fenster begnügen. Falls Sie ein bißchen Zeit zum Warten mitbringen: Neben dem Kirchenparkplatz sind Tische und Bänke zum Picknick aufgestellt.
Unsere Straße schlängelt sich nun durchs Stordal, wird begleitet vom Stordalselva und dicken Hochspannungsdrähten, die die Kraft eines fernen Wasserfalles weiterleiten, aber noch viele seiner Brüder rauschen frei und ungebändigt rechts und links die Hänge hinab.
Wir passieren die Einmündung der Straße von der Fährstation STRANDA. Den Picknickplatz hier sollte man für eine herrliche Aussicht auf den Norddalsfjorden nutzen; ein zweiter Aussichtspunkt mit Tisch und Bänken wenige hundert Meter später.
Zwischen zwei Tunneldurchfahrten erspähen wir die zwei Fähren, die zwischen EIDSDAL und LINGE hin- und herpendeln. Sie verbinden zwei Teile der 63: Der südliche ist der "Ørneveien", den wir bereits vom Aussichtspunkt "Dalsnibba" bestaunt haben, der nördliche ist der "Trollstigveien", den wir

heute angehen werden.
Zunächst sind wir jedoch noch in einer der geschütztesten Fjordlagen des Landes, Kirsch-, Apfel- und Birnenbäume stehen am Wegrand, auch Johannisbeeren und Stachelbeeren werden angebaut. Wir sind nun auf der 63, hinter VALLDAL beginnt der Gebirgsaufstieg. Die Straße geht es jedoch gemütlich an, zunächst begleiten uns satte Wiesen, Kartoffelfelder, ja sogar Erdbeerplantagen; an den Straßen gibt's "Jordbær" direkt vom Busch. Hinter den Feldern jedoch zeigen glatte, steile Felshänge und die ersten Schneefelder, was auf uns

Gudbrandsjuvet

zukommt.
Kiefern und Birken lösen die Wiesen und Felder ab, ein Sturzbach poltert neben uns durchs immer schmaler werdende Tal. An einer besonders engen Stelle, der "Skjærsura", überquert die "Gudbrands bru" aus dem Jahre 1919 den Sturzbach. Hier sollten Sie auch bei begrenztem Parkangebot eine Pause machen; rechtzeitig vorgewarnt werden Sie vom Hinweisschild "Gudbrandsjuvet".
Der Sturzbach hat gar malerisch an verschiedenen Stellen den Durchbruch zwischen den Felsen erzwungen, hat Klüfte und Höhlen ausgewaschen, durch die er hindurchsprudelt, direkt neben der Brücke schäumt und brodelt er in einem riesigen, runden Topf. Übrigens: Die beste Parkmöglichkeit ist 50 m **hinter** der Brücke!
Nochmals treten die Hänge zurück, machen Platz für ein paar schmale Wiesen, dann begleitet uns wieder der tosende, blauweiß schaumiggeschlagene Milchbrei des Sturzbaches, Wasserfälle speisen ihn von links und rechts. Die Straße macht dazwischen geradezu sanfte Schleifen, erreicht ihren Scheitelpunkt bereits in 852 m Höhe. Das Angebot an Park- und Picknickmöglichkeiten unterwegs ist auffällig dürftig. Liegt es daran, daß ohnehin alle diesem höchsten Punkte zueilen?
Immerhin – auf einer kleinen Hochebene vor dem Sattel ein großer Picknickplatz, ein kleiner See und Gedenksteine an die Reisen von Olav dem Heiligen und König Håkon. Wir passieren den Paß, auch hier ein Picknickplatz, rings herum hunderte von zusammengetragenen Steinmännchen als "Platzhalter" für ein Wiedersehen, dann schlängelt sich die Straße zwischen glattgeschliffenem Fels wieder hinab.
Keine Angst! Der Platz der Plätze, **der** Aussichtspunkt schlechthin in Norwegen, der Parkplatz "Trollstigen" kommt noch – aber erst ungefähr 2,5 km später!
Sie werden ihn sicher nicht verpassen, denn hier herrscht ein Gedränge wie auf dem Oktoberfest. Ein bestens geteerter Fußweg, der Publikumsmenge durchaus angemessen, führt oberhalb eines Wasserfalls zu **dem** "Utsiktspunkt", von dem aus das Geschlängel des "Trollstigveien", der wie eine epileptische Bandnudel an die Wand geklebt ist, aus der Adlerperspektive zu begucken ist: „Möönsch, dieser Bus, der kommt doch da nie 'rum!" „Guck' mal, da traut sich einer mit dem Wohnanhänger...." „Wenn die sich begegnen, das wird spannend!"
Zungen aus aller Herren Länder diskutieren das Verkehrsgeschehen auf der schmalen Serpentinenstraße wie Kinder, die mit ihrer Modelleisenbahn hantieren. Wir prägen uns die neuralgischsten Punkte ein, schießen unsere Photos und diskutie-

ren auf dem Rückweg über ein Verbotsschild: "Das Mitführen von Fallschirmen und Drachenseglerausrüstung ist auf dem Trollstigveien verboten!" Auch hier eine Unmenge von Steinmännchen. Wollten sich die Autofahrer ein letztes Denkmal setzen, bevor sie sich in die Tiefe wagen?

Serpentinenstraße "Trollstigveien"

Es geht hinab! 10 % Gefälle! Die Straße ist frei! Kurve auf Kurve nehmen wir! Meine Beifahrerin späht zum nächsten Serpentinenstück hinab – immer noch frei! Dann, mit einem Schlag – Schluß!
Vor uns, oder besser gesagt drei Serpentinen unter uns, quält sich ein Riesenbus mit einigen WOMOs herum, hinter beiden riesige Schlangen. Wir haben Glück, schlüpfen in eine Parkbucht neben dem stäubenden Wasserfall, warten in Ruhe ab, bis sich der Gordische Knoten auch ohne Alexanders Schwert gelöst hat.
Sechs Kilometer später können wir durchschnaufen, dann hat die Straße wieder Mittelgebirgscharakter. Einen Platz, um ihre schweißnasse Stirn zu kühlen, können wir Ihnen allerdings erst 16 km nach dem oberen Trollstigveien-Parkplatz anbieten. An dieser Stelle, an der "Sogge bru", trifft unsere 63 wieder auf die 9 aus ÅLESUND, die wir ja bei SJØHOLT verlassen hatten. Vor der Brücke besetzt ein Campingplatz das idyllische Gelände. Fährt man über die Brücke und dahinter links, so findet man einen feinen Picknickplatz.
Wir biegen jedoch hinter der Brücke rechts, halten auf der 9 Richtung DOMBÅS, um ein Stück des Romsdalen kennenzulernen.
Aber was heißt schon Tal?
Hohlweg. Schlucht! Klamm!! Cañon!!!
Flankiert von den höchsten und steilsten Felswänden Europas ist das Romsdalen eine Urlauber- und Bergsteigerattraktion ersten Ranges, denn "Trollveggen", die Felswand an der Bergkette Trolltindane, die 1800 m emporragt, bietet auch einige der schwierigsten Klettertouren der Welt.
Erinnern Sie sich an das Fallschirm- und Flugdrachenverbot? Hier bekommt es Sinn! Aber warten Sie nur ....
Wir unterqueren die Bahnlinie und haben vor uns das markante Romsdalshorn, das tief in seinem Inneren ein Elektrizitätswerk verbirgt. Zwei Stationen haben wir für Sie ausgesucht, von denen aus Sie die prächtigste Aussicht auf die spitzen Zacken und senkrechten Mauern der Gebirgswand haben:
Die erste ist die Talstation des Kraftwerkes, 4,4 km nach der Brücke und die zweite der große Touristenparkplatz "Trollveggen", genau 6 km nach der Brücke und unmittelbar zu Füßen der gewaltigen Steilwand.
Während der erste Platz völlig einsam, lauschig, schön angelegt, etwas entfernt links der Straße liegt, herrscht am anderen Trubel. Dort finden Sie Souvenirläden, eine Cafeteria, Picknicktische und -bänke, Toiletten, Info-Tafeln, Schaukeln (daneben Wasserhahn) – und ein Campingverbotsschild!
Versäumen Sie nicht, links der Cafeteria die Fotomontage der

Steilwand "Trollveggen"

"Trollveggen"-Wand mit den wichtigsten Klettertouren zu beachten. Hineinmontiert wurde im gleichen Maßstab ein Foto des Eiffelturmes, ein fingergroßer Däumling, Menschenwerk! Erstmalig 1958 bestiegen, ging man seit 1980 den umgekehrten Weg, stürzte sich am Fallschirm in die Tiefe; erst nach sechs Jahren war den Verantwortlichen die Zahl der Todesfälle hoch genug, um die Todessprünge zu verbieten.
Wir wenden am Trollveggen-Parkplatz, rollen auf der 9 nach ÅNDALSNES – der "Alpenstadt am Fjord".
Sie liegt an der Mündung der Rauma, am Ende des Romsdalsfjorden und ist auch noch Endstation der Raumabahn, der wir

während unseres Abstechers ins Romsdalen bereits begegnet sind. Glauben Sie nach dieser Vorbemerkung, daß ÅNDALSNES kein ruhiger Erholungsort sein kann? Wir fahren ins Zentrum – parken links bei der Post – das Geld ist schon wieder alle! Ein Stadtbummel mit Einkauf, ein Blick auf das Hafengelände, dann flüchten wir zurück zum Kreisverkehr, schlagen einen Dreiviertelkreis nach links, verschwinden auf der 64 in einem Tunnel Richtung MOLDE.

Wir ziehen eine weite Schleife um den Isfjorden, den östlichsten Finger des Romsdalsfjorden herum, blicken noch einmal übers Wasser zu den schneebedeckten, scharfkantigen, bizarren Gipfeln. Genau gegenüber von ÅNDALSNES gibt es am Isfjorden zwar keinen eingerichteten Picknickplatz, aber eine ganze Reihe von Parkbuchten. Von hier aus ist das Panorama besonders eindrucksvoll: Das Romsdalshorn, ja der ganze Trolltindane-Gebirgsstock beherrscht die "Alpenstadt am Fjord", die geduckt zu seinen Füßen liegt.

Unsere Straße macht einige Schlenker durchs Landesinnere, zieht an zwei Seen vorbei – und hat schon wieder einen neuen Fjord als Begleiter, den Rödvenfjorden. Zwei Picknickplätze liegen an seinem Ufer; von ihnen aus können Sie feststellen, wie schnell sich in Norwegen die Szene von Hochgebirgszakken zu Mittelgebirgshügeln wandelt.

Die Fähre von ÅFARNES nach SØLSNES scheint nur auf uns zu warten: Wir rollen aufs Deck, sie tuckert los!

MOLDE, die Stadt der Rosen und des Jazz, liegt auf einer Halbinsel. Aber "halb" heißt in Norwegen nur, daß man ohne Fähre **auch** hinkommt. Ich habe ab ÅFARNES mal den Umweg ausgerechnet, er beträgt genau 105 km, auf schmalen Berg- und Nebenstraßen. Da fahren wir doch gerne über den Langfjorden und den Fannefjorden!?

Was aber macht unsere 64 am Fannefjorden? Sie endet nicht, wie erwartet, bei einer Fährstation, sondern schwingt sich kühn, auf einer neuen Spannbetonbrücke, zum nahen Inselchen Bolsøya hinüber. Vor der Brücke können Sie sich über einen Picknickplatz (mit Toilette sowie warmem und kaltem Wasser) freuen und hinter ihr über eine "Bomstasjon" ärgern; immerhin werden mit Ihrem Beitag die Brückenkosten – und nur die bezahlt, anschließend wird die Brückenbenutzung kostenlos sein!

Wie aber sollen wir nun nach MOLDE hinüberkommen? Eine gigantische Brücke müßte das sein, der Meeresarm ist hier fast 2 km breit!

Bevor wir uns versehen, geht's in den Untergrund! Der "Fannefjord-Tunnelen", ein brandneuer Unterwassertunnel mit genau 2743 m Länge, schluckt uns. Steil sinkt die Straße ab, die Luft

wird feucht, von den Wänden tropft das Wasser – ob Neptun uns wieder freiläßt? Eine ebene Passage, dann beginnt der Aufstieg, wir atmen auf – Tunnel durchs Gebirge erscheinen uns sicherer!
Kaum wieder an der Erdoberfläche mündet unsere 64 in die 1, die uns nach links auf MOLDE zuführt. 1800 m nach der Einmündung liegt linkerhand ein großer Jachthafen, an jedem zweiten Bootssteg mit einem Wasserhahn versehen!
MOLDE ist von der Natur reich beschenkt, aber Katastrophen blieben auch nicht aus: 1916 zerstörte ein Brand über 100 Häuser – und 1940 kamen die Deutschen! Sie wollten den norwegischen König, der sich mit seiner Familie nach MOLDE geflüchtet hatte, zur Kapitulation zwingen. Die Luftwaffe zerstörte den gesamten Stadtkern, der König mußte zuschauen – und gab danach erst recht nicht klein bei!
MOLDE wurde neu und wie man sagt, schöner aufgebaut. Wir werden auch hier eine ganz besonders gute Gelegenheit

Molde: Stabbur bei der Königsbirke

haben, dies zu begucken. Aber der Reihe nach!
100 m vor dem spitzen Kupferdach der neuen Domkirche entdecken wir zum ersten Mal die Wegweiser nach rechts zum Aussichtsberg "Varden", eine Info-Tafel neben der Kirche weist uns den Weg zu den anderen Sehenswürdigkeiten.
Wir fahren an der Domkirche vorbei. Folgt man weiter der Hauptstraße 662 und verläßt MOLDE am Fjordufer entlang nach Westen, so findet man einen Badeplatz mit reichlichem Parkplatzangebot, Sandstrand, Telefon, Toiletten, Wasserhahn, Kaltwasserdusche und einem Bolzplatz. Der Badeplatz ist mit dem Schwimmersymbol ausgewiesen und liegt noch 2600 m westlich der auffälligen Hydro-Tankstelle.
Fährt man jedoch von der Domkirche genau nach Westen, zunächst den Parkvegen entlang (Hauptstraße knickt ab!), dann den Glommstuavegen weiter, immer nach Westen, so kommt man zur Königsbirke (Wegweiser: "Sjukeheim", hinter dem Krankenhaus "Kongebjørka"). An diesem Platz stand der norwegische König Olav V. während des deutschen Bombenangriffs, 1955 wurde hier eine Erinnerungstafel eingeweiht.
Fährt man den Glommstuavegen weiter nach Westen bis zu seinem Ende, so kommt man nach links hinab ebenfalls zum Fjord. Hier trifft man auf die 663, nach rechts sind es noch 1300 m zu dem genannten Badeplatz.
Nun kommt "Varden" an die Reihe! Von der Domkirche aus folgen wir den Wegweisern den Hang hinauf, unterhalb von zwei Skischanzen vorbei, immer weiter und weiter empor. 2 km Teerstraße, 2,6 km gute, breite Erdbahn, dann stehen wir auf dem Aussichtsplateau – phantastisch. Man blickt über das langgestreckte MOLDE, über den Fjord mit seinen vielen kleinen Inseln, und am Horizont leuchten sage und schreibe 87 schneebedeckte Gipfel – die "Romsdalsalpen" oberhalb ÅNDALSNES! Das Parkangebot hier oben ist riesig und eine ruhige Übernachtung wohl garantiert. Von 12-22 Uhr kann man auch vom Restaurantfenster die Aussicht genießen: Die "Varde-Stua" macht von außen den Eindruck einer gewöhnlichen, dunkelgebeizten Holzhütte mit dem üblichen Grasdach, unterlegt von nässeableitender Birkenrinde. Von Innen jedoch bekommen wir einen Schnellehrgang in nordischer Wohnkultur – so würden wir auch gerne hausen: Wuchtige Baumstämme tragen das Dach, die Wände sind ebenfalls aus massiven Holzstämmen errichtet. Ein einziger Raum, von der Küche mal abgesehen, große Fenster nur nach Süden, zum Panorama hin, sehr chic!
Nicht nur zum Schauen hat MOLDE den Varden. Jogger kommen in die "Stua", zünftig gekleidete Wanderer. Entscheiden Sie selbst, wie Ihr "Varden-Programm" aussehen soll!

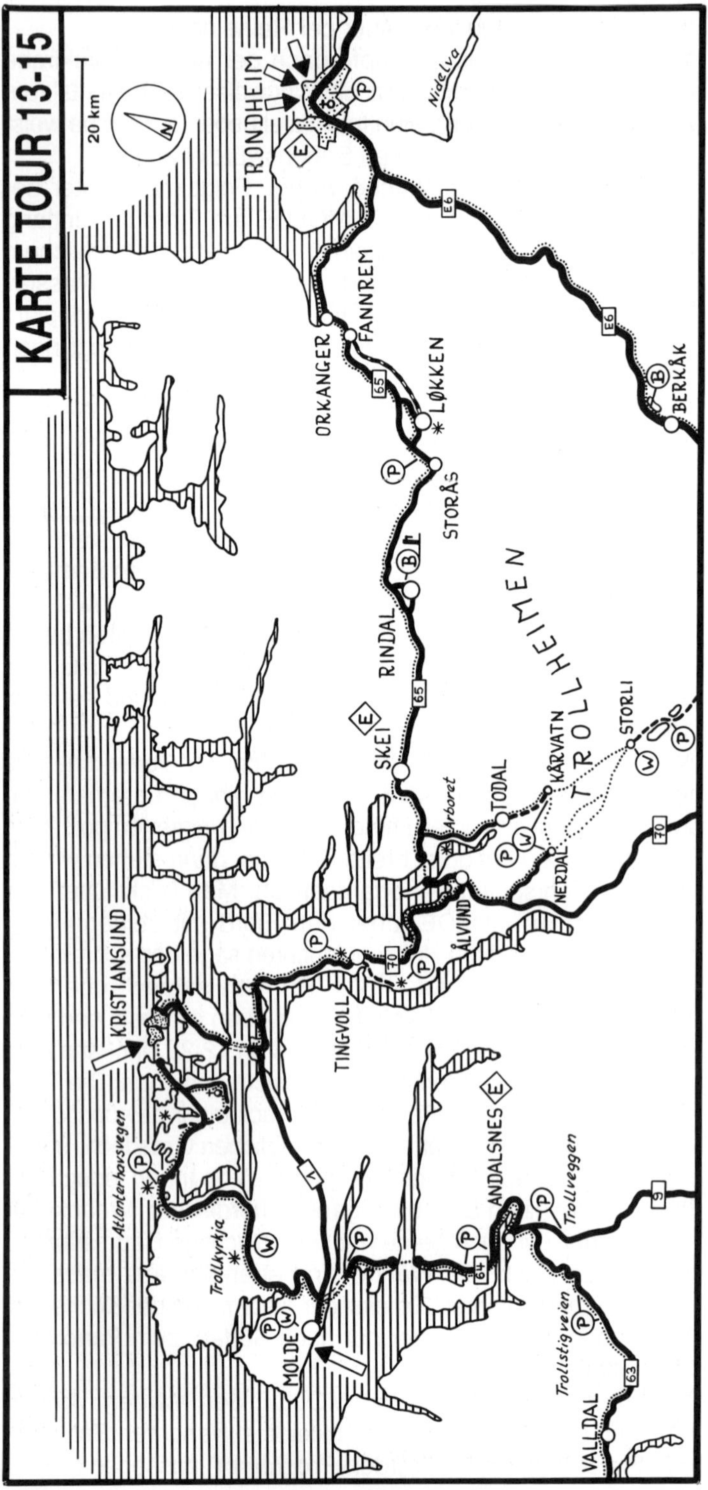
KARTE TOUR 13-15
20 km
N
TRONDHEIM
Nidelva
E6
ORKANGER
FANNREM
65
LØKKEN
BERKÅK
STORÅS
RINDAL
SKEI
TROLLHEIMEN
KÅRVATN
STORLI
TODAL
Arboret
NERDAL
70
ÅLVUND
TINGVOLL
KRISTIANSUND
Atlanterhavsvegen
Trollkyrkja
MOLDE
ANDALSNES
Trollveggen
64
9
Trollstigveien
63
VALLDAL

TOUR 14 (130 km / 2-3 Tage)

Molde – Trollkyrkja – Eide – Atlanterhavsvegen – Kristiansund – Tingvoll

Wir verlassen MOLDE nach Osten, so wie wir hergekommen waren, fahren am Jachthafen mit den vielen Wasserhähnen vorbei und auch an der Abzweigung zum Unterwassertunnel; wir biegen erst 1 km später nach links auf die 64 Richtung EIDE. Kurz darauf ist wieder ein "Bomveg" angezeigt, ein neuer Tunnel muß abbezahlt werden. 10 nKr wären es zwar nur, aber wir haben Zeit und leisten uns den Umweg über die alte 64, fahren durchs Skigebiet Moldes, den "Skaret Friluftspark". Hier gibt es eine ganze Reihe von Sportmöglichkeiten, vom Skispringen, Langlauf über Wasserskilauf bis zu den "üblichen" Sommersportarten. Für den durchreisenden Touristen dürften in erster Linie die vielen leeren Parkplätze in idyllischer Wanderlandschaft von Interesse sein.
"Trollstigveien" und "Trollveggen", Gebiete, in denen man mit nordischen, heidnischen Unholden rechnen mußte, haben wir weit hinter uns gelassen und "Trollheimen", die Heimat der Riesendämone, steht erst später auf unserem Programm. Was aber soll die Bezeichnung "Trollkyrkja" auf unserer Autokarte bedeuten? Sollte es wirklich zur Bekehrung einiger der gottlosen Riesen gekommen sein?
Etwa 3 km nach der Abzweigung ELNESVÅGEN rollen wir links unserer 64 auf einen Parkplatz (Wegweiser: "Trollkyrka"). Etwa 3 km Fußmarsch, für einen Riesen sicher eine Kleinigkeit, stehen uns bevor. Aber wie heißt es so schön auf der Info-Tafel: „Experience outside the usual – take a hike to the Trollchurch!" Wir empfehlen Ihnen folgende Ausrüstung: Gummistiefel, Anorak oder Windjacke, alle vorrätigen Taschenlampen (wer hat schon Fackeln in der Ausrüstungskiste!?), Fotoapparat mit Blitzlicht und – langen Atem.
Allradspezialisten und VW-Bus-Schinder werden natürlich versuchen, den ersten Teil des Weges auf Rädern zurückzulegen – mal sehen, wo wir deren Schrott dann finden werden! Nach kurzer Feldwegstrecke mit zwei Furteinlagen, in denen sich die Gummistiefel erstmals bewähren, zieht der matschig-holpersteinige Pfad nun steil durch Jungfichtenwald nach oben. Die Fichten lassen sich von Birken ablösen, nur wir müssen selbst weiterschnaufen ....
Dann sind auch die letzten Birken unter uns zurückgeblieben; wir klettern über kahlen Fels, an dem die Wasserfäden eines Bächleins herunterrinnen, schmatzend ziehen wir die Stiefel aus Moor- und Sumpfpassagen.

Längst ist uns der Spaß vergangen, nur die Neugierde treibt uns noch voran. Endlich, nach einer Stunde und zehn Minuten, haben wir ein großes Loch in der Felswand erreicht, etwa so groß wie die Rückfront unseres WOMOs. Noch etwas mißmutig knipsen wir unsere Taschenlampen an, stolpern in den weiten Gang hinein, ein Bächlein begleitet uns gluckernd unter dem Geröll des Höhlenbodens.

Trollkyrkja

Zugegeben, die Wände bestehen wirklich aus Marmor, blendend weiß sogar. Wir stapfen weiter, schlagen uns den Kopf an, rechts 'rum geht's, der Höhlengang erweitert sich – und ehe wir uns versehen, sind wir Paten in einer "Trolltaufe": Ein Wasserfall schießt von oben in die Naturkirche hinein, krachend prallen die Fluten vom Höhlenboden zurück, wir stehen starr.
Doch dann fühle ich förmlich, wie sich mir die Nackenhaare sträuben: In halber Höhe der Marmorwand erscheint ein Strahlen, ein göttliches Licht!?
Nein, es ist nur ein menschlicher Höhlenbesucher mit einer rotgelb rußenden Fackel, der nun durch das Loch in der Wand zu uns hinabgrinst.
Wir verrenken unseren Hals, spähen weiter nach oben, sehen eine Edelstahlleiter in der Marmorröhre lehnen, unerreichbar. Aber es gibt nicht nur einen Höhleneingang! Der Berg, Ende der letzten Eiszeit von Schmelzwässern ausgewaschen, ist durchlöchert wie ein Käse, nur ein kleiner Teil des Labyrinths ist bisher erforscht.
Vom Höhleneingang steigen wir weiter empor, erklimmen die Stelle, an der der Wasserfall in die "Kirche" hinabrauscht. Hier

Trollkyrkja

ragt die nächste Säulenhalle nach oben, ein Sturzbach braust in einer Falte der Wand, erscheint zu unseren Füßen. Weiter steigen wir, seitlich der Höhle, hinauf, sind schließlich ganz oben, sozusagen auf dem Glockenturm. Von hier aus reicht der Blick nicht nur hinab in die Grotte, sondern auch weit übers Land, bis zu unserem winzigen WOMO an der Straße und weiter, über Hügel und Seen bis zu den Schneebergen im Landesinneren. Ein 5-Minuten-Weg zu einem kleinen See wird angepriesen; wir verzichten, verschnaufen, schauen – und kehren dann, sehr zufrieden mit unserem Ausflug, zum WOMO zurück (Rückmarsch 1 Std.).

„Kinder! Falls Eure Eltern nicht wollen – schleift sie hinauf! Die "Trollkyrka" ist ein Erlebnis, viel schöner als eine langweilige "richtige" Kirche, in der man immer still sein muß! Und vergeßt nicht: Gummistiefel, Taschenlampen oder noch besser Fakkeln braucht man unbedingt! Unterwegs wachsen viele, dicke Heidelbeeren. Am besten, man nimmt sich ein Gefäß mit, damit man im WOMO in Ruhe mampfen kann!"
Der nächste Ort an unserer Strecke ist EIDE. Links der Straße liegt das Zentrum – und rechts bereits der Kornstadfjorden; das Meer wird uns nun wieder eine ganze Weile begleiten ....
Blendend weiße Straßen führen nach links ins Gebirge. Sie sind keineswegs betoniert, sondern dick mit Kalkstaub eingepudert. Wenn ein LKW von einem der Marmorsteinbrüche in den Bergen herabpoltert, sieht man bereits aus großer Entfernung seine "weiße Fahne". Wir ziehen am Fjord nach Norden, wittern schon die Tangluft des offenen Meeres, freuen uns auf den berühmten "Atlanterhavsvegen", die Atlantikküstenstraße.
Noch ein paar Kilometer Erdpiste, durchaus mit einer ganzen Reihe von Schlaglöchern – ziemlich ungewohnt für Norwegen, dann geht das Inselspringen los: Erstes Brückchen, dahinter gleich ein Picknickplatz und wenige Meter später die "Bomstasjon" (ja was haben Sie denn gedacht?). 12 DM kostet das WOMO mit Fahrer, 5 DM die Beifahrerin, dann schwingen wir uns über eine kühne Spannbetonbrücke, auf der die Angler dicht an dicht stehen. Der folgende Picknickplatz, links der Straße, ist der beste weit und breit: Geschmackvoll angelegt,

Atlantikküstenstraße "Atlanterhavsveien"

alle Einrichtungen und sogar ein Kinderspielplatz! Lassen Sie Ihre Kleinen toben und ersteigen Sie den Hügel, um das Panorama zu erkunden: Wie eine Wasserschlange liegt das Straßenband auf Inseln, Inselchen, Schären und aufgeschütteten Dämmen, biegt sich über Meerengen, verbindet alles zu einer einmaligen Perlenschnur. Bei schönem Wetter hätte man sicher einen völlig falschen Eindruck von dem kühnen Bauwerk. Wenn jedoch der Wind peitscht, die Wogen von beiden Seiten aufstachelt, das Menschenwerk zu bestürmen, dann versteht man, warum die Menschen an dieser gefährlichen Küste nicht einfach sagen: „Es wird heute stürmen!" sondern: „ER wird es heute stürmen lassen!"

Noch eine ganze Reihe von Parkplätzen hat man am Wegrand angelegt, alle wären u. E. "übernachtungsgeeignet", dann führt eine letzte Brücke hinüber zur großen Insel Averøy, die dadurch eigentlich eine Halbinsel ist.

„Jetzt düsen wir schnell hinüber zur Fährstation BREMSNES, dann können wir uns heute noch KRISTIANSUND anschauen!" Mit dieser Überlegung durchquerten wir Averøy, wollten lediglich im Steinmuseum bei der Statoil-Tankstelle vor BREMSNES noch ein paar geschliffene Thulit-Steine als Andenken erstehen ....

Können wir etwas dafür, daß die Verkäuferin ihre Inselheimat in den schönsten Farben schilderte – und natürlich mehr wußte, als auf den Prospekten steht? Wir haben für Sie unsere Erlebnisse so "zurechtgerückt", als hätten wir alles bereits vorher gewußt:

Vom "Atlanterhavsvegen" kommend erblicken wir das Meer erst wieder in BÅDALEN, bei der Shell-Tankstelle; ein Schottersträßchen quert, links geht's nach FLATSET, rechts nach DYRSET. Wir biegen links ab und empfehlen Ihnen, die Kilometrierung der Straße zu beachten. Nach genau 3,7 km kommt man an eine Weggabelung. Hier fährt man rechts, steil den Hügel hinab, an einzelnen Häusern vorbei. Nach 400 m sichtet man rechts und links das Meer, steuert den kleinen Parkplatz links am Ufer an. Kurz vorher kam man an einem roten Stallgebäude vorbei. Hinter diesem führt ein Schotterweg (100 m), der zu einem Pfad verkümmert (100 m), rechts zum Wasser und der dahinter (10 m) im Fichtenwald aufragenden, schwarzen Felswand – wir haben unser erstes Ziel erreicht, eine ganz seltene Felsritzung, die im Gegensatz zu den vielen bereits beguckten Schiffen richtige Wale darstellt!

An dieser Stelle sei nochmals Dank dem kleinen Vegard Ellingvåg gesagt, der uns zu den Walen geführt hat – und seiner Mutter, die ihn uns vertrauensvoll "ausgeliehen" hat!

Die Felsritzung ist kaum bekannt und auch nicht für Touristen

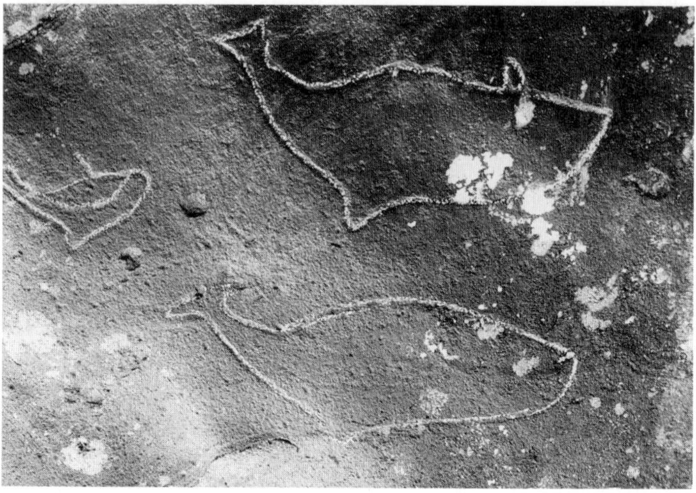

Felsritzungen bei Søbstad

farbig nachgezogen. Wir holen dies mit (vergänglichen) Kreidemarkierungen nach, um auf unseren Fotos einen besseren Kontrast zu erzielen. Dann kehren wir zum WOMO zurück, stellen fest, daß der kleine Parkplatz eine lauschige Nacht mit uns verdient hätte, bringen unseren Führer zu seiner Mutter zurück und rollen wieder zur Teerstraße.

Auch die Richtung DYRSET, nach rechts, lohnt sich! Eigentlich sollte das Schottersträßchen nur eine Abkürzung zur Stabkirche von KVERNES, an der Südostecke der Insel sein....

Es führt jedoch (übrigens verflixt steil) durch das "Roksetskaret", eine kleine Schlucht, hinauf zu einer malerisch gelegenen "Paßhöhe" mit Picknickplatz in absoluter Waldeinsamkeit, so richtig etwas für "Naturburschen". Der Abstieg ist noch steiler – aber Sie müssen ihn ja nur hinunter! Dann führt uns die Küstenstraße stangengerade nach KVERNES. Wir gucken uns fast die Augen aus bei der Suche nach der kleinen Stabkirche und finden das rote Kirchlein schließlich, versteckt, direkt hinter der großen weißen Hauptkirche des Ortes. Die Stabkirche wird erstmals 1430 erwähnt, ist ganz und gar mit Weingirlanden ausgemalt und trägt, völlig untypisch, statt Turm nur einen kleinen Dachreiter. Als Stütze für ihn steht mitten im Kirchenschiff eine hölzerne Säule wie der Mast eines Schiffes. Höhepunkt der Inneneinrichtung ist die Altartafel, eine herrliche Arbeit aus dem Lübeck des 15. Jahrhunderts (offen: 12-17 Uhr).

Vom großen, ruhigen Parkplatz vor der neuen (der weißen) Kirche hat man einen herrlichen Blick über den Kvernesfjorden bis hinüber zu der gewaltigen Hängebrücke, die von der Insel Bergsøya zum Festland führt – wir werden sie noch aus der

Nähe bestaunen!
Wir halten nun, weiter an der Küste entlang, auf die Fährstation BREMSNES zu, passieren das "Bygde-Museum" von KVERNES, stoßen kurz darauf auf die 64, nach rechts geht's weiter. 3 km später, bei der Abzweigung nach EKKILSØY, steht ein Hinweisschild "Fornminner", parken könnte man auf dem Gelände des "Landhandels". Einen zweiten, noch bequemeren Zugang zum "Steinzeitweg" um den "Bremneshatten" und zu seinem nur 130 m hohen Aussichtsgipfel finden Sie 1200 m weiter. Dort parkt man hinter der Statoil-Tankstelle auf dem Schotterplatz, holt sich (reichliches) Info-Material im Steinmuseum (erster Stock der Tankstelle) mit Touristeninformation und marschiert los!
Über die Hauptstraße, einen Schotterweg hoch, an der Schule vorbei, ein Sträßchen halblinks überqueren, auf einem Pfad durch Heidelandschaft Richtung Bergkuppe, bis zum Fuße der steilen Felsen (7 min.). Dort stoßen wir auf den mit blauen Punkten markierten Archäologielehrpfad, biegen links ein. Knapp 10 Minuten später haben wir die "Steinzeithöhle" erreicht, unbeachtet liegen vor ihr Unmengen von rohem Thulitgestein herum, wir packen uns die Taschen mit schönen Stücken voll. Die "Bremsneshula" ist etwa 100 m lang und hat etwa die Form eines sehr spitzen, fast 30 m hohen Dachzeltes; ein Steinwall, vielleicht von Menschenhand aufgeschichtet, schützt den Innenraum. Dort fand man eine Pfeilspitze aus Jaspis, die man in die jüngere Steinzeit datiert (vor 4000 Jahren). Am Ende der Höhle rechts führt eine (neuzeitliche) Leiter hinauf zu einer podestartigen Vertiefung, dort schlief sicher der Häuptling mit seiner Lieblingsfrau.
Falls Sie wissen möchten, wie weit der Weitblick in der Steinzeit reichte – noch 15 Minuten dauert der Aufstieg zum "Bremsneshatten", immer den blauen Punkten nach. Dort oben reicht die Sicht vom "Atlanterhavsvegen" im Südwesten bis nach KRISTIANSUND im Nordosten. Folgt man der blauen Markierung weiter (Richtung KRISTIANSUND), so wird man, brav im Kreis, wieder zur Steilwand zurückgeführt, der Rest sind 5 Minuten zur Straße und zum WOMO.
Nun hat uns Averøy genug beschäftigt, beschließen wir auf dem Weg zur Fährstation BREMSNES und lassen uns zufrieden hinüberschippern nach KRISTIANSUND, der Stadt auf den drei Inseln Kirkelandet, Nordlandet und Innlandet. Auch KRISTIANSUND wurde 1940 bombardiert, brannte fast vollständig nieder. Wir können also keine altnorwegische Stadt mit Holzhäusern erwarten, rollen gespannt von der Fähre. Wir wenden uns sofort nach links, der 1 folgend, rollen am Ufer entlang und erreichen 200 m später einen kleinen Parkplatz

unmittelbar vor dem neuen Rathaus. Dahinter fährt man rechts, leicht bergan, dann wieder rechts, der 1 nach Norden folgend. Wir sind nun auf dem Langveien und können bereits nach weiteren 100 m, an der ersten Ampel, links zu einem Parkplatz im Grüngelände abbiegen (Gebühr von 8-17 Uhr). Hier stehen wir unmittelbar neben der Fußgängerzone, der Skolegata. Sie führt wieder zurück zum Hafen.
Fährt man den Langveien weiter entlang bis zum Ende der Grünanlage, also noch ein Stück hinter der modernen Kirche, so wird man links zum "Varden" geschickt. Dieser hübsche

Kristiansund: Aussichtsturm "Varden"

Aussichtsturm mitten im Stadtpark hat eine lange Tradition. Bereits während der Napoleonkriege beobachtete man von hier aus den Schiffsverkehr, aber erst 1983 wurde der heutige Turm, im Stil des alten, wieder eingeweiht (offen 11-15 Uhr, Eintritt frei). Fußfaulen muß ich leider mitteilen: Durch den Park führen nur Fußwege zum Turm, man muß das WOMO vor dem Park abstellen (Vuggaveien, Hagbart Brinchmanns Vei oder Omveien) und einige Minuten "per pedes" gehen. Die Aussicht vom höchsten Punkt der Insel Kirkelandet (78 m) lohnt sich aber! Blickt man nach Süden, fast zu Füßen des Turmes, so entdeckt man "Vanndamman", einen künstlichen See, das Trinkwasserreservoir der Stadt. Stadtingenieur Brinchmann leitete 1912 den Bau einer Wasserleitung von BOLGA (auf der Insel Frei) bis hierher und den Bau des Reservoirs, der die Trinkwasserversorgung der Stadt sichert.
Fährt man den Langveien in die entgegengesetzte Richtung (nach Süden), so wird man durch die Verkehrsschilder problemlos zur Insel Innlandet geschickt, über eine schlanke Spannbetonbrücke mit vielen dünnen Spinnenbeinen rollen wir hinüber. Biegt man gleich nach der Brücke links, so kommt man zu Lagerhallen und Bootwerften am Sørsundet, dazwischen stehen die einzigen alten Holzhäuser der Stadt, die die Bombardierung überlebt haben.
Fährt man nach der Brücke bei der ersten Gelegenheit rechts und dann, wenn man ans Wasser stößt, wieder links, so kommt man zum Badeplatz "Skjerva". Hier findet man viel Grün zwischen glattgeschliffenen Felsen, die auch ins Wasser hineinreichen, WC, Wasserhahn und Waschbecken an der Außenseite des Sanitärgebäudes (gut anfahrbar) und, last not least, einen ebenen, ruhig gelegenen Parkplatz – wir merken ihn uns für die Nacht vor! Auffällig ist die steife Brise, die uns um die Ohren pfeift. Surfbrettständer neben der Liegewiese deuten daraufhin, daß dies auch schon andere gemerkt haben – und für ihren Sport zu nutzen wissen. Benachbart sind auch ein Fußballfeld und ein Volleyballplatz.

KRISTIANSUND hat eine ganze Reihe hochinteressanter Museen, nur zwei von ihnen möchten wir Ihnen ans Herz legen: "Mellemverfet" ist eine alte Schiffswert, ein Teil von ihr ist Museum (das einzige Werftmuseum Norwegens), der andere Teil arbeitet noch und kann ebenfalls besichtigt werden (keine geregelten Öffnungszeiten, im Sommer ist tagsüber immer jemand da). Die Werft liegt nördlich unserer Fähranlegestelle, direkt an der Vågen-Bucht.
Der andere Tip betrifft das umfangreiche "Nordmøre-Museum", und zwar die Abteilung "Milnbrygga" (offen: 11-16 Uhr).

Dort wurde am 29.6.1992 das norwegische Klippfischmuseum eröffnet; ein 300 Jahre alter, wichtiger Wirtschaftszweig hat jetzt sein eigenes Museum und zeigt die alte Tradition der Konservierung (ursprünglich wurden die Fische, vor allem Kabeljau, entgrätetet und auf den glatten Klippen getrocknet). Das Klippfischmuseum liegt genau östlich unseres Fähranlegers, auf der anderen Seite der Vågen-Bucht, auf der Halbinsel Gomalandet.
Wir besuchen es erst am nächsten Vormittag, als wir KRISTIANSUND verlassen. Wieder sind wir auf dem Langveien nach Norden, auf der 1. Sie schlägt einen weiten Bogen über Ost nach Südost. Bevor Sie über die Brücke von Gomalandet nach Nordlandet fahren, müssen Sie nach rechts in den Freiveien abbiegen (an der Vågen-Bucht dann nochmals links). Falls Sie (wie wir) die Abzweigung verpassen, können Sie immer noch vor der Nordsundbrücke abbiegen und durch die Strandgata zum Klippfischmuseum kommen.
Eigentlich führen ja zwei Brücken über den Nordsundet, denn neben der modernen Betonbrücke hat man die alte Eisengitterbrücke einfach stehengelassen. Von dem Picknickplatz direkt hinter der Brücke können Sie sich diese ungleichen Zwillinge bequem begucken. Wir überqueren nun die dritte der KRISTIANSUND-Inseln, Nordlandet. Wieder ein Beton-Stahlgitter-Zwilling, dann haben wir – nein, noch nicht das Festland – sondern die große Insel Frei errecht. Ohne groß zu grübeln rollen wir bis zur Fährstation KVALVÅG – und stehen vor verschlossenen Türen bzw. Schranken. Hätten wir ein bißchen besser aufgepaßt, wäre uns das nicht passiert – denn die Hauptstraße 1 (Richtung SUNNDALSØRA) führt geradewegs zum brandneuen Unterwassertunnel, dem 5100 m langen "Freifjordtunnelen" (Bomveg).
Mit 9 % Gefälle tauchen wir hinab – Neptun steh' uns bei – und zornig brummend schleppt uns der Diesel auf der anderen Seite wieder empor zur Insel Bergsøya.
Kaum haben wir ins Tageslicht gewöhnt, erkennen wir vor uns gewaltige Türme, die die Spannseile einer Superbrücke, der 1257 m langen "Gjemnessund brua" bündeln. Die 1 führt auf ihr nach Südwesten zum Festland Richtung MOLDE. Wir biegen vor der Brücke auf die 70 Richtung SUNNDALSØRA. Bergsøya hatte vor dem Tunnel- und Brückenbau nur eine schmale Ringstraße. Wir genießen folglich als "Zugabe" zur Brücken- bzw. Tunnelmaut eine völlig neue, breite Straße entlang der Südküste von Bergsøya, erreichen schließlich die "Bergsøysund brua".
Nun haben wir in Norwegen schon viele moderne Brücken befahren, so etwas haben wir aber noch nicht gesehen: 930

Meter schlittert eine ganz flache Metallkonstruktion übers Wasser! Gibt es hier denn keine Gezeiten? Und diese Elefantensockel! Keine Spur von Eleganz! Der direkt dahinter gelegene Picknickplatz mit Tischen und Bänken, Toiletten und ruhigen Plätzen im weitläufigen Areal gibt uns Gelegenheit, das "seltsame Stück" näher unter die Lupe zu nehmen. Schließlich fällt der Groschen – eine hochmoderne Pontonbrücke (die erste der Welt dieser Art), und die "Elefantenfüße" sind die Schwimmer, die die Brücke jeder Wasserhöhe anpassen!
Auch der weitere Straßenverlauf ist völlig neu angelegt, Felsen, die den Weg versperrten, wurden weggesprengt, die 412 m lange "Straumsund brua" stellt die Verbindung zur alten Straßentrasse her, die vom ehemaligen Fährhafen KVISVIK, von Norden, vorbeiführt. Die "alte" 70 zieht gemütliche Schleifen oberhalb des Bergsøyfjorden, man sitzt im WOMO, als wäre man im Rang eines Naturtheaters. Genügend Rastplätze, wenn auch meist ohne Einrichtung, laden zum Verschnaufen ein, wenn man mal ein paar Minuten keine Tunnelröhre durchpfeifen möchte. An manchen Tunnels führen die alten Straßenbögen noch vorbei – Sie kennen diesen Übernachtungstrick ja schon!
Kurz vor TINGVOLL, rechts der Straße, ein schöner Picknickplatz mit von der Straße abgeschirmten Übernachtungsgelegenheiten.
Noch ruhiger und einsamer kann man nur am Heimatmuseum von TINGVOLL stehen. Wir folgen dem Wegweiser "Bygdetun" 1800 m links den Hang hinauf bis zur Höhe Tingvollia. Sieben bis zu 200 Jahre alte Gebäude eines umfangreichen Hofes stehen in der frischgrünen Gebirgslandschaft, jedes ist liebevoll eingerichtet, viel schöner, als wir es von OSLO in Erinnerung haben (offen: 11-16 Uhr, 5 DM).
Das schönste jedoch ist der geruhsame Blick über Tal und Fjord, ein Kunstmaler würde hier seine Staffelei aufstellen! Ich rangiere das WOMO so, daß wir perfekten "Rundsitzgruppen-Blick" haben und bis die Dämmerung übers Land zieht, genießen wir.

TOUR 15 (170 km / 3-4 Tage)

Tingvoll – Innerdalen – Todalen – Rindal

(Karte s. Tour 14)

Die steinerne Kirche von TINGVOLL muß man vor der Weiterfahrt besichtigt haben! Reine Romanik aus der letzten Hälfte des 12. Jahrhunderts, keine Stabkirche natürlich, aber mit einem "Stabkirchendachstuhl" – man kannte es nicht anders! Die dicken Mauern bieten Raum für Geheimgänge; wir entdekken einen der Schleichgänge neben der zweitletzten Sitzbank links, er führt hinauf zur Empore, taucht hinter der Orgel wieder

Tingvoll: Romanische Kirche

auf. Der "Fachausdruck" für eine solche Bauweise – Kistenmauer mit äußerer und innerer Schale – wird Ihre Kinder weniger interessieren ....
Das Innere des Gotteshauses ist reich ausgestattet, vor allem aus der katholischen Zeit. Die Wangen der vorderen Bankreihen sind reich geschnitzt, sie stellen die Evangelisten dar. Von der Decke herab hängt ein großes, detailgetreues Schiffsmodell aus dem 18. Jahrhundert mit 56 Kanonen. In einer Nische unterhalb der Kanzel wird eine deutsche Lutherbibel (gedruckt 1562 in Frankfurt) ausgestellt: "Die Propheten allteutsch von Martin Luther".
Das älteste Stück der Kirche zweifellos hinter, bzw. oberhalb des Altars ein Runenstein vom Erbauer der Kirche:

„Im Namen Gottes bitte ich Euch, gelehrte Männer,
Schutzherren dieses Ortes und alle diejenigen, die mein Gebet deuten:
Gedenkt in heiligen Gebeten meiner Seele.
Ich hieß Gunnar und errichtete dieses Haus.
Valete."

Die Kirche liegt außerhalb, westlich des Ortes, auf einem Landsporn im Fjord und hat einen größen, ruhigen Parkplatz. Auf dem Parkplatz des Supermarktes (an der Durchgangsstraße) steht eine blonde Fischersfrau. "Ferske Reker" (Gambas, Garnelen) steht auf ihrem Lieferwagen und wir erstehen "ein Maß" (350 g) für knapp 10 DM, sehen sie schon, gut gewürzt, in der Pfanne schmoren, wie wir es mal im Norden Spaniens gelernt haben.
200 m weiter, auf der linken Straßenseite ein kleines, rotes Häuschen mit einer großen, grünen Fahne – die Touristeninformation.
„Eigentlich habt ihr ja schon fast alles selbst entdeckt!" meint der blonde Gunnar, als wir ihm vom Heimatmuseum, der Kirche

und der blonden Fischersfrau erzählen. „Aber unsere Felsenzeichnungen kennt ihr nicht!?"
„Felsritzungen!?" verbessere ich fachmännisch – und blamiere mich gottserbärmlich! „Nein, hier in Honnhammar findet ihr ganz seltene Fels**malereien** aus der Steinzeit, vermutlich über 4000 Jahre alt!"
Wir lassen uns den Weg beschreiben: Bereits 1600 m nach der Touristeninformation verlassen wir die 70 nach rechts Richtung ORMSET/HONNHAMMAR. Nach 700 m passieren wir den Campingplatz von TINGVOLL; insgesamt zieht sich das gute Schottersträßchen genau 6900 m bis zur ersten Hinweistafel mit der Überschrift "Bergmalinger". Man kann gut parken, ein 5-Minuten-Pfad führt rechts hinab durch einen lichten Kiefernwald mit prächtig fruchtenden Heidelbeerbüschen. Das letzte Wegstück, seilgesichert, führt am Steilhang (Honnhammarneset) entlang, feste Turnschuhe sind angeraten!
Das Ergebnis der steinzeitlichen Kunsterziehung, ausgeführt in rotbraun (vermutlich eisenerzhaltige Tonerde) an einer absolut senkrechten, glatten Felswand, ist nicht schwer zu deuten: Eine Gruppe von vier gut gefütterten Lachsen zieht von Nord nach Süd, dem steinzeitlichen Betrachter hat sicher der Zahn getropft ....

Honnhammar: Felszeichnungen

Wir erinnern uns zufrieden an unsere frisch gekochten Garnelen – und sammeln auf dem Rückweg ein großes Glas Heidelbeernachtisch.
Übrigens: Falls Sie (mißtrauisch, wie Touristen manchmal sind) am Alter der Malereien zweifeln: Kratzen Sie einfach ein Stück der Flechten weg, darunter sind Teile der Malerei verbor-

gen. Wenn Sie jetzt noch Flechtenfachmann sind und die Lichenometrie beherrschen, dann werden Sie sicher einsehen, daß der freundliche Gunnar vom Fremdenverkehrsamt hier nicht nachgeholfen haben kann!
Zum zweiten Parkplatz am Ende der Piste rollen wir noch weitere 500 m. Das wäre mal wieder ein absolut ruhiger, beschaulicher, also typischer WOMO-Picknick- und Übernachtungsplatz!
Der Fahrweg setzt sich als holperiger Traktorweg fort, nach drei Minuten verläßt man ihn nach rechts (fjordwärts), weitere vier Minuten auf schmalem Pfad durch den Wald führen uns wieder zu einer senkrechten Wand, die durch ein natürliches Steindach besonders gut vor der Witterung geschützt ist. Hier weidet eine ganze Rentierfamilie, eine Augenweide nicht nur für Steinzeitjäger! Das Besucherbuch liefert den letzten Beweis für die Ruhe der schönen Plätzchen, denn pro Tag haben sich maximal drei "Steinzeittouristen" eingetragen.
Zweimal muß ich auf der Rückfahrt stoppen, denn die Gerten der Himbeerbüsche ragen fast zum Fenster hinein, wollen ihrer süßen Last entledigt werden.
Wir verlassen nun mit der 70 den Tingvollfjorden, tauschen ihn gegen den Stølvatnet ein, der nächste, kleinere See ist vollständig mit blühenden Seerosen und Fieberkleeblüten bedeckt. Dann senkt sich die Straße wieder, wir haben die Halbinsel Tingvoll überquert und nähern uns dem Ålvundfjorden, rollen auf guter Straße an seinem rechten Ufer entlang (vier Picknickplätze). Jetzt haben wir sie im Osten vor uns, die schneebedeckten Gipfel von Trollheimen, der Heimat der nordischen Bergriesen.
Am innersten Zipfel des Fjords, bei ÅLVUNDFOSS, müßten wir eigentlich nach links, auf die 670 Richtung SURNADAL abbiegen. Folgen Sie uns aber ruhig weiter auf der 70 Richtung SUNNDALSØRA, wir haben etwas besonderes mit Ihnen vor, in Trollheimen, im Innerdalen, im schönsten Tal Norwegens!
Genau 8200 m düsen wir noch auf bester Bahn nach Süden, dann folgen wir nach links dem Wegweiser "ÅLVUNDEID/ Innerdalen". Haben Sie sie gesehen, die kleine achteckige Kirche von ÅLVUNDEID, inmitten des Friedhofes?
Im Virumdalen, dem ersten Stück unseres Weges, steigen die Hänge noch sanft empor, sind bewaldet, aber unser Blick ist bereits nach vorn gerichtet zu den schroffen Felsen, die das wesentlich schmalere Innerdalen flankieren. Über ihnen strahlt ein so unverschämt blauer Himmel, daß unsere Stimmung geradezu Höhenflüge macht: Wir wollen bei den Trollen übernachten, haben extra dafür eine komplette Ausrüstung (Rucksäcke, Minizelt, Isomatten, Schlafsäcke) mitgeschleppt.

Nach 11 km, bei NERDAL, endet das Teersträßchen mit einem großen Wanderparkplatz (Toilette, Info-Tafel, Wanderkarte), die folgende 4-km-Jeeppiste bis zur "Innerdal-Hytte" ist Wanderern und dem Hüttenwirt Iver vorbehalten, der Proviant und Fußkranke vom Parkplatz abholt.
Wir packen in Ruhe unsere Ausrüstung zusammen, verschließen das WOMO gut, nachdem wir alle Alarmanlagen eingeschaltet haben, marschieren munter los – und haben einen Kardinalfehler gemacht, der uns bei schlechterem Wetter sicher nicht passiert wäre! Aber immer der Reihe nach ....

Innerdalen mit Dalatårnet

Es ist gegen 16 Uhr. Die Piste schwenkt sofort schräg empor, felsig, mühsam, Schweißtropfen rinnen. Nach einer guten halben Stunde, Sie erkennen's an einem Viehgatter und einem kleinen Wasserfall, haben wir das Gröbste geschafft, es geht wieder abwärts und dann entlang des Innerdalsvatnet über den Almhof "Reindølssetra" bis zur "Innerdalshütte" (insgesamt eine Stunde).
Wir folgen weiter den roten Klecksen im Talgrund (Wegweiser: "Bårdsgarden om Porken"). Es ist ein herrlicher Weg, die Natur ist grandios, wir singen vor Freude, umrunden mit unseren bequemen Turnschuhen vorsichtig einige Wegpfützen ....
Nur wenige Wanderer begegnen uns, die Standardbegrüßung ist normalerweise "hej". Heute jedoch deuten viele der Wanderfreunde auf unser Schuhwerk, schütteln geradezu mitleidig den Kopf, warnen uns gar vor dem Weitermarsch. Nach und nach begreifen wir ....
Man darf in Norwegen – auch die bequemste Tour – nicht nur in Turnschuhen antreten!! Das mindeste sind feste Trekkingschuhe oder Bergstiefel, so wasserdicht wie möglich; eine gute Alternative sind Turnschuhe & Gummistiefel auf dem Rucksack für Schnee- und Schlammpassagen; die beste (und teuerste) Lösung sind spezielle Kautschukstiefel mit festem Fußbett und Filzinnenschuh (150-200 DM, Trekkinggeschäfte).
Wir sind schon zwei Stunden gewandert, inzwischen umrunden wir die Pfützen nicht mehr, denn das Moorwasser quietscht bereits fröhlich in den schlammverschmierten Schuhen. Wir erkennen an den Fußspuren, daß der Weg nicht immer so naß ist, aber es sind bis zum Ende des Tales eine Unzahl von Bächen, Rinnsalen, Sumpflöchern und Moorflächen zu durchqueren. Aber wir lassen uns nicht unterkriegen, gewöhnen uns geradezu an das Fußbad, das mit der Zeit Körperwärme annimmt, sehen wieder das positive: Der lieblich-lauschige Pfad führt durch Orchideenwiesen, Moltebeeren fruchten orangefarben in großen Flächen, die weißen Birkenstämme, die lichtgrünen Blätter, der strahlendblaue Himmel, die grellweißen Schneefelder an den Berghängen, überragt vom gravitätischen Turm des Dalatårnet – es ist ein herrlicher Tag.
Am Ende des Innerdalen zeigt der Stundenzeiger auf acht, vier Stunden sind wir unterwegs. Der Weg nimmt im Zickzack den Hang, führt (scheinbar) zu einem Sattel hinauf. Wir erklimmen jedoch nur ein weiter oben gelegenes Tal, neben dem Bach führt der Pfad, hier bereits viel trockener und angenehmer, weiter nach Osten. Nach weiteren 1 1/2 Stunden, bereits in der Nähe des Grats, schlagen wir in einer flachen, aber ziemlich trockenen Wiesenmulde, umgeben von Schneefeldern, aus

Übernachtung im Innerdalen

denen Schmelzwässer zum Bach rinnen, unser Zelt auf (Wanderzeit insgesamt: 5 1/2 Std.). Die kleine Hundehütte bietet Platz für uns und unsere Ausrüstung, in den warmen Schlafsäcken können wir schon wieder recht frech zu den Eisriesen um uns herum hinausgrinsen, deren größter der Ottdalskammen ist.

Iso-Matten sind jedoch gewöhnungsbedürftig, manches Mal erwachen wir, hören ein vertrautes Klopfen auf dem Zeltdach! Auch das noch – es regnet!

Wir lassen uns Zeit am nächsten Morgen, schlüpfen schließlich tapfer in die feuchtkalten Schuhe – Heimweg!

Rückmarsch durchs Renndalen

Der Grat läßt auf sich warten; erst nach einer halben Stunde läßt das Brausen des Baches nach, ein letztes Rinnsal gluckert aus dem höchsten Schneefeld, dann sind wir, bei einem mannshohen Steinturm, an der höchsten Stelle unserer Tour!
Von nun an rinnt das Wasser in unsere Marschrichtung, wir durchqueren eine Senke, verlassen das Naturschutzgebiet "Innerdalen" (Hinweistafel mit Wanderkarte) und stehen 100 m später an der Weggabelung, wo wir im spitzen Winkel, nach links zurück, Richtung "Innerdalen om Renndal" wieder Kurs auf unser WOMO nehmen. Das Renndalen (oder: Reindalen), parallel zum Innerdalen, aber höher gelegen, ist noch fest im Griff des Winters. Wir passieren zunächst eine wellige Hochebene, vorerst leicht bergan, dann ebenso bergab zum Langevatnet. An seinem rechten Ufer, über endlose, schräge Schneefelder und glitschige Geröllhänge, bei Nieselregen und Gegenwind, kämpfen wir uns voran, kein Weg für kleine Kinder mehr!
Am Seende queren wir über einen Damm hinüber zur linken Hangseite, steigen fast senkrecht hinab zum unteren Teil des Renndalen mit einem zweiten See, dem Reindalenvatnet. Dort ist die Stimmung frühlingshaft, weidende Schafe bimmeln an den Wiesenhängen, der Pfad wird moorig-glitschig-naß, das Wasser schmatzt wieder in unseren Turnschuhen.
Auch dieses Tal bricht steil ab, gegenüber eines Sturzbaches mit Wasserfalleinlage "seilen wir uns ab", es ist mehr ein Rutschen als ein Absteigen. Kniehohe, prallgefüllte Heidelbeerbüsche entschädigen uns für die Mühsal, bis wir bei der "Renndølssetra", kurz vor der "Innerdalshytta", wieder auf den Jeepweg stoßen, eine Stunde später kommen wir, mit weichen

Knien, am Parkplatz und an unserem WOMO an (Rückweg: 6 1/2 Std.).
Der gesamte Abstecher, ab dem Ålvundfjorden, hin und zurück, betrug 38,5 km – fürs WOMO ein Nichts, für unsere Füße eine Weltreise! Aber ein Erlebnis, ein lehrreiches noch dazu, ein unvergeßliches Abenteuer.
Wir rollen nun auf der 670 am rechten Ufer des Ålvundfjorden Richtung SURNADAL entlang, setzen von RØKKUM nach KVANNE über den Stangvikfjorden. Bald wird auch diese Fährstation verödet sein, plant man doch einen neuen 5600-m-Riesentunnel von ÅLVUNDFOSS nach TODALSØRA. Wir wollen, knapp 4 km nach der Fähre, einen Abstecher in das (noch) völlig unberührte Todalen machen. Zunächst sichten wir jedoch, unmittelbar nach der Abzweigung, das Hinweisschild "Trollheimen-Projekt". Im Schulgebäude von STANGVIK ist eine kleine, aber herrliche, naturhistorische Sammlung geschaffen worden (offen: 12-17 Uhr, 3 DM). In einer Umgebung, die natürlicher kaum sein könnte, wird die (ausgestopfte) Tierwelt des Trollheimen-Gebietes nicht nur optisch präsentiert, sondern auch akustisch: Der Reihe nach werden die Tiere mit einem Scheinwerfer angeleuchtet und synchron ertönt ihr Zwitschern, Röhren oder Brüllen – erlebenswert!

Trollheimenprojekt am Beginn des Todalen

Wir kurven weiter Richtung TODALEN, durchqueren einen dichten Kiefernwald und landen kurz darauf am Todalsfjorden. 7,2 km nach der Abzweigung kommt das nächste Hinweisschild, diesmal ist die Botanik dran: Im "Arboret" von SVINVIK (offen: 10-18 Uhr, Sa/So 11-17 Uhr, 4 DM), im steilen Geländestück oberhalb des Fjordspiegels, auf Pfaden und Treppen

bequem zu durchwandern, liegt ein bestaunenswerter Park, in dem Nadelbäume und Rhododendren dominieren, ein Treibhaus beherbergt Kakteen und weitere Wüstenpflanzen.
Vom Arboretum rollen wir, an der Kirche von Todalen vorbei (ruhiger Parkplatz), bis zum Seterhof KÅRVATN, einem weiteren Einstieg ins Trollheimen-Gebiet (Abstecher insgesamt 25 km, davon 9 km geteert). Er liegt am Ende des Todalen und am Beginn des Gammelseterdalen. Von hier aus führen Wanderpfade zur Innerdalshütte, zur Trollheimshütte, auch zu unserem Wanderweg Richtung Bårdsgarden; alles sehr schöne (und anspruchsvolle) Touren, die man miteinander kombinieren kann. Natürlich kann man, so wie wir, auch gemütlich auf der Wiese am Fluß liegen oder einen kleinen Spaziergang zum "Omnauståfossen" machen, der am gegenüberliegenden Hang hinabrauscht. Eines der Almgebäude, direkt am Fluß, ist die Hütte der "Trondheim Turistforening TT", neben ihr, bei der Sitzbank, ein Wasserhahn.
Genieren Sie sich nicht, treten Sie ein! In der Wohnküche sitzen immer ein paar erfahrene Wanderer, sind mit Rat, Trost und Wandervorschlägen behilflich. Wir bedanken uns bei Henry Mortensen aus Oppdal für die guten Tips. Falls Sie ihn treffen: Glauben Sie alles, nur nicht die Wanderzeiten; er ist der Schnellste im Trollheimen-Gebiet!
Wir kehren zur 670 zurück, stellen nochmals fest, daß vor der Schule mit dem Trollheimen-Projekt viele leere Parkplätze liegen, biegen rechts nach SKEI ein. Dort treffen wir auf die 65 – noch 128 km sind es auf ihr bis TRONDHEIM!
Das breite Surnadalen, das wir auf bequemer Bahn durchbrausen können, bietet keine touristischen Höhepunkte, genau das richtige für unsere wandermüden Beine. Eigentlich brauchen wir nur noch ein ruhiges, lauschiges Plätzchen, wo wir den Tag ausklingen, uns auf die "Metropole des Nordens", auf TRONDHEIM vorbereiten können. Kurz vor RINDAL verlassen wir die 65, durchfahren den Ortskern zum Rindal-Bygdemuseum. Genau gegenüber liegt, rechts der Straße, ein Badeplatz, genannt "Igeltjønna". Das Angebot am kleinen Iglesjøn von RINDAL ist komplett: Vom Parkplatz direkt an der Liegewiese über die Picknicktische, das Toilettenhäuschen mit dem Wasserhahn an der Außenwand, einer Rutschbahn, einem Sprungturm im Wasser bis zu der malerischen Waldkulisse und den vielen blühenden Seerosen spannt sich ein Bogen des Wohlbehagens, das Bygdemuseum auf der anderen Straßenseite (offen: 11-16 Uhr, 6 DM) hat netterweise schon geschlossen ....

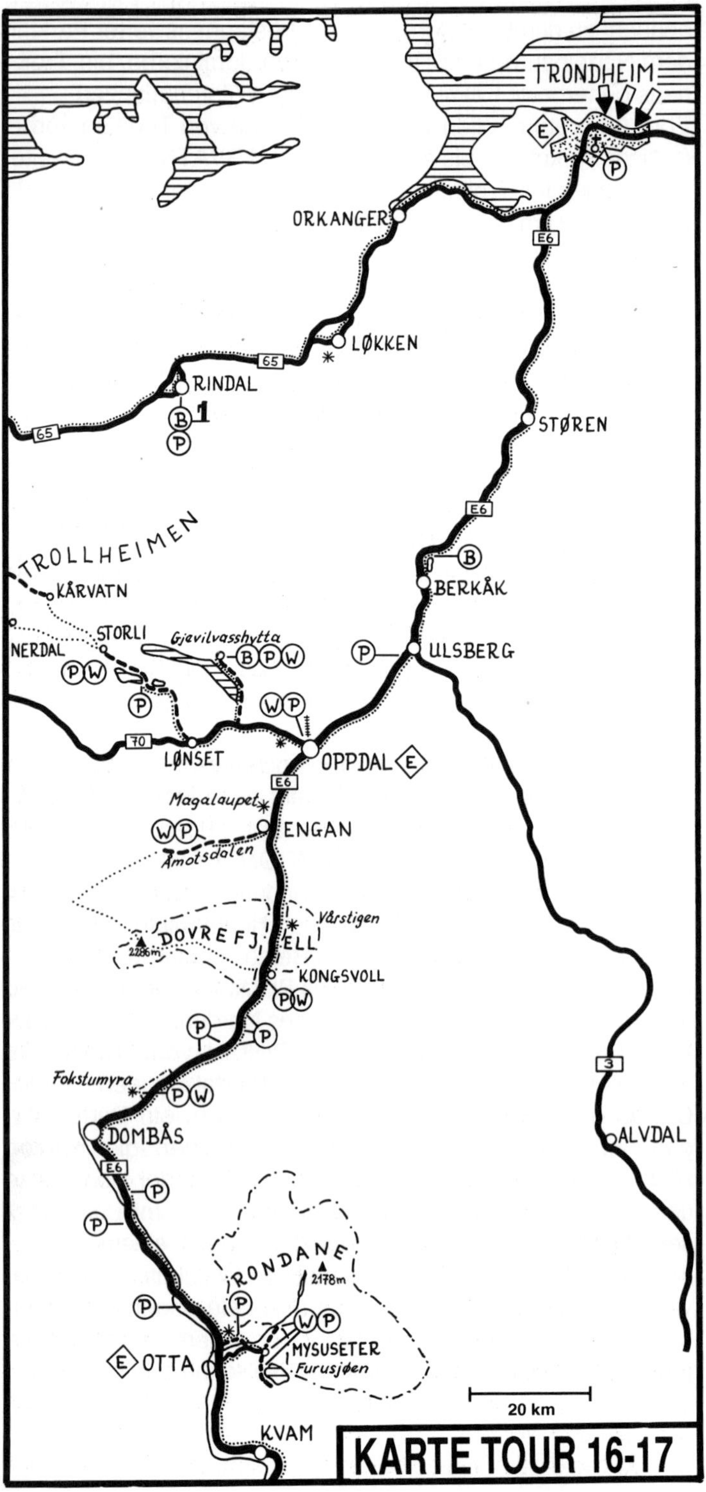
TRONDHEIM
E
P
ORKANGER
E6
LØKKEN
65
RINDAL
B
1
P
65
STØREN
E6
B
TROLLHEIMEN
KÅRVATN
BERKÅK
STORLI
Gjevilvasshytta
NERDAL
B P W
P
ULSBERG
P W
P
W P
70
LØNSET
OPPDAL
E
E6
Magalaupet
W P
ENGAN
Åmotsdalen
Vårstigen
DOVREFJELL
2286m
KONGSVOLL
P W
P
P
3
Fokstumyra
P W
DOMBÅS
ALVDAL
E6
P
P
RONDANE
2178m
P
P
W P
MYSUSETER
Furusjøen
E
OTTA
20 km
KVAM
KARTE TOUR 16-17

TOUR 16 (280 km / 3-5 Tage)

Løkken – Trondheim – Oppdal – Gjevilvatn – Ångårdsvatn

Rindal: Badeplatz "Igeltjønna"

Wir fahren weiter auf der Straße, die uns zum Badeplatz von RINDAL gebracht hat; sie führt uns zur 65 Richtung TRONDHEIM zurück. Das Band der Surna wird schmaler, verschwindet ganz; wir überqueren einen Hügelrücken, treffen in STORÅS auf die breite Orla, die mit uns nach Norden eilt. Wenig später, 70 km vor TRONDHEIM, verlassen wir die 65 Richtung LØKKEN. Sie haben sicher schon den großen Turm gesehen, der rechts vor Ihnen aus dem Wald herausragt!? Kurz vor LØKKEN, hinter einem See mit Seerosen, zweigen wir nach rechts in einen Schotterweg zur "Løkken-Gruva". Bis 1987 wurde hier auf modernste Weise kupferhaltiger Schwefelkies (Pyrit, FeS_2) gebrochen, man drang bis in 810 m Tiefe vor, was einer Lage von 485 m unter dem Meeresspiegel entspricht. Jetzt dürfen dort Touristen ihren eigenen Tiefenrekord brechen und an einer Grubenexkursion teilnehmen.

Wesentlich antiquierter geht es in der "Gammelgruva" zu, der "Alten Grube". Seit 1654 wurde hier Schwefelkies abgebaut. Wir finden die Zufahrt zur alten Grube bei der Weiterfahrt nach LØKKEN (Wegweiser: "Gammelgruva"), 3 km später. Neben einem großen, ruhigen Parkplatz liegt das Info-Gebäude und der Eingang zur Grube (Führungen bisher täglich 13+14 Uhr, soll erweitert werden, 8 DM). Heidi heißt die Studentin, die für uns, in perfektem "Heidelberger" Deutsch, eine Privatführung

Løkken: Gammelgruva, Heidi erläutert das "Feuersetzen"

macht. Ihre "Dienstuniform" ist mit auffälligem Lederbesatz versehen. „Schwefelsäure!“ erklärt sie und deutet auf die Tropfen, die vor meiner Nase von der Stollendecke tropfen. Wir wandern durch die oxydbraunen, roten und schwarzen Gänge, lassen uns von ihr das "Feuersetzen" erklären: Vor der Wand wurden große Feuer entfacht, das Gestein wurde brüchig und ließ sich leichter loshacken. Später, mit dem Preßlufthammer, war die Arbeit dagegen schon fast ein Kinderspiel. Jedoch erst in der neuen Løkken-Grube kamen riesige, dieselgetriebene Maschinen zum Einsatz....
Dies und viele andere Informationen um die Geschichte des

Bergbaues erhält man 500 m weiter unten im Tal, im "Bergverksmuseet". Ausrüstungsgegenstände, Fotos und Mineralien machen die Erklärungen anschaulich (offen: 12-16 Uhr).
Wo aber wurden die Erze verarbeitet? Weit und breit ist kein Hochofen, kein Schachtofen zu sehen!
Die Antwort steht, auf 1000 mm breiter Spur, direkt neben dem Bergwerksmuseum. Seit 1908 transportierte die "Thamshavnbahn", die älteste mit Wechselstrom betriebene Bahn der Welt, das Løkkenerz 25 km nach Norden, bis nach THAMSHAVN am Orkdalsfjorden. Ein Teil der Schienenstrecke, Waggons und Loks sind noch in Gebrauch und finden als Museumsbahn regen Zuspruch, denn die Strecke bis FANNREM führt durch eine malerische Landschaft und die Personenwagen im "historischen Luxus" der Jahrhundertwende sind allein schon eine Reise wert (So 11.30, 14, 16 Uhr, Mi 19.30 Uhr, 15 DM hin und zurück).
Vom Bahnhof aus fahren wir nach Norden und gelangen auf der 700, neben einem Flüßchen mit verdächtig rotbraunem Flußbett, bei SVORKMO wieder auf die 65 Richtung TRONDHEIM zurück. Kurz vor FANNREM überqueren wir die breite Orkla von links nach rechts. Sehen Sie die vielen Wohnwagen und Wohnmobile auf dem Flußschotter? Dort würden auch Sie noch einen aussichtsreichen Picknick- und einen ungestörten Übernachtungsplatz finden!
Wenig später, bei ORKANGER, strömt das breite Flußband in den Orkdalsfjorden, an dem wir weiterziehen. Kurz vor TRONDHEIM stoßen wir auf die E 6, aus OSLO kommend und schwenken mit ihr nach Norden ab, bis zum Zentrum sind es

Trondheim: "Bybrua" und alte Speicherhäuser

noch 11 km (Gebühr: Mo-Fr 6-17 Uhr, 3 DM). Kurz vorher überqueren wir, angesichts des Nidarosdoms, des Wahrzeichens der Stadt, den Nidelva, fahren am Dom vorbei und schwenken unmittelbar dahinter in die Bispegate. Wir rollen bis zu ihrem Ende, biegen links und können direkt an der "Bybrua", der malerischen, alten Stadtbrücke über den Nidelva parken. Auch in TRONDHEIM sind die meisten Parkplätze von 18-8 Uhr kostenlos und unbesetzt, wer allerdings den Dom von innen bestaunen möchte, muß werktags zwischen 9-17.30 Uhr, Sa 9-14 Uhr oder So 13-16 Uhr antraben!

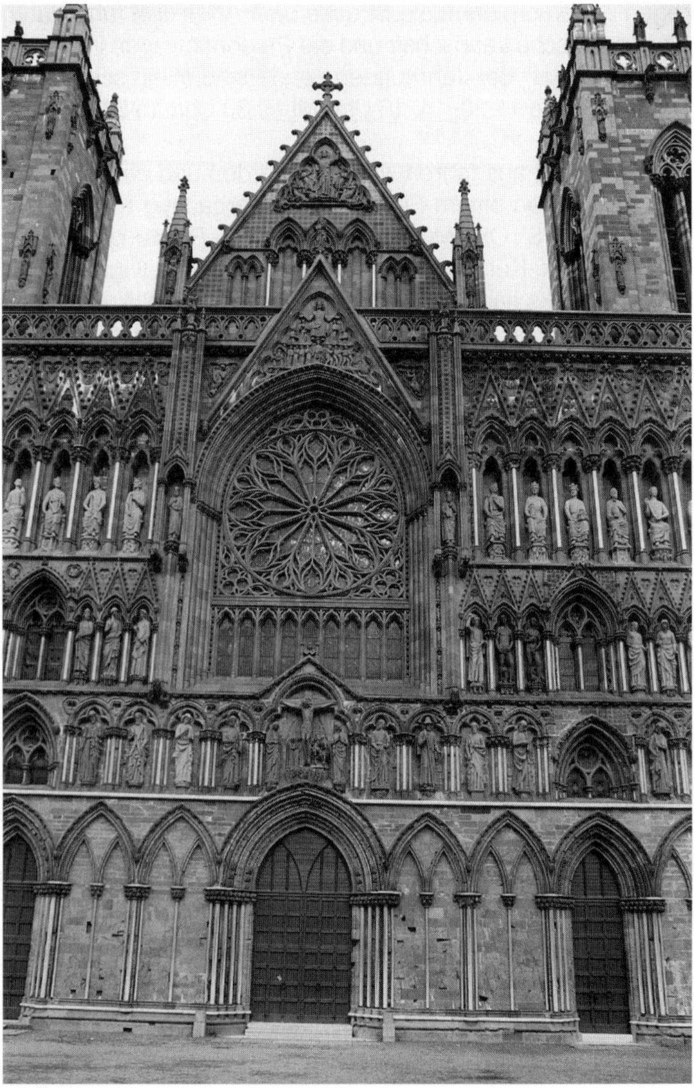

Trondheim: Nidarosdom, Westfassade

Wir haben genug damit zu tun, uns das herrliche Bauwerk von außen zu begucken, dessen gewaltiger, himmelan stürmender Baukörper schon im Jahre 1070 in Angriff genommen wurde. Mehrmals durch Feuer zerstört, stammen die ältesten Teile aus dem 12. Jahrhundert und nur das Querschiff ist romanisch, der größte Teil also gotisch. Lassen Sie sich beeindrucken von der Hauptfassade der Kirche im Westen mit ihrer herrlichen Steinornamentik.

Jetzt können wir unseren kleinen Stadtrundgang starten: Nördlich des Domes marschieren wir auf der Munkegate, wo WOMOs die meisten Parkplätze ergattert haben, Richtung Zentrum, steuern direkt auf die Bronzestatue des Wikingerkönigs Olav Tryggvason zu, dem Gründer der Stadt. Sie steht auf dem "Torvet"; dem zentralsten Platz der Stadt, wo sich unsere Munkegate mit der Kongensgate kreuzt. Am "Stiftsgården" vorbei, der königlichen Residenz in TRONDHEIM, einem bescheidenen Holzbau, steuern wir auf den Hafen zu. Dort, am Fischmarkt "Ravnkloa", endet die Munkegate.

Der Fischmarkt ist wochentags von 8-18 Uhr geöffnet, hier legt auch das Schiffchen (10-18 Uhr jede Stunde, 6 DM hin und zurück) zum Inselchen Munkholmen im Hafen ab, einst Richtstätte, später Mönchsinsel, dann Festung und Gefängnis, heute Ausflugsort und Badeplatz.

Links, die Fischhalle, ist nur von 9-16.30 Uhr geöffnet. Rechts und links des Eingangs jedoch finden wir endlich einmal das reiche norwegische Fischangebot abgebildet und in allen Sprachen der Welt beschriftet – oder hätten Sie gewußt, daß der Knurrhahn auf japanisch "Hobo no rui" heißt?

Nach Osten schließt sich an die Munkegate die Fjordgate an. Hat Ihnen das Fischangebot Appetit gemacht? Ja, ich weiß, die norwegischen Preise ....

Aber in TRONDHEIM gibt's **Einar**, den Pizzabäcker im "Pizzakjelleren", Fjordgate Nr. 7, direkt neben dem Fischmarkt. Dort können Sie von 12-4 Uhr nachts für knapp 13 DM so viel Pizza essen, wie Sie 'runterkriegen. Nein, nein, keine billige Ware, sondern alle paar Minuten eine andere, knusprige, dickbelegte Spitzenpizza – und wenn Sie Einars Körperumfang betrachten, werden Sie auch den Kaloriengehalt abschätzen können. Das Kellerlokal ist studentisch-rustikal, hat durchaus Atmosphäre. Aber lassen Sie sich davon nicht zum übermäßigen Getränkekonsum verleiten, denn diese Preise sind durchaus norwegisch: 1/3 Liter = 1 Snitt Cola 4 DM, Bier 7 DM, 1/2 Liter Wein von 12-30 DM.

Etwas bauchlastig marschieren wir die Fjordgate weiter nach Osten, stoßen auf das Ufer des Nidelva und marschieren nach rechts die Kjøpmannsgate zurück zu unserem WOMO.

Mann oh Mann, haben wir uns überfressen! Kaum beachten wir noch die Reihen der alten Speicherhäuser am Fluß und die alte Stadtbrücke, eine ehemalige Zugbrücke mit reicher Holzornamentik, die geradewegs zur Festung "Kristiansten" hinüberführt.
Jetzt brauchen wir nur noch einen ruhiges Plätzchen für die Nacht. Da wir Ihre Pläne für den nächsten Tag nicht kennen, bieten wir Ihnen drei zur Wahl an:
1. Über die neue Brücke beim Dom zurück über den Nidelva, dahinter sofort rechts Richtung "Parkplatz Nidarø", die Klostergate entlang. Dort, bei der Messe- und Sporthalle, liegen Unmengen von leeren Parkplätzen, und eine Fußgängerbrükke führt zurück über den Fluß in die Altstadt. Sehr praktisch, nicht wahr?
Noch ruhiger kann man nahe des Zentrums nicht stehen! Das reicht Ihnen nicht?
2. Dann folgen Sie uns auf der E 6 nach NARVIK. Nein, nicht so weit. Bereits wenige 100 m nach Überquerung des Nidelva, vor der Lademoen-Kirche mit dem spitzen Kupferdach, biegen wir links in den Mellomveien (Wegweiser: "Ringve"). Bei der nächsten Kirche (links) halten wir uns rechts (Kreisverkehr), gleich dahinter liegt, inmitten des Botanischen Gartens, das "Ringve-Museum". Vor dem Areal wartet ein riesengroßer Parkplatz, hinter dem Botanischen Garten, von Büschen abgeschirmt, ein kleinerer und weiter im Norden, in den ruhigen Nebenstraßen, führen Stichstraßen zu ausgeschilderten Badeplätzen, die allesamt nachts menschenleer sind: Am besten hat uns der Badeplatz "Djupvika" gefallen, etwas weiter östlich liegen "Ringvebukta" und "Fagerheimsbukta".
Achtung! Überall in der 30-km-Zone unangekündigte Straßenwellen, an denen Ihnen der gesamte Hausrat um die Ohren fliegt, wenn Sie nicht schleichen wie eine Schnecke!
Wir sitzen, fast etwas traurig, am "Djupvika-Strand", Waltraud hat die allerletzte Weinflasche herausgesucht, aufbewahrt für diesen Moment – wir sind am nördlichsten Punkt unserer Tour. Ein Sonnenuntergang, wie er schöner nicht sein könnte, leise plätschern die Wellen, Fjordwellen; morgen geht es im Landesinneren nach Süden, ohne Meer, ohne Fjordkurven. Wir wissen schon jetzt, daß uns etwas fehlen wird!
Den Botanischen Garten von TRONDHEIM muß man gesehen haben – und das aus mehreren Gründen! Zunächst einmal ist es ein Spaziergeh-Park, der den ganzen Tag kostenlos besucht werden kann. In seinem zentralen Bereich liegt der eigentliche Botanische Garten, angelegt als Labyrinth. Mannshohe Büsche leiten den Besucher durch alle Abteilungen und schützen die Pflanzen vor starkem Wind, viele Bänke laden

Trondheim: Botanischer Garten

zum Verweilen und Schauen ein.
Der Höhepunkt des Geländes ist das Musikhistorische Museum, das "Ringve-Museum". In ihm werden während der Führungen (deutsch: 13+15 Uhr, 12 DM) nicht nur Musikinstrumente aus den verschiedensten Perioden der Musikgeschichte gezeigt und erläutert, sondern auch vorgespielt.
Manchem frierenden Nordlandfahrer mag weder der Botanische Garten noch das Museum interessieren. Dann biegt er sicher am genannten Kreisverkehr vor dem Ringve-Museum rechts in die Håkon-VII-Gate und steht nach genau 1100 m vor einigen weißen Türmen mit dem wärmespendenden Namen AGA. Dort kann man nicht nur Gasflaschen, sondern auch den Gastank auffüllen lassen.
3. Sie lieben den Schutz dicker Festungsmauern? Dann rollen Sie mit uns auf der E 6 zurück zum Nidelva. Kurz vor der "Bakke bru" und auch noch vor der "Bakke Kirke" führt nach links die Nonnegate und dann die Festningsgate zur "Kristiansten Festning". Die restliche Zufahrt ist geschottert, nicht beschildert, führt aber von Süden bis vors Festungstor mit einem riesigen, ruhigen Parkplatz oberhalb der Stadt.
Die sternförmige Anlage wurde 1676-1682 von Generalmajor Caspar de Cicignon geplant und gebaut. 1000 Mann Besatzung, 76 Kanonen und 4-6 Meter dicke Mauern machten eine Eroberung zur damaligen Zeit völlig unmöglich. Nur einmal mußte der Bau seinen Wert unter Beweis stellen: 1718 belagerten die Schweden Stadt und Festung – und zogen unverrichteter Dinge wieder ab.
Im Festungsturm kann man auf heroischen Bildern den Kampf der norwegischen Mannen nacherleben.

Auf der E 6 verlassen wir TRONDHEIM nach Süden und werden sie, von den (wichtigen) Abstechern mal abgesehen, auch bis zur schwedischen Grenze nicht mehr verlassen. Sie wird uns an den Gebirgsstöcken des Dovrefjells und des Rondane-Massivs, an Naturschutzgebieten und Nationalparks vorbeiführen. Sie zeigt uns das liebliche Gudbrandsdalen, begleitet den mächtigen Lågen, zieht am riesigen Mjøsa entlang – kein anderer Weg durchs Landesinnere könnte mehr bieten.
Allons – bis OSLO sind's noch 540 erlebnisreiche Kilometer!
Am Rand von TRONDHEIM passieren wir "OBS", den größten Supermarkt der Stadt, eine Stadt für sich, die besonders preiswerte Tankstelle sollte man nutzen. Die ersten Kilometer der E 6 sind nicht aufregend, regelmäßig liegen jedoch Rastplätze an schönen Stellen, viele von ihnen mit Toiletten. Zum Übernachten sind sie wegen des lauten, wenn auch nicht übermäßig starken Verkehrs kaum geeignet. Der erste See, den wir seit TRONDHEIM sichten, ist der Buvatnet kurz vor

Berkåk: Badeplatz am Buvatnet

BERKÅK. Hier liegt auch ein schöner Badeplatz, knapp 500 m nach der gleichnamigen Hüttenvermietung. Sie müssen aufpassen, daß Sie die nicht gekennzeichnete, schmale Einfahrt vor Beginn der Leitplanken nicht verpassen. Ein kleines Birkenwäldchen, Liegewiese, Toilette, hölzerner Sprungturm, seichter Kies-Sand-Strand – optisch ein Idyll, akustisch kein Genuß, denn direkt hinter den Bäumen zischen die Autos auf der E 6 vorbei.
Sehenswert wird die Landschaft wieder ab OPPDAL! Am Ortsbeginn, auf der linken Seite, residiert in einer kleinen

Holzstuga die Touristeninformation, verwaltet Berge von Info-Material. 100 m später biegen wir nach rechts in die 70 Richtung SUNNDALSØRA. Wir sind hier nur 80 km östlich "unseres" Innerdalen, am Südostrand des Trollheimen-Massivs. 50 m später verlassen wir die 70 schon wieder (Wegweiser: Gondolbane). Eine elegante Kabinenbahn (die im Winter zu einem Skilift umgebaut wird) führt hinauf zum 1125 m hohen Hovden. 12 DM muß man für Berg- und Talfahrt zusammen bezahlen – die einfache Fahrt kostet (gemeinerweise) das gleiche. Links neben der Bahn liegt der Skihang und an seinem Fuße natürlich ein riesiger, leerer Parkplatz. Oben, auf dem Hovden, liegt das Ausflugsrestaurant "Toppen" und, so versichert man uns, ein schönes Wandergebiet. Falls Ihnen die Gondelbahn zu langweilig ist, können Sie abwärts auch einen Drachen nehmen (130 DM/Flug incl. Versicherung!).
Wir rollen 2,5 km weiter auf der 70, dann schickt uns der Wegweiser "Gravfeltet Vang" zu einem neuen Parkplatz unterhalb der Straße. Etwa 750 Grabhügel aus der Wikingerzeit geben dem Areal das Aussehen eines Maulwurfübungsgeländes, das man in dreißig Minuten gemütlich durchschlendern kann. Ausführliche Info-Tafeln (norwegisch und englisch) belehren über das Alter der Gräber, Begräbnisriten, Grabfunde und die besondere Lage von Vang. Bereits im 19. Jahrhundert haben jedoch Antiquitätensucher – oder sollte man eher Grabräuber sagen – die meisten Gräber geplündert.
Wir fahren weiter nach Westen, direkt auf die Schneegipfel Trollheimens zu. Von hier aus wirken Sie jedoch flacher, bequemer, wandergemütlicher?

Bomstasjon am Weg zum Gjevilvatn

10 km später biegen wir rechts in den "Bomweg" zum Gjevilvatn und zur Wandererhütte Gjevilvasshytta. Nach 13 km (und 6 DM Maut) stehen wir am Badeplatz "Rauøra", jedoch leider nicht am Strand, sondern auf dem Parkplatz. 150 Schritte muß man gehen, dann hat man den wirklich wunderschönen Sandstrand erreicht, das Panorama – spiegelglatter See und Bergkulisse – ist nur noch mit dem Wörthersee zu vergleichen. Versuchsweise stecke ich einen Finger ins "Badewasser", wenn er könnte, er würde schreien! Das objektive Thermometer meldet 12°C, kein Wunder, daß Boote, Kajaks, Kanus und Surfbretter am Strand zu mieten sind (15 DM/Std., 50 DM/Tag); wer würde bei diesen Temperaturen auf die Idee kommen, den Badeplatz zum Baden zu benutzen.

Goldener Sandstrand am Gjevilvatn

Der Strand jedoch ist wirklich ein Traum aus goldgelbem Sand! Vielleicht genügt es Ihnen, ein Sonnenbad zu nehmen!?
Oder gefällt Ihnen unsere Kreuzfahrt-Wander-Alternative besser?
Sie haben richtig gelesen – auf dem 660 m hohen Gjevilvatn verkehrt ein Kreuzfahrtschiff, die Trollheimen II, bietet Platz für 55 Personen. Sie hat drei Anlegestellen: Osen (am östlichen Beginn des Sees), Rauøra (unseren "Badeplatz") und Vassenden (an der Westspitze).
11.30 Uhr und 16.30 Uhr kommt das Boot bei Rauøra vorbei, nimmt Sie für knapp 20 DM mit nach Vassenden – und Sie marschieren in drei Stunden, am See entlang, wieder zum WOMO zurück.
Oder halten Sie mehr von einem wärmeren See?
Nach den Gesetzen, die ich im Erdkundeunterricht lernte, wird

Gjevilvatn mit "Kreuzfahrtschiff" Trollheimen II

es immer kälter, je höher man kommt. Falls das auch für Wassertemperaturen gilt, müßte der Ångårdsvatn eigentlich "100 m wärmer sein"!

Wir kehren zur 70 zurück, rollen noch 9 km nach Westen, biegen dann nach rechts, Richtung STORLI, tuckern 14 km ins Storlidalen. Wenn wir glaubten, am Gjevilvatn sei es einsam gewesen, dann belehrt uns der Ångårdsvatn, was Verlassenheit bedeutet: Unmittelbar vor der Brücke über das Bächlein zwischen den beiden Seen (der Ångårdsvatn ist der zweite, der größere) kann man links, steil hinab, auf den Sandstrand fahren. Hier schaut man über den stillen Wasserspiegel bis zu den höchsten Gipfeln von Trollheimen. Wir glauben sogar, "unseren" Dalatårnet zu erkennen, sind wir doch nur noch knapp 25 km Luftlinie von ihm entfernt. Wasserfälle speisen den See, diese erhalten ihre Flut aus den Schneefeldern der Hänge. Das Wasser sieht so kalt aus, als sei es gefroren; das Thermometer meldet 9°C!

Wir machen in dieser Nacht erstmals auf unserer Norwegenreise die Heizung an!

Nach weiteren 6 km endet die Storlidalenstraße – bei STORLI. Von dort aus sind es jeweils 7 Wanderstunden zur Innerdalshytta und nach Kårvatn am Ende des Todalen, beide Ziele ließen sich mit einem 5-Stunden-Querweg zu einer 19-Stunden-Dreieckstour verbinden.

Ein toller Dreitagesmarsch – wie wär's!?

TOUR 17 (170 km / 1-3 Tage)

Magalaupet – Åmotsdalen – Dovrefjell – Kongsvoll – Fokstumyra – Dovre – Uladalen

(Karte s. Tour 16)

Übernachtungsplatz am Ångårdsvatn

Wir kehren vom kalten, aber malerischen Ångårdsvatn, durchs Storlidalen und auf der 70 wieder zurück nach OPPDAL, schwenken nach rechts, auf die E 6 nach OSLO ein. 200 m später erblicken Sie rechts die Shell-Tankstelle und schräg gegenüber die Firma Mørelinjen A/S. Dort werden Busse gewartet, dort können Sie auch Ihr WOMO ver- und entsorgen (5 DM).

10 km südlich von OPPDAL kommt man nach DRIVA. Links der Straße, im "Kro" (norddeutsch "Krug", schwäbisch "Boiz"), gibt's nicht nur geistvolles für die Kehle sondern auch lehrreiches fürs Auge – ein Steinsenter (offen: 9-22 Uhr). Ja, ich weiß, das ist jetzt schon das dritte – aber bei dem Stichwort "Gold" werden Sie sicher hellhörig!?

1991 wurde in der Nähe, im Åmotsdalen, ein bisher völlig unbekanntes, goldhaltiges Mineral gefunden, das den Namen "Isbrekkenitt" erhielt. Natürlich sollen Sie sich im Steinsenter nicht nur (kostenlos) die Mineralienausstellung angucken, sondern auch (gegen Bares) etwas mitnehmen. Dürfen wir Ihnen kleine Anhänger des norwegischen Symbolsteins "Thulit" empfehlen? Die sind preiswert, sehen hübsch aus und erinnern Sie an "Ultima Thule", die alte, römische Bezeichnung für Norwegen, das Land am nördlichen Ende der Welt.

Außer gucken und kaufen kann man sich auch beraten lassen.

Wo der Eingang ins Åmotsdalen liegt, brauchen Sie nicht zu fragen, dort werden wir Sie gleich hinführen!
3,4 km weiter südlich zweigen wir von der E 6 nach rechts Richtung ENGAN und "Magalaupet" ab. 400 m weiter parken wir rechts der Fahrbahn und marschieren einen Pfad hinab zur Driva. Es sind nur wenige Schritte bis zu einer felsigen Engstelle im Fluß, wo sich das Wasser mit wahnsinniger Gewalt hindurchquält, an seinen Flanken alles glattschleift und aushöhlt, was sich ihm in den Weg stellt. Man kann oberhalb, auf den Felsen, herumklettern und in das tobende Inferno hinab-

Magalaupet

starren. So, als sei alle Kraft erlahmt, gleitet das gleiche Wasser wenige Meter talwärts lautlos und ohne Welle, wie ein dunkelgrüner Spiegel, dahin.
Das Nebensträßchen leitet uns weiter nach Süden; wir passieren die Abzweigung über eine Brücke zu einem Campingplatz und benutzen die nächste Brücke, 2 km später. Sofort nach dem Fluß wenden wir uns wieder links, löhnen 500 m weiter an der "Bomstasjon" des Åmotsdalen 5 DM.
Der Åmotsdalsveien führt uns durch Kiefernwald oberhalb des Flusses entlang und endet nach 3 km an einem Parkplatz. Dieser eignet sich prächtig als Ausgangsstation zum Fùßevertreten – sei es nur für einen kurzen, beschaulichen Spazier-

gang entlang des Flusses oder für größere Touren, zum Beispiel ins Dovrefjell und dort auf den Snøhetta (2286 m) oder zum "Mineral hunting" – denken Sie an den "Isbrekkenitt"!
Wir kehren über den Bomveg und den Driva zurück zur E 6 Richtung OSLO. Rechts und links der Europastraße erheben sich nun Hänge, im unteren Teil bewaldet, weiter oben mit kahlen Schneefeldern. Sie führen hinauf zur Hochebene des "Dovrefjell Nasjonalparks", die überragt wird vom 2286 m hohen Snøhetta. Das unvergleichliche Gebiet ist reich an seltenen Pflanzen und Tieren, man begegnet Rentier, Vielfraß, Eis- und Rotfuchs, Luchs und Elch, auch Adler, Schneehuhn und Falke seien genannt, die Hauptattraktion aber ist eine Moschusherde, die erstmals 1930 von Grönland hierher ver-

Picknickplatz an der E 6 im Drivdalen

pflanzt, im II. Weltkrieg aber ausgerottet wurde. Ein zweiter Versuch wurde 1947 gestartet; aus den 10 Paaren ist inzwischen eine Herde von 50 Tieren geworden, die nur durch Hunger oder Blitzschlag (!) gefährdet sind, Kälte oder Raubtiere können ihnen nichts antun ....
8 km sind wir seit dem Åmotsdalen erst auf der E 6. Jetzt sollten Sie einen angestrengten Blick rechts hinab zur Bahnlinie werfen. Dort entdecken Sie gleich ein reich verziertes Bahnhofshäuschen mit Grasdach, allein auf weiter Flur!
Knapp 2 km später kommt ein Picknickplatz, ebenfalls rechts unterhalb der Straße, den wir Ihnen besonders empfehlen können. Bei der Abfahrt ist es geteert, hat Toiletten, dann jedoch führen Fahrwege zum Fluß hinab, wo Sie ruhig unter Birken stehen (Foto oben).
2,5 km nach diesem Picknickplatz passieren wir, rechtzeitig

angekündigt, ein Lappenlager, eine Verkaufsstelle für Felle, Geweihe, Handgewebtes. Kaum zu entdecken ist 300 m später links der Straße ein schmächtiger Parkplatz und ein Hinweisschild für den Beginn des "Vårstigen", des alten Königsweges, der links der Straße am Gebirgshang verschwindet. Dieser Pfad ist seit 1182 bekannt als Pilgerweg. König Fredrik IV. passierte ihn 1704 bereits mit einem zweirädrigen Karren und König Christian rollte 1733 schon vierrädrig durch – welch Fortschritt!
Bei näherer Betrachtung der Holperstrecke hat man keinen Zweifel, daß auch diese Reisen nur Pilgerzwecken gedient haben können. Spaziergänger jedoch genießen auf diesem Wegabschnitt einen herrlichen Blick übers Drivdalen und das Fjell. Der Vårstigen ist 6 km lang – vielleicht opfert sich einer der WOMO-Besatzung, fährt das WOMO die E 6 entlang, während die anderen wandern? Nach genau 6 km findet man wieder links der E 6 eine Parkgelegenheit, dort, wo der Königsweg in sie einmündet. Hier kann man die Wanderer erwarten oder ihnen entgegeneilen!?
Die Felswände rücken nun immer näher zusammen, Teile von ihnen sind weggesprengt, um Platz für die Straße zu schaffen. Kein Wunder, daß Pilger und Könige durchs Gebirge zogen, hier unten war früher kein Durchkommen!
2,6 km nach dem zweiten Wanderparkplatz und noch 400 m vor der "Kongsvoll Kro" zweigen wir rechts ab zum Bahnhof von KONGSVOLL. Hier ist ein spezieller (leider sehr kleiner) Parkplatz für Dovrefjell-Wanderer eingerichtet worden.
Noch eine Warnung: Übernachten Sie im Dovrefjell keinesfalls im Zelt! Ein Moschusochse bringt es auf ein Gewicht von 300 kg und hält überhaupt nichts von Touristen. In der "Kongsvoll Kro" erhalten Sie den Schlüssel für die "Reinheim-Hütte" im Fjell (5 Std.), dort können Sie sich beruhigt zum Schlaf betten! Allein trauen Sie sich dort überhaupt nicht hin? Mittwochs, samstags und sonntags startet hier ab 11 Uhr eine 4-6-stündige Moschusochsensafari mit Führer (35 DM).
Im "Kongsvoll Kro" sollten Sie unbedingt einkehren! Nein, nicht um Ihren Alkoholspiegel zu erhöhen, sondern um sich im Erdgeschoß die ausgezeichnete Ausstellung über den Vårstigen und natürlich das Fjell anzuschauen.
Was es da nicht alles zu sehen und zu erfahren gibt!
Ausführlich wird über den Bestand an Moschusochsen, an Rentieren, über die gesamte Tier- und Pflanzenwelt des Nationalparks berichtet und alles, so weit es immer geht, mit Originalmaterial belegt.
Parken sollten Sie am besten hinter der Gaststätte links. Hier entdecken Sie auch gleich den liebevoll angelegten Fjellgar-

Kongsvoll: Fjellhage

ten, einen Steingarten der norwegischen Gebirge, den "Fjellhage". Eigentlich war der Fjellhage eine Idee des Bahnhofsvorstehers von Kongsvoll, der beim 20-Minuten-Stop der Züge seinen Gästen etwas bieten wollte. Die Züge haben's nun eilig – Sie hoffentlich nicht! Denn der Fjellhage zeigt und nennt all' die Blümle (und noch viele mehr), denen wir auf unseren Wanderungen schon so oft begegnet sind. Hier können Sie alle mit Namen begrüßen – auch auf Deutsch.
Gegenüber des Botanischen Gebirgsgartens führt ebenfalls eine Brücke über den Fluß ins Fjell Richtung Reinheim-Hütte, aber wer wird schon hier, an der Straße, sein WOMO tagelang stehen lassen?
Wenn Sie kein Interesse an Wanderungen und an der Botanik haben, aber aussichtsreich picknicken wollen, dann finden Sie 2,6 km und 3,6 km nach dem "Kongsvoll Kro" ausgezeichnete Gelegenheiten dazu. Diese Picknickplätze rechts und links der Straße bieten die beste Sicht über die baumlose, wellige Steppe des Dovrefjell. Dort, bei GRØNBAKKEN, führt zum letzten Mal ein markierter Wanderweg ins Fjell und zur Reinheim-Hütte.
Weitere Picknickplätze folgen, dann überqueren wir die Grenze zur Fylke Oppland und haben gleichzeitig, in 1026 m Höhe, die Wasserscheide überschritten – nun geht es abwärts!
Einen Stopp sollten Sie bei der "Dovregubbens Hall" einlegen, einem Holzbau aus dem Jahre 1938 mit herrlich geschnitzten Holzornamenten, man beachte nur die Fensterrahmen (Gaststätte, Souvenirbuden)! Kurz vorher, rechts der Straße, halb zwischen Weiden und Birkengebüsch versteckt, liegt "Anfins bru", eine gar nicht kleine Natursteinbrücke. Es geht die Mär,

Anfins bru

ein einziger Kriegsgefangener habe sie erbaut, um sich damit seine Freiheit zu erkaufen bzw. erarbeiten. Falls Ihnen der Trubel dort nicht zusagt – nach wenigen Metern begleitet uns der Vålåsjøen mit einem Picknickplatz an seinem Beginn, zwei Picknickplätzen in der Mitte und einem vierten, mit Info-Tafel und Toilette, an seinem Ende. Waltraud blättert in Ihren Unterlagen, und während ich die Scheibenwischer in Gang setze, um die ersten Regentropfen zu verteilen, verkündet sie rechthaberisch: „Die Gegend hier ist mit 310 mm/Jahr die niederschlagsärmste Norwegens, BERGEN hat 1958 mm/Jahr!“
Hochmoor, eintönig nur für den flüchtigen Betrachter, zieht sich beidseits der E 6 bis zu den Bergen. Ein wegen seiner reichen Vogelwelt besonders schützenswerter Teil davon, "Fokstumyra", das "Fokstua Moor", wurde 1969 zum Naturschutzgebiet erklärt. Der nur 7,5 qkm große Streifen, zu 70 % Sumpf und Wasser, zieht sich rechts der E 6 hin, ist also leicht zu erreichen. Ein markierter 6-km-Fußweg durchstreift den aussichtsreichsten Teil des Areals, in dem über 60 Vogelarten brüten; darunter so seltene wie Kampfläufer, Kornweihe, Kleiner Brachvogel, Kiebitz und vielleicht auch wieder die Doppelschnepfe.
6 1/2 km sind wir schon neben dem NSG entlanggefahren, dann können wir endlich nach rechts zu dem Hotel/Gaststätte "Fokstugu" abbiegen. Dort residiert auch der Vogelwart, bei dem wir uns die Genehmigung zum Besuch und ein Merkblatt (in Deutsch) abholen. Dann rollen wir noch 500 m hinab bis zur Bahnlinie, die das NSG durchzieht. Davor links können wir geschickt parken und beginnen den mit einem Vogelsymbol markierten Rundweg. Trotz der Versicherung des "Fokstua

gård", der Weg sei trocken und trotz der nur 310 mm/Jahr besteht unsere Ausrüstung aus Fernrohr, Fotoausrüstung, Gummistiefeln und Goretex-Jacke ....
Wir hatten uns das ganze als beschaulichen Spaziergang vorgestellt, marschierten erwartungsvoll los, den Blick stets konzentriert auf Sumpflöcher und Seeflächen gerichtet, von denen jederzeit die seltenen Vögel aufsteigen mußten, achteten nicht auf die Vorboten, die die Regengötter ihren "Liebesgaben" vorauszuschicken pflegen. An der entferntesten Stelle vom WOMO, mitten in der Einsamkeit, fing ein Regenguß an, wie ihn sich ein Landwirt nach langer Trockenheit nur wünschen kann. Die Regenjacken taten ihre Pflicht, ließen die Flut an sich abperlen – über die Hosen in die Gummistiefel hinein. Die engstehenden Büsche taten ein übriges, streiften ihre Wasserlast an uns ab – so naß waren wir schon lange nicht mehr! Ach ja – Vögel haben wir kaum gesehen. Aber wenn Sie den Fukstumyra-Rundweg machen werden, der mit Beobachtungspausen knappe zwei Stunden dauert, wird das ganz anders sein! Der Weg wird trocken sein, alle seltenen Vögel werden um Sie herumfliegen und die Sonne wird scheinen – denn die 310 mm/Jahr hat dann sicher schon ein anderer abbekommen!
Die Kirche von DOMBÅS scheint auf den ersten Blick eine Stabkirche mit Holzschindeln zu sein. Erst beim näheren Hinschauen entdeckt man, daß sie aus dem Gestein des Dovrefjell besteht und eine ganz moderne, eigenwillige Konstruktion ist.
Sie haben die Kirche entdeckt, die Statoil- und die Shelltankstelle?
Dann fahren Sie vor der Shelltankstelle rechts und folgen den Wegweisern "Dombåstun". Sie finden einen großen Parkplatz vor der Schule, von dem aus ein "Naturstig" durch ein Freiluftgelände (Dombåshaugen) führt, wo man Enten und Hühner füttern sowie Schafe streicheln kann. Einen zweiten, völlig einsamen Parkplatz entdecken Sie hinter der Kirche.
Zwischen DOMBÅS und OTTA hat die E 6 für uns nur die Aufgabe, das Dovrefjell mit dem Rondane-Massiv zu verbinden. Wir sichten am Fluß einige schön gelegene Picknickplätze, manche auch mit Toiletten. Der schönste: Am Beginn der Kommune SEL (18 km südlich DOVRE) mit Info-Tafel; sehr ruhig, weit von der Straße entfernt.
Das Uladalen ist unser Einstieg in das Rondane-Massiv. Die 600 Millionen Jahre alten Berge sind durch Hebungen und Faltungen aus einem toten Meer entstanden. Erosion und Eiszeit haben den Bergen freundlich-runde Formen verpaßt, sie zu einem grandiosen, aber trotzdem leicht zugänglichen

Wandergebiet gemacht. Man kann es auch so sagen: Während **Jotunheimen** mit dem 2469 m hohen Galdhøpiggen die "Heimat der Riesen" ist, könnte man Rondane mit dem (immerhin) 2178 m hohen Rondslottet den Namen **Jenteheimen** geben = "Heimat der Mädchen". Der größte Teil des Gebirges ist Nationalpark, der erste Norwegens, fast 600 qkm groß, jeglicher Autoverkehr ist darin untersagt. Wir haben für Sie drei günstige Plätze ausgesucht – für kleine Wanderungen, große Touren oder Mußestunden auf der Campingliege!

Bei der Ortschaft SELSVERKET folgen wir nach links dem Wegweiser "Kvitskriuprestene", 100 m hinter der auffälligen Kirche. Die Straße macht sich sofort mit Serpentinen ans Geschäft und gabelt sich wenig später. Links geht es zur "Peer Gynthytta", wir fahren rechts (Wegweiser: Mysusæterveien 7 km, Kvitskriuprestene 2 km), müssen an der "Bomstasjon" 3 DM bezahlen und uns selbst den Schlagbaum öffnen.

Das Tal des Ula-Flusses war ein Alptraum der Bewohner von SELSVERKET. Jedes Frühjahr schüttete der kleine Fluß 250 LKW-Ladungen Geröll ins Tal, 1789 zerstörte eine Riesenflut nicht nur den ganzen Ort, sondern verdrängte mit seinen Schuttmassen den Lauf des Lågen zur anderen Talseite, die Gegend versumpfte. 1978 entstand Norwegens erste "Materialsammeltalsperre", der Uladammen, 100 neue Bauernhöfe konnten im Tal angelegt werden.

Die Menge des zu Tale stürmenden Gesteins kommt nicht von ungefähr! Ist das Rondanegebirge doch nicht nur massiver Fels, sondern auch Moränenschutt aus der Eiszeit. Einem ganz besonderen Beweis dafür sind wir auf der Spur, den "Kvitskriuprestene", den "weißen Priestern". Regnet es nämlich in einem Gebiet recht wenig, vorzugsweise in Form kurzer Schauer, dann kann solche Moränensubstanz unregelmäßig ausgewaschen werden. Große Steine schützen dabei die darunterstehende Masse, der Zwischenraum fließt weg, schlanke Pyramiden mit "Steinhüten" entstehen. Außer im Uladalen findet man solches erst wieder in den Alpen.

Neben uns schäumt die "wüste" Ula in ihrem Schotterbett zu Tale, an der (selten benutzen) Fahrstraße eine ganze Reihe von idyllischen Picknick- und Übernachtungsplätzen.

Wer nun glaubt, weil er 3 DM "Eintritt" bezahlt hat, bekommt er die "weißen Priester" frei WOMO-Fenster geliefert, der sieht sich enttäuscht. Unser suchendes Auge gleitet immer weiter am Hang empor und entdeckt sie schließlich knapp unterhalb der Hangkante – eine Kletterpartie steht uns ins Haus!

Aber bereits nach zehn Minuten stehen wir, leicht schnaufend, am Sicherheitszaun vor den weißen Konglomeratsäulen mit den schwarzen Steinhüten. Es ist nur ein kleines Wunder, das

Uladalen: "Kvitskriuprestene"

wir bestaunen, aber ein Wunder doch, eines von vielen in diesem tollen Urlaubsland! Die letzten Strahlen der Abendsonne spenden einen goldenen Schimmer. Sind es die wehenden Schatten der Bäume – oder geht eine leichte Bewegung durch die Priesterschar, so als wollten sie zu einer Prozession aufbrechen?

Wir finden das Uladalen viel zu romantisch, um es gleich wieder zu verlassen, wenden das WOMO und rollen ein paar Meter zu dem schönsten Platz am Fluß zurück, genießen den Abend und lassen uns in den Schlaf rauschen.

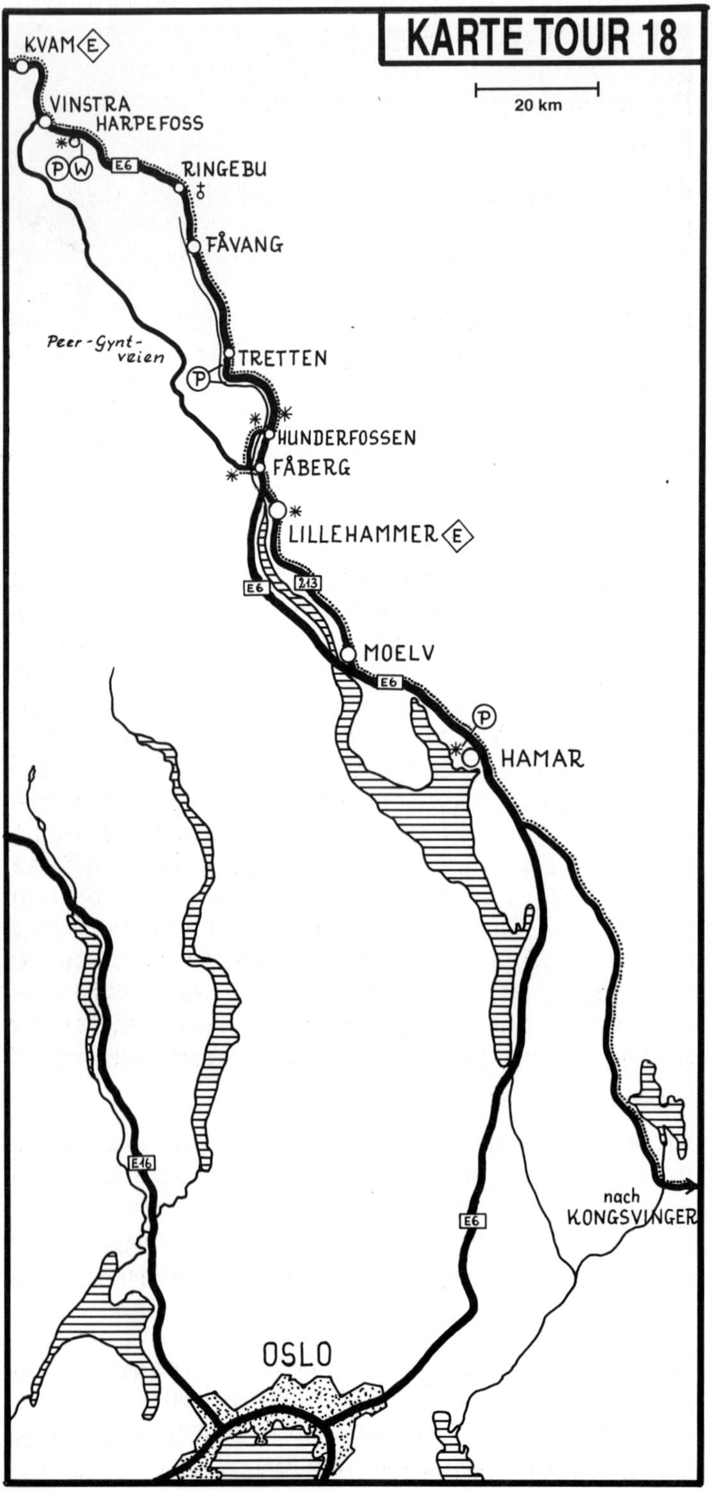

KARTE TOUR 18
20 km
KVAM
E
VINSTRA
HARPEFOSS
P
W
E6
RINGEBU
FÅVANG
Peer-Gynt-veien
TRETTEN
P
HUNDERFOSSEN
FÅBERG
LILLEHAMMER
E
E6
213
MOELV
E6
P
HAMAR
E16
E6
nach KONGSVINGER
OSLO

TOUR 18 (200 km / 2-4 Tage)

Rondane – Otta – Hunderfossen – Lillehammer – Hamar

Natürlich kann man auch kostenlos ins Rondane-Massiv einsteigen! Man verläßt die E 6 am südlichen Ortsrand von OTTA, fährt links die Staatsstraße Richtung "Mysusæter" hinauf. Wir wenden am nächsten Morgen ein zweites Mal in der Uladalen-Schlucht, fahren unterhalb der "Kvitskriuprestene" vorbei, überqueren kurz darauf den Ula-Fluß, ziehen steil bergauf. Die Steigung ist so steil, daß ich dem Vorderradantrieb ein Extra-Lob ausspreche, weil er nicht durchdreht. Dann jedoch geht's wieder fast eben weiter, aussichtsreiche Wiesenplätze auch hier für beschaulichen Blick und ungestörte Nachtruhe ohne Ula-Rauschen.
Eine Schranke markiert das Ende unserer Mautstraße, wir münden in die genannte, kostenlose Teerstraße aus OTTA ein und erreichen nach weiteren 800 m den riesengroßen Parkplatz von MYSUSÆTER, den Wanderstartpunkt für Leute mit schmalem Geldbeutel oder/und kräftigen Waden. Der Platz hat die Gemütlichkeit und die Ruhe eines Supermarktes, aber man findet Gleichgesinnte – und niemand würde sich daran stören, selbst wenn Sie Ihre große Wäscheleine ausspannen würden!
Vom Mysusæter-Parkplatz führen noch zwei Privatstraßen weiter ins Gelände. Nach links geht's Richtung "Rondvassbu". Diese Berghütte liegt bereits mitten im Nationalpark, ist beliebtes Ziel für kleine Wanderungen und Zwischenstation für anspruchsvollere Touren. Aber glauben Sie ja nicht, daß Sie die Hütte anfahren könnten! Auf halber Strecke, mitten auf der windigen Hochebene, beginnt das Naturschutzgebiet, markiert durch Schranke und großen Parkplatz, Sie haben lediglich eine Stunde (langweiligen) Fußmarsch eingespart (Bomveg: 4,2 km, 3 DM).
Bis zur Rondvassbu-Hütte sind's weitere 1,5 Stunden (es sei denn, Sie hätten das Fahrrad dabei); von dort aus wären es auf das Rondslottet (2178 m) aufwärts 4 Stunden, abwärts 2 Stunden ....
Wir wenden uns nach rechts (Wegweiser: "Furusjøen"). Nach 200 m zahlen wir 5 DM "Bom" und dürfen dafür 3 km bis zum Parkplatz am Furusjøen rollen: Vor unserer WOMO-Tür haben wir eine Wiesenfläche, dahinter Zwergbirken und Fichten. Das Wasser glitzert in der Sonne, es ist fast windstill – ein Tag zum Faulenzen.
Nach dem Mittagessen packt uns bei so viel Idylle dann doch die Wanderwut. Unsere 1:100.000-Wanderkarte "Rondane",

Furusjøen: "Brücke" über das Glitra-Flüßchen

die uns über 25 DM gekostet hat, soll sich wenigstens ein bißchen rentieren. Um "unseren" See herum zeigt sie mehr oder minder dünne rote Strichelchen, wir werden schon was finden!

Links herum, also im Uhrzeigersinn! Wir stapfen in unseren Gummistiefeln los, haben außer Karte, Kompaß und Fotoausrüstung je einen großen Behälter dabei, den wir mit Heidelbeeren zu füllen gedenken. Ein Landvorsprung wird abgeschnitten, dann überqueren wir das Glitra-Flüßchen auf der wohl brüchigsten Brücke, die wir in unserem Leben gesehen haben. Fast kommt der Verdacht auf, man habe sie speziell für einen

Abenteuerfilm so hergestellt.
Weiter folgen wir dem Wegweiser "Rondablikk", einer Hütte, die südlich des Sees liegt und sporadisch auftretenden, roten Farbklecksen. Aber die Orientierung ist ohnehin nicht schwer: Kommt man zu weit nach rechts – schwappen die Wellen!
Bis zur Ostspitze des Sees verläuft der Weg nun direkt am Ufer entlang. Das Baumaterial für die sehr stabile Brücke über das Frya-Flüßchen hätte auch für die Reparatur am Glitra ausgereicht! Nach der Brücke wenden wir uns nach rechts, suchen uns ein Durchkommen zwischen Ferienhütten und Ufer, freuen uns, nach längerer Pause wieder Farbkleckse zu sehen – diesmal sind sie jedoch blau. Hier, auf der Südseite des Sees, ist der Blick auf die höchsten Berge Rondanes am vollständigsten und schönsten!
Wir peilen mit unseren Kompaß die Landenge zwischen dem Furusjøen und dem Appendix Vålåsjøen an, den wir nicht auch noch umrunden wollen – und finden sie wirklich auf Anhieb! Dahinter dehnt sich lichter Wald aus, das Unterholz besteht fast nur aus kniehohen Heidelbeerbüschen – wir sammeln und sammeln, bis wir in der Dämmerung die Beeren nicht mehr von den Blättern unterscheiden können. Kurz darauf sind wir auf der Fahrstraße westlich des Sees, auf der wir zurück zu unserem WOMO trotten (Gesamtzeit mit Heidelbeersuche 4,5 Std.).
Am nächsten Morgen rollen wir nach Mysusæter zurück, benutzen dann die kostenlose Teerstraße hinab nach OTTA. Natürlich bemühen wir uns, die "weißen Priester" auch von hier aus zu entdecken. Wir finden sie und auch einen Picknickplatz, von dem aus man sie in Ruhe, wenn auch aus der Ferne, begucken kann.
Dann spähen wir bereits ins breite Tal des Lågen, an dessen Ufer OTTA liegt. Wie im Slalom schwingen wir uns zum Fluß hinab, biegen an der E 6 zunächst rechts und verlassen sie 800 m später wieder ins Zentrum von OTTA. Gleich hinter der Lågen-Brücke, am Kreisverkehr, findet man einen riesengroßen Parkplatz mit Einkaufsmöglichkeiten. Sucht man nur einen ruhigen Übernachtungsplatz, sollte man vor dem Parkplatz weiter nach rechts bis zur Ottahallen fahren.
Die E 6 verführt zum Rasen. Wesentlich behäbiger bewegt sich der Lågen nach Süden, zeitweise scheint er gar still zu stehen, türkisgrün wie in einem Fjord schimmert seine Oberfläche.
Dann tauchen plötzlich Schaumkronen auf, die breite Bahn drängt sich zusammen, und ausgerechnet im wildesten Trubel versuchen sechs "Wikinger", ein Schlauchboot durch die Wogen zu steuern – "Rafting", ein nasses Vergnügen!
Leider liegt zwischen dem schönen Lågen-Fluß und der E 6 die

Bahnlinie, so daß es mit schönen Picknickplätzen Fehlanzeige ist. So rollen wir weiter im Verkehrsstrom, Maximalgeschwindigkeit 70-90 km/h, mehr ist ohnehin nicht erlaubt. Eine malerische Alternative zur E 6 wäre der "Peer-Gynt-Vegen", der ab VINSTRA parallel zur E 6 durchs Gebirge zieht und in FÅBERG, 5 km vor LILLEHAMMER, wieder in sie einmündet. Wir haben auch ohne großen Umweg für Sie ein Idyll gefunden! Bei HARPEFOSS, der Name deutet es schon an, zwängte sich früher der Lågen durch eine bizarre Schlucht. Die Schlucht ist immer noch da, der Fluß strömt jedoch zum größten Teil durch

Harpefossen-Schlucht

Rohre im Berg, um Strom zu produzieren. Wir verlassen die E 6 Richtung HARPEFOSS, überqueren die Bahnlinie und parken nicht hinter der Flußbrücke, denn da stehen meist schon viele andere. Wir rollen 100 m weiter, biegen vor einem Parkplatz nach links (Wegweiser: "Friluftsområde") und kurven die Straße hinab zum Fluß. Dort liegt neben dem Fußballplatz ein großer, ruhiger Parkplatz direkt am Fluß. Ein kleiner Spaziergang flußaufwärts (Hinweisschilder: "Kleivin" und "Haltbrua") führt in einen hochromantischen und gleichzeitig äußerst fruchtbaren Märchenwald (Himbeeren und Heidelbeeren). Der Pfad endet bei der Brücke über die Harpefossen-Schlucht, die ich mir nun ohne Parkprobleme (allein) bestaunen kann, denn Waltraud hockt im Märchenwald zwischen den Himbeeren. „Wer soll den die vielen Beeren essen?“ frage ich etwas dümmlich. „Ich backe heute Abend Kuchen – in der Bratpfanne!“

Wenn man dumm fragt, bekommt man dumme Antworten ....

Weiter geht's auf der E 6 nach Süden. HUNDORP hat eine sehenswerte Kirche, die "Sœr-Fron-Kyrkje" mit achteckigem Grundriß, einem gestaffelten Dach sowie einem zweistöckigen Turm mit Laterne.

Südlich von HUNDORP verbreitert sich das Tal immer weiter, hier fängt das eigentliche Gudbrandsdalen an, das fruchtbare, breite Tal mit den großen Bauernhöfen, deren Anblick Wohlhabenheit widerspiegelt.

Südlich von RINGEBU schaut vorwitzig der rotbraune Turm der Stabkirche von einem Hügel auf die Straße hinab. Die Kirche aus dem 13. Jahrhundert, äußerlich ohne sichtbaren Schmuck, ist innen sehr schön ausgestattet, und der Eintrittspreis ist mit 3 DM bescheiden. Hier wechselt auch die Bahnlinie die Uferseite, so daß unsere E 6 direkt am Wasser entlang führt – aber die schönen Stellen neben der Straße sind alle von Campingplätzen besetzt. Erst 2 bzw. 7 km südlich von TRETTEN liegen rechts der Straße schöne Picknickplätze oberhalb des Flusses, der zweite auch mit Toiletten. Die neueste Attraktion an der E 6 erwartet uns in ØYERSØR. Hier liegt direkt links neben der Straße "Lilleputthammer", eine Miniaturstadt, die LILLEHAMMER um die Jahrhundertwende darstellt. Gleich daneben "Wasserland", eine überdachte Badeanlage mit den zwei längsten Wasserrutschen (70 m) Norwegens und der einzigen Wasser-Disco Europas. Sie merken, wir nähern uns der "Zivilisation"! Aber es kommt noch dicker!!

2 km weiter südlich überqueren wir den Lågen. Die Abzweigung heißt schlicht HUNDERFOSSEN und führt über die Dammkrone eines Kraftwerkes, unterhalb der das Wasser mit Dröhnen hinabschäumt.

Aber das "Hunderfossen-Kraftverk" ist nur die kleinste von vier Attraktionen. Als nächste erreicht man, gleich hinter dem Fluß rechts, den "Hunderfossen Familienpark". Für 30 DM (3-14 Jahre: 25 DM) kann man von 10-20 Uhr all das erleben, was ein Freizeitpark heutzutage bietet, hervorheben sollte man vielleicht die Märchengrotte und den größten Berggeist der Welt. Fährt man an der nächsten Straßengabelung rechts, so kommt man nach wenigen hundert Metern zum neuen "Norwegischen Wegmuseum". Dort erfährt man in einer hochinteressanten Ausstellung, welche Anstrengungen gerade Norwegen machen mußte, um seinen Einwohnern (im wahrsten Sinne des Wortes) den Weg ins Automobilzeitalter zu ebnen. Wer dort die Straßenkarte von 1980 mit der von heute vergleicht, begreift erst recht, welcher Arbeitsaufwand geleistet werden mußte, um auch uns hier einen bequemen Sightseeing-Urlaub zu ermöglichen. Die verwendeten Werkzeuge, Maschinen, Geräte, historisch oder neu, werden ausgestellt, der Wege-, Brükken- und Tunnelbau wird anschaulich gemacht und in einer Diaschau entfalten sich all diese Ereignisse noch einprägsamer vor unseren Augen (offen: 10-19 Uhr, Eintritt frei!).

Hunderfossen: Norwegisches Wegmuseum, Schneefräse

Sowohl das Wegmuseum als auch der Familienpark haben riesige Parkplätze – mit einer Schranke am Eingang, die sich um 21 Uhr schließt, denn ein Campingplatz beim Freizeitpark wartet auf zahlende Gäste!
Wir fahren nun an der Straßengabelung links (Wegweiser: "Helleristninger"). Nach 700 m kommt man an der Olympiabobbahn vorbei, gegenüber ein großer, freier, öder Parkplatz, nach 2,5 km seit der Gabelung rechts der Straße ein Brunnen.

Nach 5,3 km liegt rechts, oberhalb der Straße, der kleine Schotterparkplatz für die Wanderer zu den Felszeichnungen. Wir folgen zu Fuß dem Wegweiser: Bergab auf einem geschotterten Fahrweg und dann einem Pfad durch den Wald, bis hinab zum Lågen-Fluß (15 min.). Dort ist gerade Hochwasser, so daß wir nur aus fünf Meter Entfernung zu den Steinritzungen hinüberspähen können, wohlgenährten Nilpferden gleich, die aber sicher Rentiere oder Elche darstellen sollen, da Nilpferde in Norwegen eher selten sind.

Hunderfossen: Felsritzungen am Ufer des Lågen

Noch 2 km sind es auf der Straße, parallel zur E 6, jedoch auf der anderen Flußseite, bis FÅBERG. Hier überqueren wir noch nicht den Lågen, sondern ziehen weiter nach Süden, um dann, an einem Kreisverkehr, rechts auf die 255 abzubiegen. Sie führt uns nach 1200 m Richtung GAUSDAL zur Kirche von FÅBERG, links der Straße. Am rechten Ende des Parkplatzes vor der Kirche, ungefähr 10 Schritte entfernt, findet man einen ungewöhnlichen, nadelförmigen, 4 m hohen Stein. Die Sage berichtet, ein Troll habe ihn auf die Kirche schmeißen wollen, aber in seiner Dummheit natürlich die Entfernung nicht richtig geschätzt. Des Lesens Kundige werden Runen auf dem etwa tausend Jahre alten Stein entdecken: „Diesen Stein errichtete Roar für Olve, seinen Vater."
Wir überqueren nun den Lågen, reihen uns für 3 km wieder in der Verkehrsfluß auf der E 6 ein, verlassen sie dann Richtung LILLEHAMMER. Die Stadt der Winterolympiade 1994 hat eine kleine, aber feine Fußgängerzone, die man mit seinem Besuch beehren sollte, die "Storgatan". Diese verläuft links, oberhalb der Durchgangsstraße 213. Man parkt am besten am Bahnhof,

rechts der 213 und wandert das kurze Stück hinauf. Nach 17 Uhr kann man, wie üblich, parken wo man möchte! Falls Sie uns nach dem schönsten Gebäude von LILLEHAMMER fragen – das ist das Gebäude der "Norges Bank". Es trohnt in der Mitte des "Stortorget", völlig zugewachsen mit Efeu und mit einem quadratischen Turm gekrönt, als wäre es das Rathaus persönlich ....

Wir fahren auf der 213 zum Südrand von LILLEHAMMER, kommen an der Stadtkirche vorbei – backsteinern mit rotem, spitzem Kupferdach. Ab der nächsten Kreuzung folgen wir im Zickzack den Wegweisern zum Freiluftmuseum "Maihaugen" (offen: 9-18 Uhr, 12 DM). Wir können mit Recht behaupten: Maihaugen ist eines der größten und gepflegtesten Freiluftmuseen Norwegens, hier ist einiges geboten: Da werden täglich um 12 Uhr die Schweine und Hühner gefüttert, der Töpfer ist von 10.30-17 Uhr bei der Arbeit, in der Stabkirche ist mittwochs, 19 Uhr ein Gottesdienst.

Ein Bauernhof wird täglich bewirtschaftet, als sei die Entwicklung der Landwirtschaft vor einhundert Jahren stehen geblieben, die Almwirtschaft zur Jahrhundertwende wird vorgeführt und der Silberschmied darf auch nicht fehlen; alle Vorführungen finden natürlich in oder neben historischen Gebäuden und in traditioneller Kleidung statt – sehenswert!

Wir verlassen LILLEHAMMER auf der 213 nach Süden, kehren also bis MOELV nicht auf die E 6 zurück! Diese Parallelstraße ist gut ausgebaut und hat viel weniger Verkehr als die Europastraße, die kurz vor MOELV auch noch gebührenpflichtig ist. Unmittelbar vor dem Ortsschild von MOELV geht rechts ein Schotterweg zu einer großen Steinsetzung aus der Eisenzeit. Zwölf gewaltige Felsklötze sind zu einem Kreis angeordnet, wohl ein Richterring, eine Thingstätte.

Wer in MOELV sein Haupt zur Ruhe betten möchte, der fährt am Ortsende Richtung "Idrettsparken" und dann nochmals rechts (Wegweiser: "Idrettshallen"). Dort, vor den Sporthallen, steht man völlig ruhig, nachdem die letzten Basketballer abgezogen sind.

Wir münden nun wieder in die E 6 ein, knapp hinter der "Bomstasjon"! Schnell vergehen die 30 km bis zur Ausfahrt HAMAR. Die Hauptstadt der Provinz Hedmark liegt auf einer Halbinsel im riesigen Mjøsa-See und die touristischen Glanzpunkte liegen an seinem Ufer.

Wir nähern uns dem Zentrum und werden geradezu überfallen von sechs (!) weißen Hinweisschildern, unter anderem lesen wir "Jernbanemuseet", "Hedmarksmuseet" und "Domkirkeodden"; alle Schilder zeigen jedoch nach rechts – wir folgen und kommen am rechten, am nördlichen Ende des "Strandvegen"

an. Nun brauchen wir nur noch der Reihe nach die Attraktionen abzufahren: Los geht's mit dem Eisenbahnmuseum, dem "Jernbanemuseet" (offen: 10-16 Uhr, 6 DM), in der Nähe des Campingplatzes. Man kommt sich hier vor wie im "richtigen Leben", je nach Ausstellung jedoch um Jahrzehnte oder gar ein Jahrhundert zurückversetzt. Da stehen nicht nur Lokomotiven oder Waggons 'rum! Eine ganze Bahnstation ist aufgebaut, Züge setzen sich in Bewegung – ein Augenschmaus für jeden Eisenbahn-Fan!
Am Strandvegen nach Süden begleiten uns bereits die historischen Holzhäuser im Freigelände des Hedmarkmuseums, an dessen riesigen Parkplatz wir nach 700 m ankommen. Die Museumsgebäude haben auch nur von 10-18 Uhr geöffnet, das Freigelände ist jedoch rund um die Uhr zugänglich. Trotzdem erwartet uns eine große Enttäuschung: Die pittoreske Ruine des mittelalterlichen Domes, einziger Überrest der alten Handelsniederlassung "Hamarkaupangen", ist vollständig mit grünen Tüchern zugehängt – Restaurationsarbeiten.
Wir haben nun fast das Ende des Strandvegen erreicht, rollen um die Kurve und auf der Storhammargata weiter. 800 m nach dem großen und ruhigen Parkplatz "Hedmarksmuseet" biegen wir hinter einem langgestreckten Ziegelbau zum Ufer. Dort kann man nicht nur ungestört nächtigen, sondern auch noch auf gepflegten Wegen am Strand entlang joggen, spazierengehen oder nur dasitzen und auf den Spiegel des Mjøsen schauen.
Ich werde nach dem Abendessen, völlig unüblich, aus dem WOMO geschickt: „Schau' dir mal für ein paar Minuten den See an!"
„?"
Nach meiner Rückkehr steht die Bratpfanne auf dem Gas, zugedeckt; Waltraud lächelt wie die Sphinx: „Finger weg!"
Nach und nach verbreitet sich Kuchengeruch im WOMO, ich fasse es nicht! Geheimnisvolles Hantieren am Herd, ich muß die Augen schließen – und bekomme den ersten, selbstgebakkenen Himbeer-Bisquitteig-Bratpfannenkuchen in der WOMO-Geschichte geboten – ein Genuß!
Rückfragen bzgl. des Rezeptes bitte nur an Waltraud (07135/14553).
Am nächsten Morgen fahren wir weiter am Ufer entlang, das letzte Museum am Strand fehlt noch auf unserer Liste! Es ist noch im Aufbau, erst ein paar Häuser sind angekommen, denn sie haben einen weiten Weg – es sind die ärmlichen Katen und Hütten der norwegischen Aussiedler. In den Jahren 1825 - 1940 wanderten über 850.000 Menschen nach Nordamerika aus, flohen vor Armut und Hunger. Nur Irland hatte eine höhere

Auswandererrate.
An einem roten Granitblock vorbei, der die Hochwasserstände des Mjøsa-Sees seit 1789 anzeigt – damals hätte mein Kopf gerade noch aus dem Wasser geragt, wenn ich auf dem WOMO Zuflucht gesucht hätte – kommen wir zum Anlegekai des "Skibladners". Es ist ein Dampfer, ein Raddampfer, der älteste Raddampfer der Welt, der noch in Betrieb ist, er verkehrt täglich im Linienverkehr: Lillehammer - Gjøvik - Hammar - Eidsvoll (Abfahrt: 11 Uhr, Rückkehr: 17.10/18.30 Uhr).

Hamar: Olympiahalle

Wir unterqueren nun die Bahnlinie, gelangen am Bahnhof vorbei auf die 222, die uns nach Südosten zur E 6 Richtung OSLO zurückführt. Dabei erhaschen wir noch einen Blick auf das größte Wikingerschiff aller Zeiten, die neue Hamar-Olympiahalle, dann hat uns die Europastraße wieder.
Ja, liebe Freunde, es wird Zeit, daß wir für dieses Jahr voneinander Abschied nehmen. Norwegen hat uns viele Superlative gezeigt, die höchsten Wasserfälle, die größten Gletscher, die tiefsten Schluchten, die längsten Fjorde, wir waren stets überwältigt.
Nun haben wir nur noch einen kleinen, einen geradezu winzigen Wunsch – und den können wir uns leicht erfüllen: Wir werden uns jetzt nach Südosten davonmachen, Richtung schwedische Grenze und uns einen schnuckeligen, warmen Badesee suchen. Finden Sie nicht auch, daß wir uns ein paar Tage Erholung verdient haben?

Tips und Tricks - alphabetisch geordnet

ABWASSERTANK

Nicht jedermann betrachtet WOMOs mit wohlwollendem Auge! Mit Sicherheit beschwört man jedoch Ärger herauf und versaut den Ruf der ganzen Sippe, wenn man sein Abwasser seelenruhig unter dem Fahrzeug heraustrielen läßt!

Tips:

>> Bedenken Sie bei der Dimensionierung, falls ein Abwassertank nachträglich eingebaut werden muß: Größe mindestens 10 Liter x Personenzahl.

>> Für eine bequeme Entleerung sollte man Auslauföffnung oder Abwasserschlauch so anbringen, daß man mühelos über oder neben einen Gully fahren kann.

>> Steht man längere Zeit an einem Platz, so muß man zwischendurch entweder eine Tankstelle aufsuchen (die haben immer groß dimensionierte Abwassergullys) oder im Notfall einen Straßengraben.

>> Besitzer zu klein dimensionierter Abwassertanks sollten einen Faltkanister als Abwasserlunge umfunktionieren. Den kann man geschickt in die allgegenwärtigen Toiletten entleeren.

>> Abwassertanks erhält man in allen Größen und Formen im Campingfachhandel.

>> Messen Sie vor dem Kauf genau die freien Flächen an der Wagenunterseite aus, überprüfen Sie die Zulauf- und Ablaufführungen.

>> Tabu sind Bereiche genau zwischen den Achsen und am Wagenheck. Hier braucht das Fahrzeug eine große Bodenfreiheit für Fahrten über Bodenwellen, Wurzeln und herausragende Steine.

ADRESSEN

Kurz vor der Grenze holen wir Pässe und Grüne Karte aus dem Geheimfach. Was tun, wenn der Paß beim Geldholen auf der Bank liegenblieb? Was tun, wenn die Polizei bei einem Verkehrsunfall den Paß einzieht und man sich ungerecht behandelt fühlt? Was tun, wenn das ganze Geld oder sogar das Auto geklaut wurde? Was tun, wenn man einfach nicht mehr weiter weiß?

Tips:

>> Jeder größere Ort hat seinen Verkehrsverein ("Reiselivslag" oder "Reiselivsforeningen"). Dort erhält man nicht nur Prospektmaterial und Stadtpläne, sondern von den stets fremdsprachenkundigen (meist englisch, manchmal

deutsch) Angestellten auch Rat und Hilfe.

>> Die Konsulate tun in solchen Fällen wirklich alles, manchmal sogar mehr und vor allen Dingen erfolgreicheres, als man sich vorstellen kann:

Deutsche Botschaft: N-0285 OSLO 2, Oscars gate 45 Tel. 0047 - (0)2 - 55 20 10

Österreichische Botschaft: N-0244 OSLO 2, Sophus Lies gt. 2, Tel. 0047 - (0)2 - 55 23 48

Schweizer Botschaft: N-0268 OSLO 2, Bygdøy Allé 78 Tel. 0047 - (0)2 - 43 05 90

Königlich Norwegische Botschaft: 53175 Bonn, Mittelstraße 43, Tel. 0228 / 81 99 70 Fax 0228 / 37 34 98

>> Außerdem gibt es in weiteren Städten deutsche Konsulate:
N-6000 Ålesund, Tollbugate 6
N-5004 Bergen-Nordnes, C. Sundsgt. 60
N-3000 Drammen, Tollbugate 105
N-5500 Haugesund, Strandgate 71
N-6508 Kristiansund, Strandgatan 78
N-7002 Trondheim, Leksvikgaten 2

>> Sie möchten sich zu Hause noch genauer über Ihr Urlaubsziel informieren:
Norwegisches Fremdenverkehrsamt,
Postfach 76 08 20, 22058 Hamburg,
Mundsburger Damm 45, 22087 Hamburg
Tel. 040 / 22 71 08 10, Fax 040 / 22 71 08 15.

>> Viele Infos und die Adressen aller norwegischen Verkehrsvereine findet man im "Offiziellen Norwegischen Reisehandbuch", das jedes Jahr neu erscheint. Man erhält es für ca. 15 DM + 5 DM Porto von:
Nortra Marketing GmbH, Christophstraße 18, 45130 Essen

>> Reichhaltiges Informationsmaterial verteilen auch die Automobilclubs.

ÄRZTLICHE HILFE

Krank im Urlaub? Das ist so ziemlich das letzte, was man sich wünscht. Manchmal ist es jedoch nur das kleine Unwohlsein, das den Tag vermiest oder es ist ein Medikament ausgegangen. Was tun?

Tips:

>> Alle norwegischen Ärzte sprechen französisch, englisch

oder deutsch. Auskunft erteilt Ihnen das Touristenbüro, im Telefonbuch suchen Sie "legevakt". Dieser ärztliche Notdienst vermittelt Sie weiter. Sie können auch direkt zur nächsten Poliklinik fahren. Im Notfall wenden Sie sich an die Polizei, sie spielt in Norwegen "Mädchen für alles".

>> *1992 tritt ein Sozialabkommen zwischen Norwegen und Deutschland in Kraft. Bisher mußte man Arzt und Medikamente bar zahlen.*

>> *Genauere Auskunft über dieses Sozialhilfeabkommen sowie über die Mitnahme von nötigen Papieren erteilt die AOK. Privatpatienten sei angeraten, außer einer ausführlichen Rechnung die Umtauschquittung einer Bank bei der Krankenkasse einzureichen. So kann bequem von Norwegischen Kronen in DM umgerechnet werden.*

>> *Das Arzneimittelgesetz wird in Norwegen sehr streng gehandhabt! Ohne Rezept gibt's in der Apotheke (apotek) kaum etwas. Decken Sie sich also mit Ihren Mittelchen ein.*

>> *ADAC-Arzt: 09549 / 89 / 22 22 22.*

AUTOHILFSDIENSTE

Irgendwann passiert es jedem einmal: Das Auto gibt keinen Mucks mehr von sich.

Tips:

>> *Obwohl Norwegen dünn besiedelt ist, sind Sie bei einer Panne nie allein. Pannenhilfe leisten die Straßenwachtfahrzeuge des Automobilclubs NAF. Die Alarmzentrale des NAF in Oslo ist Tag und Nacht unter der Telefonnummer (02) 34 16 00 zu erreichen.*

>> *Einheitlich Telefonnummern für Polizei, Feuerwehr und Krankenwagen gibt es in Norwegen nicht. Schlagen Sie das Telefonbuch auf, finden Sie auf der Innenseite ein großes SOS in roten Buchstaben mit den örtlichen Notrufnummern.*

>> *An vielen Hauptstraßen stehen wie bei uns Notruf-Telefone.*

>> *Anschrift der Norwegischen Automobilclubs:*
Norges Automobil-Forbund, N-0155 Oslo 1, Storgatan 2, Tel. (02) 34 15 00
Kongelig Norsk Automobilklub, N-0255 Oslo 2, Drammensveien 20 C, Tel. (02) 56 10 00.

>> *Trotzdem sollten Sie sich vor dem Urlaub von Ihrer Autowerkstatt ein internationales Kundendienstverzeichnis besorgen lassen. Sie können ja Glück im Unglück haben und in der Nähe einer Reparaturwerkstätte Ihrer Automarke sein.*

>> *Die ADAC-Notrufzentrale in München ist rund um die Uhr besetzt:* **Tel. 09549 / 89 / 22 22 22.**

BABY

Mit einem Baby oder Kleinkind in den WOMO-Urlaub? Wir haben nur gute Erfahrungen gemacht. Kinder ändern ihr Verhalten im Urlaub wesentlich weniger als Erwachsene, sie kämen z.B. nie auf die Idee, sich wie Fleisch in der Sonne braten zu lassen. Vorsicht ist jedoch stets bei Sonnenschein, speziell im Gebirge und am Meer, angeraten. Magen- und Darmkomplikationen bleiben meist aus, wenn man noch Babykost füttert.

Tips:

>> Sie werden staunen: Kinder baden auch in kaltem Wasser!

>> Im Norwegenurlaub erleben Sie mit Ihrem Kind jedoch alle vier Jahreszeiten. Decken Sie sich vor allem mit ausreichend warmer Kleidung ein.

>> Im Gebirge liegt noch reichlich Schnee. Sie haben im – oder auf dem WOMO doch sicher Platz für einen Schlitten!?

>> Babykost, Windeln und spez. Medikamente (Kinderarzt fragen!) von zu Hause mitbringen. Selbstverständlich erhält man alles auch in Norwegen, aber Vertrautes erspart Ärger.

>> Buggy oder Babyrückentrage sind für Besichtigungen und Wanderungen unentbehrlich. Kein noch so geduldiges Kleinkind trippelt freiwillig durch Gegenden, denen es kein Interesse abgewinnen kann.

>> Getränkewünsche unbedingt erfüllen und zwar mit schwach gesüßtem Tee (als Pulver mitnehmen). Gekaufte Getränke sind oft zu zuckerhaltig, um erfrischend zu wirken.

>> Wasser unbedingt entkeimen (s. "Trinkwasser").

>> Wichtigste Urlaubsutensilien für Ihr Kind sind: Lieblingsschmusetier, Ball, Sandspielsachen, Schwimmflügel, Schwimmreif, Malsachen für die Fahrt.

>> Landschaften erleben Kinder unter 15 Jahren nicht als Erlebnis, das sollten Sie bei einer Rundreise beachten.

>> Machen Sie öfter Station: Ein Kletterhügel, ein Sandstrand, ein Spielbach, ein Streicheltier, das sind die Erlebnisse, die Ihre Kinder brauchen!

BERGWANDERN/WILDNISWANDERN

Norwegen besteht zum größten Teil aus – Wildnis. Diese ist jedoch seit Jahrzehnten vom norwegischen Wanderverein (DNT) für Interessenten zugänglich gemacht worden – tausende von Kilometern Wanderwege wurden von ihm markiert, Gletschertouren werden organisiert, Berghütten gebaut und unterhalten.

Tips:

- >> *Zu jeder Fjell-Tour gehören vernünftiges Schuhwerk, regendichter Anorak (oder Regencape), Rucksack mit Feldflasche, Proviant, Wanderkarte und Kompaß.*
- >> *Beim vernünftigen Schuhwerk streiten sich die Fachleute: Gummi- oder Bergstiefel? Wir werden uns in diesen Streit nicht einmischen, lassen Sie Ihre Füße entscheiden!*
- >> *Die Wanderwege sind mit Hinweisschildern und Farbklecksen markiert, an den Winterwanderwegen und Loipen stehen lange Stangen mit roten Kreuzen an der Spitze.*
- >> *Abseits der Haupttrampelpfade begegnen Sie kaum einem Menschen. Gehen Sie deshalb nie allein auf Tour. Wenn Sie sich verirren oder verletzen, findet Sie so bald niemand!*
- >> *Gebirge haben nie beständiges Wetter. Brechen Sie eine längere Tour lieber ab, wenn das Wetter umzuschlagen beginnt. Regen, ja sogar Schneefall oder Hagelschauer, aber auch dichter Nebel können zu wahrhaft ungemütlichen, mit Kindern zu unverantwortlichen Situationen führen.*
- >> *Jede Wandertour, sei sie ein Gipfelsturm oder eine mehr gemütliche Rundwanderung, belohnt Sie mit atemberaubenden Blicken auf eine grandiose Landschaft.*
- >> *Für die erforderlichen Wanderkarten s. "Kartenmaterial", eine erste Übersicht bieten auch die Autokarten, denn auf ihnen sind die wichtigsten Wanderwege rot markiert.*
- >> *Weitergehende Fragen beantwortet Ihnen gerne die:*
  Den Norske Turistforeningen, Postfach 1963 Vika, N-0125 Oslo 1.
- >> *Wir haben bei unseren Touren nicht nur Fjellwanderungen ausprobiert! Auch Wanderungen im Flachland, durch Naturschutzgebiete und Urwälder sind unvergeßliche Erlebnisse.*

DEVISEN

Bargeld in einheimischer Währung oder der des Urlaubslandes, Euroschecks, Reiseschecks oder, oder? Vor jeder Reise das gleiche Problem?

Tips:

- >> *Für die An- und Rückfahrt durch Deutschland muß genügend Bargeld vorhanden sein, um Treibstoff sowie eventuelle Gaststätten- und Übernachtungskosten bezahlen zu können. Ein Blick auf Ihre Karte oder die Entfernungstabelle zeigt Ihnen, wie viele DM Sie dafür brauchen.*
- >> *Ob Sie Ihre Norwegischen Kronen in Deutschland oder in*

Norwegen einkaufen, gegen Bargeld, Reise- oder Euroschecks, spielt kaum eine Rolle, was den Umtauschkurs anbetrifft. Überall wird man Sie jedoch mit Gebühren traktieren.

>> *Wir haben die besten Erfahrungen mit unserem Postsparbuch gemacht. Ohne irgendwelche Gebühren bekommt man in über 1200 Postämtern sein Geld zu einem günstigen Kurs. Das Verzeichnis bekommen Sie kostenlos bei unseren Postämtern. Zudem ist die Post in der Regel von 8-16.30 Uhr , samstags von 9-12 Uhr geöffnet, während die Banken nur montags bis freitags von 8.30-15 Uhr aufgesucht werden können. Außerdem bekommt man für sein Geld auf dem Postsparbuch Zinsen.*

>> *Euroschecks müssen in der Landeswährung ausgestellt werden. Einen Kursvorteil hat man also nicht, manchmal werden auch noch (unterschiedliche) Bearbeitungsgebühren erhoben. Zu Hause bekommt man dann noch einmal 1,75%, mindestens aber 2,50 DM Gebühren pro Scheck aufgebrummt. Günstiger ist man dran, wenn man per Euroscheck-Karte und Geheimzahl am Automaten sein Geld abholt. Unabhängig von der Höhe der Abhebung zahlt man pauschal 5 DM.*

EINREISE/AUSREISE

Für Urlauber aus Deutschland, Österreich oder der Schweiz gilt folgendes: Personalausweis (oder Reisepaß), Führerschein, Kraftfahrzeugschein, Grüne Versicherungskarte (obwohl nicht vorgeschrieben) und Nationalitätenkennzeichen nicht vergessen.

Tips:

>> *Reisebedarf für den persönlichen Gebrauch kann zollfrei eingeführt werden, als Reiseproviant darf jede Person ab 12 Jahren 10 kg mitschleppen, davon max. 5 kg Fleisch und Fleischprodukte. Dabei sollte man sich auf Konserven beschränken, bei Frischwaren bestehen recht umfangreiche Einfuhrverbote. Auch Eier und Kartoffeln sind verboten.*

>> *Bei unserer letzten Norwegenreise verließen wir als erste die Fähre und stellten uns neben die Zollstation: Von ca. 500 Fahrzeugen wurden 2 kontrolliert; beim Grenzübertritt Schweden - Norwegen bekommt man überhaupt keinen Zoll zu sehen.*

>> *Besonders ärgerlich sollen die norwegischen Zollbehörden bei Alkoholschmuggel reagieren, denn dieser wird nur in staatlichen Läden (Vinmonopolet) und dort zu Wucherprei-*

sen verkauft. Erlaubt sind (bei Personen über 20 Jahren): 1 Liter Wein und 1 Liter Schnaps (oder 2 Liter Wein) und 2 Liter Bier.

>> *Für die Mitnahme von CB-Sprechfunkgeräten muß mindestens einen Monat vor Reiseantritt eine Genehmigung eingeholt werden bei der:*
Privatradiogruppen, Postboks 196, N-9250 Bardu.
Anzugeben sind: Typ, Fabrikat, Zahl der Kanäle, Sendeleistung, KFZ-Kennzeichen des Wohnmobils, Reisedauer in Norwegen.

>> *Die hohen Preise in Norwegen beruhen nicht zuletzt auf dem Mehrwertsteuersatz von 16,67 %. Durch das Taxfree-System wird Ausländern, die (unbenutzte) Waren ausführen, diese Mehrwertsteuer (abzüglich einer Gebühr) bei der Ausreise zurückerstattet. An fast jedem Geschäft hängen die blau-gelben Taxfree-Fähnchen, dort erhalten Sie auch Informationsbroschüren.*

FÄHREN

Norwegen ist im wesentlichen durch Fähren mit dem Rest Europas verbunden. Deshalb ist der Fährverkehr perfektioniert.

Tips:

>> *Die meisten Fährverbindungen können Sie selbst buchen, ohne Gebühr und Reisebüro, per Postkarte, Telefonanruf, Fax oder bei der Bahn (siehe Einleitung).*

>> *Lassen Sie sich nicht einreden, vor Ort bekäme man seine Tickets billiger. Zur Hauptsaisonzeit könnte das zu einer unfreiwilligen Übernachtung im ungemütlichen Hafengelände führen.*

>> *Sie haben Bedenken, ob Sie auch pünktlich an der Fähre sind (Unfall, Krankheit)? Dafür gibt es Reiseausfallversicherungen.*

>> *Kommen Sie frühzeitig zum Fährhafen. Wer als erster auf das Schiff rollt, verläßt es meist auch als erster.*

>> *Haben Sie auf der Fähre Ihr WOMO verlassen, können Sie während der Überfahrt oft nicht hinein (Enge, Verbote). Machen Sie sich schon vorher eine Liste, was Sie an Deck alles brauchen (Ausweise, Geld, Verpflegung, Kinderspielzeug, Lektüre, Badeklamotten für Schwimmbad oder Sauna) und packen Sie alles vor an Bord gehen in eine Tasche. Speziell auf den Skandinavienfähren ist es jedoch in der Regel kein Problem, während der Überfahrt zum Fahrzeug zu gelangen.*

>> *Schließen Sie das WOMO gut ab, schalten Sie die Alarm-*

anlage ein, für Wertsachen haben Sie hoffentlich gute Verstecke oder einen angeschraubten Tresor.

>> *Laut Vorschrift ist der Betrieb von Gasanlagen auf Fähren verboten, das gilt auch für Kühlschränke! Nach unseren Beobachtungen ist aber den meisten Campern das kalte Bier wichtiger.*

FAHRZEUG

Wenn das Auto nicht mehr läuft, "läuft" gar nichts mehr im Urlaub. Nur das beruhigende Gefühl, alles getan zu haben, damit Motor, Zündanlage, Reifen und Fahrgestell mehrere tausend Kilometer ohne Murren durchhalten, kann streßfreie Urlaubstage garantieren.

Tips:

>> *Kundendienst vor dem Urlaub nicht vergessen; besonders wichtig: Ölwechsel mit HD 20/W50, abschmieren, Luftdruck, Ventilspiel, 2 x Batteriedienst.*

>> *Ersatzteile mitnehmen (evtl. als Paket von der Werkstatt mit Rückgaberecht bei Nichtgebrauch):*
- *Gaszug*
- *Bremsseil*
- *Unterbrecherkontakte*
- *Reservezündkerzen*
- *Reserve-Birnenset komplett?*
- *Reserve-Keilriemen*
- *Ersatz-Sicherungen*

>> *Pannenausrüstung komplett?*
- *Reservekanister 20 Liter, voll?*
- *1-2 Liter Öl*
- *Reserverad mit Profil, Luftdruck o. k.?*
- *Ersatzschlauch (auch bei schlauchlosen Reifen!)*
- *Abschleppstange, ausprobiert?*
- *passender Wagenheber, ausprobiert?*
- *Klappspaten*
- *Warndreieck/Warnblinkleuchte*
- *Luftpumpe*
- *Erste-Hilfe-Koffer komplett?*
- *Werkzeugkoffer komplett?*
    - *Verzeichnis der Auslandskundendienststätten meiner Automarke, neu!*
    - *Reparaturbuch*

>> *Scheibenwaschanlage gefüllt, "Scheibenkratzer" mit Gummilippe und Schaumstoffwulst (Insekten!) vorhanden?*

>> *Feuerlöscher o. k.?*

>> Am Tag vor der Abfahrt mit allen Teilnehmern und dem fertig gepackten WOMO auf die öffentliche Waage fahren (z.B. Raiffeisenlager). Übergewicht, wenn möglich, vermindern. Jedes Kilo zusätzliches Gepäck erhöht nicht nur den Treibstoffverbrauch, sondern beeinflußt Fahrverhalten, Bremsweg, Lenkbarkeit und Steigfähigkeit negativ.

FILMEN/FOTOGRAFIEREN

Zweifelsohne verstärken die mitgebrachten optischen oder sogar akustischen Urlaubserinnerungen die Vorfreude auf die nächste Reise. Für jegliches Foto/Filmmaterial gilt: Reichlich von zu Hause mitbringen, die Preise in den Urlaubsländern sind stets höher, von der Auswahl ganz zu schweigen.

Tips:

>> Kaufen Sie rechtzeitig Filmmaterial, nutzen Sie Sonderangebote im Frühjahr. Im Kühlschrank hält das Filmmaterial jahrelang, ohne zu altern.

>> Für Aufnahmen in Kirchen, Höhlen und Bergwerken brauchen Sie Ihr Blitzgerät.

>> Denken Sie an einen Vorrat der benötigten Batterien oder steigen Sie auf wieder aufladbare Batterien um.

>> Packen Sie die belichteten Filme wieder in das Döschen; ganz Vorsichtige wickeln vorher noch etwas Alu-Papier herum, und verstauen Sie sie an der kühlsten und dunkelsten Stelle im WOMO.

>> Schauen Sie öfter nach dem Objektiv. Seeseitiger Wind bläst Salzwasserspritzer auf die Linse. Vorsichtig mit einem angefeuchteten Läppchen abtupfen, dann trockenwischen.

>> Falls Sie keinen Belichtungsmesser haben: Bei 100 ASA (21 DIN) ist Blende 11 (am Meer und im Gebirge Blende 16) sowie 1/100 sec. immer richtig, wenn die Sonne scheint.

FLORA/FAUNA

In Norwegen haben Sie dauernd Kontakt zur Natur, genießen Sie diese Freiheit, die Ihnen aber auch besondere Pflichten auferlegt.

Tips:

>> Der überwiegende Teil Norwegens ist Wildnis, dabei dominiert tundraartige, baumlose Steppe – Fjell und Vidda genannt.

>> Im Wald überwiegen Nadelbäume (70 %): Tannen, Fichten und Kiefern. In den Wäldern dürfen Sie Beeren sammeln

(Heidelbeeren, Moltebeeren, Preiselbeeren, Brombeeren), Pilze suchen und Blumen pflücken, sofern sie nicht unter Naturschutz stehen.

>> *Für Ihr Lagerfeuer dürfen Sie Äste auflesen, falls Sie zwischen dem 16. September und dem 14. April im Lande weilen. Im Sommer ist offenes Feuer streng verboten.*

>> *Im Fjell, der norwegischen Gebirgsregion, ist die Flora alpin. Hier bestimmen Moose, Flechten, Wacholder und Zwergbirken, in den sumpfigen Senken Wollgras und Sauergräser das Bild, dazwischen blühen im Sommer die fleischfarbenen Doldentrauben der Alpenazaleen und die weißen Glöckchen der Preiselbeeren.*

>> *Die Tierwelt hält sich versteckt, außer den auch bei uns vorkommenden Hirschen, Rehen, Füchsen und wilden Kaninchen stößt man im Süden nur durch Zufall auf einen aufgescheuchten Elch. Wesentlich gefährlicher wäre er bei einer nächtlichen Kollision, denn der mächtige Schaufler bringt bis zu 800 kg auf die Waage.*

>> *In Norwegen gibt es riesige wildlebende Rentierherden. In der Hardangervidda schätzt man ihre Zahl auf 40.000, in Jotunheimen 6.000, im Dovre-Fjell 1.500. Wer sie beobachten möchte, sollte sich jedoch auf längere Wanderungen einstellen, denn die Tiere sind wegen der (erlaubten) Bejagung sehr scheu.*

>> *Die größte Attraktion ist der Moschusochsenbestand im Dovre-Fjell. Wer sich nicht allein auf Moschusochsen-Safari wagt – von Kongsvoll an der E 6 aus werden welche organisiert.*

>> *Gerne und ohne Gefahren lassen sich die Seevögel in den großen Brutkolonien beobachten. Die südlichste "Vogelinsel" ist Runde. Wir besuchen sie auf Tour 12.*

FREIES CAMPING

Der Begriff des freien Campings ist in Norwegen mit dem Begriff des "Allemansrätten", dem **Jedermannsrecht** verknüpft. Dieses Gewohnheitsrecht, das noch nicht gesetzlich fixiert ist, regelt doch seit Menschengedenken die Rechte und Pflichten aller Menschen in Skandinavien, und damit auch der Touristen, gegenüber der Natur. Natürlich ist es nicht direkt für WOMO-Urlauber verfaßt worden! Da diese in immer größerer Zahl nach Norwegen kommen, sollten sie sich bei längerem Aufenthalt an einem Ort einen Campingplatz suchen.

Die wesentlichen Punkte des Jedermannsrechts lauten:
Es ist überall erlaubt, einige Nächte zu zelten, sofern das Grundstück nicht landwirtschaftlich genutzt wird oder in der

Nähe eines Wohnhauses liegt. Je näher (Hör- oder Sichtweite) Sie anderen Personen kommen, um so größer ist der Grund, um Erlaubnis zu fragen.
Es ist verboten, mit Motorfahrzeugen außerhalb der dafür bestimmten Straßen und Plätze zu fahren, Sie dürfen jedoch neben der Straße parken, wenn Sie niemanden behindern.
Sie dürfen überall baden sowie Wasser aus Quellen und Seen entnehmen. Sie müssen Ihren Unrat in die Abfallbehälter werfen oder wieder mitnehmen.
Es ist verboten, Chemikaltoiletten in der Natur auszuleeren.
Sie dürfen kostenlos an allen Küsten und in den Fjorden angeln, für andere Gewässer brauchen Sie eine staatliche Angellizenz (gibt's bei allen Postämtern, kostet 30 nKr) und einen örtlichen Angelschein (gibt's in Sportgeschäften, Kiosken, Touristenbüros, Hotels, auf Campingplätzen).
Sie dürfen wilde Blumen und Beeren pflücken und Pilze sammeln.

Tips:

Nach unseren Erfahrungen interpretieren wir das Gewohnheitsrecht für Wohnmobilisten folgendermaßen:

>> Das Parken von Wohnmobilen und das Übernachten ist für einzelne Tage gestattet.

>> Auf Rastplätzen an Hauptstraßen ist das Übernachten verboten. Wegen des Verkehrslärms würden wir Ihnen diese Plätze ohnehin nicht empfehlen.

>> Für die einmalige Übernachtung bieten sich an:
- *Wanderparkplätze,*
- *Parkplätze bei Sehenswürdigkeiten (markiert mit dem Blumenkohlsymbol),*
- *Parkplätze der Supermärkte (außerhalb von Ortschaften),*
- *Badeparkplätze (sind auf den Autokarten mit einem roten "B" markiert),*
- *Parkplätze von Boots- und Jachthäfen,*
- *Parkplätze von Sportplätzen (Idrettsplass).*

>> Befindet sich Ihr ausgewähltes Plätzchen in der Nähe eines Grundstückes, so fragen Sie, falls jemand zu finden ist, um Erlaubnis. Näher als 150 m sollten Sie keinem Haus kommen. Viele Norweger pochen geradezu verbissen auf ihre "privatområde", ihre Privatsphäre, die oft so weit wie ihr Auge reicht.

>> Wir haben in ganz Norwegen keinen Badeplatz gefunden, wo nicht mindestens Klo und Mülleimer aufgestellt waren. Es gibt also keinerlei Entschuldigung für "griechische Verhältnisse", will heißen, Kackhaufen hinter den Büschen und Plastikmüllbeutel an den Straßenrändern.

>> *Manches Toilettenhäuschen enthält nur einen Plastikeimer mit Sitz und Deckel, viele sind jedoch richtige Plumpsklosetts mit Absaugestutzen für die Kanalreinigung. Hier kann man auch seine Chemikaltoilette entleeren.*
>> *Lassen Sie sich vom Norwegischen Fremdenverkehrsamt (siehe "Adressen") die kostenlose "Norsk Campingkart" schicken. Auf dieser Karte sind neben den Campingplätzen alle Entsorgungsstationen verzeichnet.*
>> *Im Verlauf unserer Touren haben wir von jedem aufgesuchten Platz Zufahrt, Lage und Ausrüstung beschrieben.*

Campingplätze in Norwegen:
>> *Unterhaltene Campingplätze gibt es in Norwegen überreichlich (über 1.400), sie sind leider nicht mehr so preiswert wie noch vor wenigen Jahren. Für einen Stellplatz (incl. aller Personen) reicht die Preisspanne von 60-135 nKr, also etwa 15-35 DM/Tag, Strom, falls vorhanden, extra.*
>> *Die meisten Campingplätze sind durch ein rotes Zeltsymbol auf den o. a. Straßenkarten gekennzeichnet, je mehr das Zelt mit roter Farbe ausgefüllt ist, desto höher sind Ausstattung und Preis. Eine Campingplatzkarte sendet Ihnen kostenlos das Norwegische Fremdenverkehrsamt zu.*

GAS

Außer der Zweitbatterie die einzige Energiequelle beim Freien Camping. Bei einer vierköpfigen Familie muß man mit einem Gasverbrauch von 3 kg pro Woche rechnen. Einen ordentlichen Happen "frißt" davon nicht der Kühlschrank, sondern die Heizung, wenn Sie morgens nicht fröstelnd in die Hosen steigen wollen.

Tips:

>> *Sie haben eine graue Camping-Europa-Umtauschflasche? In Norwegen tauscht sie Ihnen niemand um!*
>> *Die in Norwegen an den meisten Tankstellen vorrätigen Propangasflaschen werden nur gegen gleiche getauscht. Die Anschlüsse passen nicht! Was tun?*
>> ***1. Möglichkeit:*** *Sie leihen sich zu Hause bei Ihrem Flaschner eine zusätzliche 11-kg-Flasche. Oft wird eine Leihgebühr verlangt.*
>> ***2. Möglichkeit:*** *Sie beehren eine der drei Stellen in Norwegen, wo Sie Ihre Gasflasche gefüllt bekommen. Die Adressen lauten:*
N-0193 Oslo, Sjursøya
N-5032 Bergen-Minde, Fjøsangervn. 68 A
N-7041 Trondheim, Haakon VII's gt. 10-12, (Stadtteil Lade).

>> ***3. Möglichkeit:*** *Haben Sie schon einmal an den Einbau eines Unterflur-Gastanks oder den Kauf einer Tankflasche gedacht? In Norwegen können Sie diese aber auch nur an drei genannten Stellen füllen lassen.*

GETRÄNKE

Über die Versorgung mit Kaffee, Tee oder Fruchtsäften brauchen wir nicht zu sprechen, da geht es in Norwegen mitteleuropäisch zu. Wer jedoch Bier, Wein oder gar Schnaps zu seinen Getränken zählt, der wird hier (vielleicht) zum Abstinenzler.

Tips:

>> *Wegwerfflaschen gibt es in Norwegen kaum noch, für alles zahlt man Pfand, alles wird gegen Bares zurückgenommen.*

>> *Cola und Limo in der 1 1/2-L-Flasche erhält man für etwa 4 DM. Zum Anmischen (1 : 4) gibt es "Husholdningssaft", eine Art Sirup, die 2-L-Flasche für 5 DM.*

>> *Bier ist nicht gleich Bier! In "normalen" Läden erhalten Sie Dünnbier=Lettøl noch für 1,50 - 2,00 DM/0,35 Liter. "Normales" Bier gibt's nur im staatlichen "Vinmonopolet", dort liegt der Halbliterpreis für "starkøl" mit 3-4 % Alkohol bei etwa 5 DM.*

>> *Die Abende in Norwegen können recht frisch werden. Falls Sie den (vom Zoll) gestatteten Liter Cognac vergessen haben, werden Sie in Norwegen dafür etwa 60 DM berappen müssen.*

>> *Aber Sie müssen ja auch gar keinen Alkohol trinken! Norwegen ist ein Land der Milchtrinker (wen wundert's?). Ein Produkt, das uns so vertraut ist, daß man sein Fehlen im Urlaub um so schmerzlicher bemerkt, findet man in Norwegen nirgends: H-Milch! Steht doch "H-Milch" auf der Tüte, so bedeutet es "Hel-Melk" = Vollmilch!*

>> *Vor allem Kleinkindermütter sollten sich folglich reichlich eindecken oder auf ihren Kühlschrank vertrauen. Dort hält Frischmilch etwa drei Tage.*

Frische Vollmilch	*= H-Melk 3%*	*1,80 DM/L*
Entrahmte Frischmilch	*= Lett-Melk 1,5%*	*1,60 DM/L*
Dickmilch	*= Kultur-Melk%*	*2,00 DM/L*

HAUSTIERE

Seit 1.5.1994 bedingte Einreisemöglichkeit! Alle Informationen über das komplizierte Impf- und Kontrollverfahren erhalten Sie gegen 3,00 DM in Briefmarken vom Norwegischen Fremdenverkehrsamt oder von der Norwegischen Botschaft in Bonn (siehe "Adressen").

INSEKTENPLAGE

Stechmückenschwärme gibt es nicht nur in Finnland, sondern überall dort, wo stillstehendes Süßwasser ihre Entwicklung gestattet. Norwegens Fjorde sind salzig und die Seen sind den Stechmücken offensichtlich zu kalt. Wir hatten in Norwegen nie Mückenprobleme! Falls es Ihnen anders gehen sollte ....

Tips:

>> Schmieren oder sprühen Sie sich in entsprechenden Gebieten vor Sonnenuntergang mit Autan ein.

>> Im schattigen Tann, bei Wildniswanderungen oder bei der Heidelbeersuche können die gierigen Saugrüssel auch am Tage lauern, Autan gehört also zur Dauerausrüstung. Besonders gut wirken die Mittel, wenn sie als Spray auch auf die Kleidung aufgetragen werden können (nur im Notfall, Fleckengefahr)!

>> Fliegengaze an den Fenstern hilft, wie der Name eigentlich sagt, nur gegen Fliegen und noch größere Insekten. Gegen Mücken und die noch kleineren Gnitzen hilft nur Moskitogaze. Man bekommt sie teuer in Trekking-Fachgeschäften und billig vom Meter als Tüll in Stoffgeschäften. Vergleicht man sie mit Fliegengaze, so erkennt man in jedem Gewebekaro noch ein x-förmiges Fädchen, das den Durchschlupf erschwert. Am einfachsten ist es, die Moskitogaze zusätzlich hinter die (meist vorhandene) Fliegengaze der Rollos zu nähen.

>> Haben Sie noch keine Fliegenrollos in Ihrem WOMO, so können Sie Moskitogaze zu Ihren Fenstern passend mit Klettenband umnähen, das Gegenstück rings um die Fenster kleben und die Gaze nur bei Bedarf andrücken.

>> Bedenken Sie: Alle Öffnungen nach außen müssen verschlossen sein, auch Türen und Dachluken. An der Eingangstür ist es praktisch, die Gaze in der Mitte mit einem Reißverschluß zu unterteilen oder zwei Bahnen überlappen zu lassen.

>> Sprühen Sie eine Stunde vor dem Zubettgehen das WOMO mit Insektenspray aus. Gegen Mücken im Wageninneren hilft auch keine Moskitogaze!

>> Sie sind nur zu zweit? Ab 50 DM bekommen Sie in Kaufhäusern und Campingläden Moskitonetze, unter denen Sie sich wie im Himmelbett fühlen.

>> Im Campingfachhandel gibt es jetzt auch elektrische Mükkenvernichter auf Pyrethrumbasis mit 12-V-Anschluß. Ihr Stromverbrauch ist bei einer Leistung von 6 Watt recht hoch, nach 5 Nächten hätten sie eine 60 Ah-Batterie zur Hälfte geleert.

>> *Die (auch im Campingfachhandel) angebotenen Insektenstrips auf DDVP-Basis (Wirkstoff: Dichlorvos) sind weder fürs Schlafzimmer noch fürs Wohnmobil gedacht.*

KARTENMATERIAL

Während wir uns in südlichen Urlaubsländern häufig von der Intuition, dem Sonnenstand oder den hilfreichen Eingeborenen leiten lassen mußten, gibt es für Norwegen sehr gutes Kartenmaterial:
Standardwerk: CAPPELEN KART im Maßstab 1 : 325.000, je 16,80 DM.
Diese Karten werden inzwischen auch in Deutschland von Kümmerley + Frey vertrieben, sind erhältlich in Kaufhäusern und Buchhandlungen oder über GeoCenter Stuttgart.
Für unsere Norwegentouren benutzten wir die drei Blätter:
Blatt 1: Süd-Norwegen
Blatt 2: Mittel-Norwegen I
Blatt 3: Mittel-Norwegen II
Natürlich hat die Firma Kümmerley + Frey sich nicht die Mühe gemacht, die norwegischen Bezeichnungen auf den Karten zu übersetzen. Wir haben es für Sie getan:

å	Bach
ås	Höhenzug
bompenger	Maut
botn	Talmulde
bre	Gletscher
bru	Brücke
bukt	Bucht
by	Ort
bygd	loses Dorf
dal	Tal
egg	Kamm
eid	Landenge
elv	Fluß
ferist	Viehrost
fjell	Berg
fonn	Gletscher
foss	Wasserfall
gård	Gehöft
haug	Hügel
hav	Meer
helleristning	Felszeichnung
holm	kleine Insel
høgd	Höhe, Spitze
hus	Haus, Festung
hytte	Hütte
krysset	Kreuzung
litle	klein
M(møte)	Ausweichstelle
myr	Moor
nes	Landzunge
nibba, nut	Gipfel
omkjørelse	Umleitung
os	Mündung
øvre	oberes
øy	Insel
pigg	Gipfel
rasfare	Steinschlag
røys	Steinhügel
rygg	Kamm
seter	Alm
sjø	See, Meer
skar	Paß
skog	Wald
sluser	Schleusen
stor	groß
strupen	Paß
støl	Alm
tangen	Landzunge
tind, tindan	Gipfel
tjørn	See
topp	Gipfel
utsikt	Aussicht
vaer	Fischerdorf
våg	Bucht
vatn	See
veg, vei	Straße, Weg
vesle	klein
vidda	Ödland
vik	Bucht
ytre	äußere

Für Wanderungen im Gebirge (Fjell) empfehlen wir Ihnen die Blätter der "Topografisk Hovedkartserie" vom "Statens Kartverk" im Maßstab 1 : 50.000. Ihre Buchhandlung kann sie beim GeoCenter in Stuttgart bestellen. Für die von uns beschriebene Galdhøpiggen-Tour benutzten wir z. B. das Blatt:
1518 II Galdhøpiggen für ca. 13 DM.
Sie erhalten die Blätter für einen nur wenig geringeren Betrag auch in Buchhandlungen und Kaufhäusern in Norwegen.
Als Übersichtskarte ist gut geeignet die RV-Länderkarte RV 91: Südskandinavien im Maßstab 1:800.000.

KLIMA/KLEIDUNG

Norwegen ist ein Land für den Aktivurlaub. Vom Angeln über Bergwandern, Bootfahren, Schwimmen, Tauchen und Windsurfen spannt sich ein weiter Bogen. Dabei ist das Wort "Anzugsordnung" dem Norweger fremd. Für den Touristen bedeutet das ganz einfach: Ziehe an, was Dir gefällt – und was vor allem zum Wetter paßt.

Tips:

>> *Keine Urlaubsgegend machte uns solche Probleme mit den Klamotten wie Skandinavien! Wir müssen für mieses Wetter gewappnet sein, wollen bei Sonnenschein aber auch Luftiges anziehen.*

>> *Zunächst einmal brauchen Sie derbe, warme Kleidung für Regentage und Gebirgswanderungen: Cordhosen, Baumwollhemden, Pullover, warme Anoraks, Regencapes, Gummistiefel.*

>> *Scheint die Sonne, dann fühlen Sie sich wie an der Riviera, Schutz gegen Sonnenbrand ist dringend angeraten, Badehose oder -anzug (mit oder ohne Oberteil) sind dann die Standardausrüstung.*

>> *Falls Sie in Norwegen nicht aufs Baden verzichten wollen, dann sollten Sie gut abgehärtet sein. Nur in der Østfold und in der Hedmark (zwischen Oslo und Schweden) überschreitet die Wassertemperatur in kleinen, flachen Seen ab und zu die 20°C-Schallmauer:*

Badetemperatur	*Mai*	*Juni*	*Juli*	*Aug.*	*Sept.*
Nordseeküste	*9°*	*14°*	*16°*	*17°*	*14°*
Skagerrakküste	*8°*	*14°*	*16°*	*17°*	*14°*
Fjorde	*8-10°*	*13-15°*	*14-16°*	*14-18°*	*13-15°*
Seen	*5-9°*	*10-14°*	*10-16°*	*10-16°*	*5-13°*
Seen im Süden	*8-12°*	*10-17°*	*17-19°*	*18-20°*	*9-16°*

Lufttemperatur (durchschnittliche Höchstwerte):

	Mai	**Juni**	**Juli**	**Aug.**	**Sept.**
Oslo	13,7°	18,7°	22,3°	19,9°	14,3°
Stavanger	13,0°	16,4°	19,9°	19,8°	15,2°
Bergen	13,2°	16,6°	20,0°	19,7°	15,0°
Lillehammer	12,0°	17,3°	20,6°	18,2°	12,7°
Trondheim	11,4°	15,9°	20,0°	18,3°	13,2°

KÜHLSCHRANK

Die ELEKTROLUX-Kühlschränke mit den Anschlüssen für 220V/12 V/Gas, die in den meisten Wohnmobilen eingebaut sind, haben eine robuste Natur ohne bewegliche Verschleißteile. Trotzdem sind sie ein Sorgenkind für jeden Camper, denn ohne Kühlung kommt auch ein WOMO-Haushalt kaum noch aus.

Tips:

>> *Schon bei geringer Schräglage des Fahrzeugs sinkt die Kühlleistung bis auf den Nullpunkt.
Abhilfe: Mit Wasserwaage oder voll gefülltem Wasserglas waagerechten Stand des WOMOs kontrollieren, durch Aufbocken eines Rades oder Platzwechsel verbessern.*

>> *Seit einiger Zeit gibt es jedoch Geräte, die auch bei stärkerer Neigung des WOMOs einigermaßen gut kühlen. Achten Sie darauf beim Neukauf.*

>> *Während der Fahrt, vor allem aber beim Tanken, ist der Betrieb mit Gas gefährlich, außerdem geht das Flämmchen oft im Fahrtwind aus. Schaltet man auf 12 V und vergißt nach Ankunft das Ab- bzw. Umstellen, so ist eine vollgeladene 50-Ah-Batterie nach ca. 5 Stunden leer und oft auch kaputt. Was hilft's, daß es sich "nur" um die Zweitbatterie handelt, wenn jetzt Tauchpumpe und Innenbeleuchtung nicht mehr funktionieren! Nur eine Schaltung mit Trennrelais oder Lastdiode kann dies verhindern. Wir senden Sie Ihnen bei Bedarf gern kostenlos gegen Rückporto zu.*

>> *Ist die Kühlleistung bei Gasbetrieb nicht zufriedenstellend, sind folgende Punkte zu überprüfen:*

* *Liegen die Zu- und Abluftgitter möglichst nach Norden, also nicht im Sonnenschein?*
* *Ist der Kühlschrank nicht zu vollgestopft?*
* *Ist überhaupt ein Abluftkanal montiert?*
* *Liegt überall, vor allem an der Unterseite der Tür, das Dichtgummi an?*
* *Ist das Flämmchen überhaupt noch an? Von außen kann*

man das Zischen hören, im Inneren des Kühlschranks ist meist ein Guckloch!

>> *Geht während der Reise die piezoelektrische Zündung kaputt, kann man von außen das untere Lüftungsgitter abschrauben und den Brenner mit einem Streichholz in Gang setzen, wenn eine zweite Person die Zündsicherung niederdrückt.*

>> *Die im Fachhandel für Campingzwecke angebotenen Kompressorkühlschränke arbeiten nur mit 12 V/220 V. Sie kommen nur in Verbindung mit einer ausreichend dimensionierten Solaranlage in Frage.*

LEBENSMITTEL (siehe auch "Getränke")

Norwegen ist teuer! Daran führt kein Weg vorbei. Einige Preisbeispiele sollen Ihnen das veranschaulichen:

500 g Butter .... 4,60 DM	1 kg Brot .... 3-4 DM (billig!)
1/2 kg Kaffee 5-6 DM (billig!)	1 kg Tomaten .... 8 DM
1 kg Äpfel .... 5-6 DM	1 Ei .... -,50 DM
1 kg Schnitzel .... 18-20 DM	1 kg Wurst .... 25-30 DM
1 kg Lachs .... 25 DM	1 kg Käse .... 20-22 DM

Tips:

>> *Schöpfen Sie die vom Zoll erlaubte Proviantmenge von 10 kg pro Person (ab 12 Jahren) voll aus. Kaufen Sie keine Dosensuppen, sondern Beutelsuppen, das spart viel Gewicht.*

>> *Probieren Sie vor dem Urlaub verschiedene Dosengerichte aus. Manche schmecken wirklich gut – es sind aber selten die preiswertesten. Deutsche Fertiggerichte sind jedoch noch viel preiswerter als norwegische Frischware.*

>> *Selbst ist der Mann (Frau)! Eigene Konserven sind immer noch die besten: Rahmschnitzel, Rouladen, Gulasch usw. wie gewohnt zubereiten, in saubere Gläser füllen, zuschrauben und ca. 10 Minuten im Dampftopf sterilisieren. Speziellere Fragen beantwortet Waltraud gerne am Telefon: 07135 / 14553.*

>> *Essen gehen in Norwegen? Das ist großer Luxus. Selbst für ein bescheidenes Mahl, vergleichbar etwa Schnitzel mit pommes und Salat, müssen Sie mit 20-30 DM rechnen, (teure) Getränke extra gerechnet!*

>> *Auswege sind das Schnellrestaurant (Hamburger 7-10 DM) oder die Pizzeria (ab 12 DM).*

LITERATUR

Ein wichtiges Buch über Norwegen haben Sie schon, mit unserem WOMO-Führer werden Sie nicht verloren gehen, gute Karten haben wir Ihnen auch bereits empfohlen. Wir hatten eine ganze Reihe von Büchern studiert, viele auch dabei, einige möchten wir Ihnen empfehlen.

Tips:

Marianne Mehling: Knaurs Kulturführer: Norwegen
Ewald Gläßer: Norwegen, DuMont Landschaftsführer
Pott/Küpker: Südliches Skandinavien-Reiseführer Natur, BLV
Der große Polyglott: Norwegen
Grey-Wilson: Pareys Bergblumenbuch, Parey-Verlag
Andrew C. Campbell: Der Kosmos-Strandführer
Berlitz: Norwegisch für die Reise
Für Nordkap-Fans:
Reynowski: Nordkap - Abenteuer Skandinavien, Band 1+2 (Eigenverlag: Arnoldstr. 17 c, 22765 Hamburg)
Für Campingplatz-Fans:
Ralph Tuchtenhagen: Campingführer Skandinavien
Norw. Fremdenverkehrsamt, Pf. 760820, 22058 Hamburg, Tel. 040 / 22 71 08 10, Fax 040 / 22 71 08 15:
Prospekte, Karten, Adressen, das "Offizielle Reisehandbuch".
Hinweis:
Spezielle Informationen erhalten Sie in jeder Kommune im Touristenbüro, außerdem finden Sie an jeder Kommundegrenze große Übersichtstafeln mit Infos.

MEDIKAMENTE

Natürlich können wir hier keine ärztliche Voraussage machen, was Ihnen im Urlaub alles passieren kann, aber nach der Statistik wollen wir einige Wahrscheinlichkeiten abwägen.

Tips:

\>> *Schauen Sie nochmals nach, ist Ihr Erste-Hilfe-Koffer noch gut gefüllt (Mullbinden, Heftpflaster, Schere, Pinzette, Fieberthermometer)?*

\>> *Mittel gegen Durchfall sind ein "muß" in fremden Ländern, fragen Sie Ihren Arzt. Kohletabletten sind "härteren Sachen" zunächst vorzuziehen.*

\>> *Aufregung und langes Sitzen bei der Anfahrt kann aber auch zu Verstopfung führen - führen Sie mit den richtigen Mitteln ab!*

\>> *Wie steht es mit Reisekrankheit? Fahren Sie zum ersten Mal mit einem WOMO, könnte Ihnen vielleicht das Schwanken oder die ungewohnte Sitzstellung aufstoßen. Sorgen Sie vor!*

>> *Wasser hat keine Balken – und mancher wird schon beim Anblick eines Schiffes seekrank. Dagegen gibt es Tabletten, die sehr sicher wirken sollen, z.B. Nautisan.*

>> *Kinder sind ein Fall für sich! Nehmen Sie auf jeden Fall die Medikamente mit, die Sie sowieso das Jahr über brauchen.*

>> *Soventol hilft nicht nur gegen Insektenstiche, sondern lindert auch Sonnenbrand.*

>> *Zwei Elastik-Binden für verstauchte Füße und Salbe gegen Prellungen (z.B. Mobilat) sollten nicht nur bei der Bergtour dabei sein.*

>> *Zwar kein Medikament, aber manchmal die letzte Rettung (statt eines Schlafmittels): Ohropax gegen Straßenlärm.*

>> *Was brauchen Sie sonst noch alles gegen Erkältungen, Magenbeschwerden, Sodbrennen, Blähungen, Völlegefühl? Die norwegischen Apotheken (apotek) sind zwar ausgezeichnet sortiert, ohne Rezept erhält man jedoch fast nichts!*

>> *Last not least: Das Merfen-Orange für die kleine Schürfwunde und gegen den großen Schmerz, ein Wund-Desinfektionsmittel, das nicht brennt, aber wegen der schönen Farbe bei Kindern besonders beliebt ist. Gegen Brennen im Salzwasser hilft Sprühpflaster.*

>> *Und wenn alles nichts mehr hilft: Beim ADAC-Arzt können Sie sich von Norwegen aus Rat holen unter der Nummer: 09549 / 89 / 22 22 22.*

ÖFFNUNGSZEITEN

Noch kürzer als in Deutschland! Die meisten Läden sind durchgehend von 9-17 Uhr geöffnet, donnerstags bis 18 Uhr, samstags bis 13 Uhr. Von Gemeinde zu Gemeinde schwanken diese Angaben etwas.

Banken: Mo-Fr 8.30-15 Uhr, Do 8.30-17 Uhr.

Post: Mo-Fr 8-16.30, Sa 9-12 Uhr.

Letzte Rettung sind viele Tankstellen. Bei manchen hat man das Gefühl, sie verkaufen Benzin nur deshalb, um rund um die Uhr ihr angeschlossenes Kaufhaus offen halten zu können. Verzagen Sie also nicht, wenn Ihnen sonntags das Brot ausgeht – gehen Sie einfach Brot tanken!

PACKLISTE

Brieftasche/Handtasche/Geheimfach
Pässe, Personal-, Kinderausweis (gültig!)
Führerscheine, Vollmacht
Grüne Karte (gültig, obwohl nicht Vorschrift)
KFZ-Schein
Bargeld/Brustbeutel
Devisen/Umrechnungstabellen
Eurocheques/Scheckkarte
Postsparbuch/Ausweiskarte
Impfbücher
Auslandskrankenscheine
Zusatzversicherungen
Schutzbrief
Fotokopien aller dieser Papiere

___

___

Wohnmobilhaushalt
Wecker (Fähre!)
Einkaufstasche (groß)
Kaffe-, Teekanne
Filtertüten/Filter
Geschirr/Gläser
Vesperbrettchen/Bestecke
Brotmesser/Kartoffelschäler
Schöpflöffel/Schneebesen
Töpfe/Dampftopf
Pfannen/Sieb
Topflappen
Butterdose/Plastikdöschen mit Deckel
Flaschentrage
Thermoskanne
Eierbehälter
Küchenpapier/Alufolie
Nähzeug/Schere
Klebstoff/Klebeband
Wäscheleine/Klammern
Waschpulver
Plastikschüssel
Abtreter
Schuhputzzeug
Kabeltrommel
Verbindungskabel CEE-Schuko
Stecker (Ausland)
Doppelstecker
Gasflaschen (voll?)
Handfeger/Kehrschaufel
Putzlappen
Klappspaten
Hammer/Nägel/Axt
Zündhölzer/Feuerzeug
Gasanzünder
Taschenlampen
Kerzen
Petroleumlampe/Petroleum
Ersatzbirnen 12 V/220 V
Ersatzsicherungen für jedes Gerät
Ersatzwasserpumpe
5 m passender Wasserschlauch
Feuerlöscher
Insektenspray/Insektenlampe
Moskitogaze für Fenster und Tür oder:
Moskitonetz
Toilette/Klo-Papier
Toilettenchemikalien (formaldehydfrei!)
Dosen-, Flaschenöffner, Korkenzieher
Spülmittel/Bürste
Scheuerpulver
Geschirrtücher
Leim/5 m Schnur
5 m Schwachstromkabel zweiadrig
Wasserschlauch mit Paßstück für verschiedene Wasserhähne/Trichter
Wasserentkeimungsmittel
Müllbeutel

___

___

Reiseapotheke
Mittel gegen Reisekrankheit
Soventol (lindert Insektenstiche usw.)
Husten-, Schnupfenmittel
Fieberzäpfchen
Kohle-Kompretten
Mittel gegen Durchfall
Mittel gegen Kopfschmerzen
Mittel gegen Verstopfung
Nasen-, Ohrentropfen
Halsschmerztabletten
Wundsalbe/Brandsalbe
Wunddesinfektionsmittel (Merfen-Orange)
Sprühpflaster
Elastikbinden
Salbe gegen Prellungen
Fieberthermometer
Pinzette
Auto-Verbandskasten o. k.?
Persönliche Medikamente

___

___

Auto
Allgemeines Wohnmobil-Handbuch
Bedienungsanleitungen
Bordbuch/Wörterbücher
Reiseführer/Campingführer
Straßenkarten/Autoatlas
Auffahrkeile/Stützböcke
Wasserwaage
D-Schild
Kundendienst gemacht?
Ersatzteilset von der Werkstatt?
Pannenausrüstung komplett?
Reservekanister voll?
1-2 Liter Reserveöl (HD 20/W 50)
Reserverad Luftdruck o. k.?
Abschleppstange, ausprobiert?
Passender Wagenheber, ausprobiert?
Luftpumpe
Warndreieck
Arbeitshandschuhe
Werkzeugkoffer komplett?
Kundendienststellenverzeichnis, neu?

___

___

___

___

Kleidung
Unterwäsche
Socken/Strümpfe
Hemden/Blusen
Schuhe/Sandalen
Hausschuhe
T-Shirts/Shorts
Hosen/Jeans
Kleider/Röcke
Pullover/Jacken/Stola
Anoraks/Windjacken/"Friesennerz"
Regencapes/Wolldecken
Sonnenhüte/Kopftücher
Nachthemden/Schlafanzüge
Bikinis/Badehosen
Gummistiefel/Wanderstiefel
Sonnenbrille/Ersatzbrille

Campingartikel
Stühle/Tisch/Liegestühle
Liegematten/Hängematte
Sonnensegel/Stangen/Häringe/Leinen
Grill/Grillzange
Pfannenknecht
Holzkohle

Unterhaltung
KW-Radio
Schreibzeug/Adreßbuch
Handarbeitszeug
Kinderspielzeug
Malutensilien
Bücher/Spiele
Kassettenrecorder/Kassetten
Taucherbrillen
Wasserball/Fußball/Wurfringe
Frisby/Indiaca usw.
Schlauchboot/Pumpe/Ruder
Luftmatratzen
Sandspielzeug
Schwimmflügel/Schwimmreif
Surfbrett/Zubehör
Fotoapparat/Filme
Filmkamera/Filme
Videokamera/Kassetten
Ersatzbatterien/Ladegerät für 12 V
Rucksäcke
Kartentasche/Wanderkarten
Fernglas
Kompaß
Iso-Matten/Zelte/Schlafsäcke
Feldflaschen/Taschenmesser/Angelzeug
SOS-Kettchen (vor allem für Kinder)

Lebensmittel
Getränke (Limo, Bier, Wein, Schnaps, **aber Zollvorschriften beachten!**)
H-Milch/Dosenmilch/Coffeemate
Milchpulver/Limopulver/Zitronenteepulver
Wurstdosen
H-Käse
Fleisch-, Gemüsekonserven
Fertiggerichte/Beutelsuppen
Tee/Kaffee/Kaba
Müsli
Butter/Margarine
Brot/Vollkornbrot/Dosenbrot
Reis/Nudeln/Grieß
Kartoffelbrei/Mehl
Babykost
Puddingpulver
Schokolade/Bonbons/Kaugummi
Marmelade/Nutella
Bratfett/Öl/Essig
Mayonnaise, Senf
Zwiebeln
Gewürze
Ketchup/Maggi/Salz
Zucker/Süßstoff
keine Kartoffeln (Einfuhr verboten!)
keine Eier (Einfuhr verboten!)
Zwieback/Salzstangen

Toilettenartikel
Hand-, Badetücher, Waschlappen
Geschirrtücher
Tempo-Taschentücher
Kämme/Bürsten
Haarfestiger/Lockenwickler/Haarspangen
12 V-, Akku- oder Naßrasierer
Nageletui/Hygieneartikel
Empfängnisverhütungsmittel
Windeln/Creme/Babycreme
Seife/Rei in der Tube
Sonnencreme, -öl
Fettstift (Labello)
Zahnbürsten/Zahnpasta
Autan gegen Mücken
Bettdecken/Kopfkissen/Spannlaken

Nicht vergessen!
Post/Zeitung abbestellen
Offene Rechnungen bezahlen
Haustier abgeben
Blumen versorgen
Mülleimer leeren
Kühlschrank abstellen?
Antennen herausziehen
Wasch-, Spülmaschine, Bügeleisen aus?
Wasser, Gas, Heizung, Boiler abgestellt?
Rolläden schließen

Haustür verschließen!

Nachbarn/Verwandte benachrichtigen:
Reiseroute, Autokennzeichen mitteilen.
Reserveschlüssel abgeben.

REDEWENDUNGEN / VERSTÄNDIGUNG

Wir wollen und können den unter "Literatur" angegebenen Sprachführer nicht ersetzen, aber ein **Dutzend** wichtiger Begriffe sollten Sie eigentlich auswendig können:

Guten Morgen	God morgen	(Gu mohren)
Guten Tag	God dag	(Gu dahg)
Guten Abend	God kveld	(Gu käll)
Hallo	Morn/hei	(Morn/häj)
Auf Wiedersehen	På gjensyn	(Po jennsyn)
Tschüß	Ha det	(hah de)
Ich möchte bitte	Jeg vil gjerne	(Jäj will järne)
Ja bitte/nein danke	Ja, tack/Nei, tack	(Ja tack/näj tack)
Verzeihung	Unnskyld	(Ünnschyll)
Wir wollen nach	Vi skal til	(Wi skall till)
Nach rechts/links	Till høyre/venstre	(Till höjre/vänstre)
geradeaus	Rett fram	(Rätt framm)
Was kostet es ?	Hva koster det ?	(Wa koster de ?)
Ich hätte gerne	Jeg skall ha	(Jäj skall ha)
Können wir hier campen?	Kan vi campa her ?	
Wo ist der nächste Badeplatz?	Hvor er nærmeste badplass?	

Tips:

>> Viele Gaststätten haben mehrsprachige Speisekarten. Englischkenntnisse kann man bei der Bedienung, wie bei den meisten Norwegern, voraussetzen.

>> Seit dem letzten Krieg sind die Deutschkenntnisse der Norweger stark zurückgegangen, ältere Menschen verstehen mehr deutsch, als sie sprechen (wollen).

>> Uns ist die Aussprache des Norwegischen nicht leicht gefallen. Immerhin konnten wir an unsere (bescheidenen) Schwedischkenntnisse anknüpfen, denn dänisch, schwedisch und norwegisch ähneln sich mehr als deutsche Dialekte.

RUNDFUNK

Mancher behauptet, er könne im Urlaub völlig abschalten. Dazu gehören jedoch Ruhe und Zufriedenheit. Ich bin nur ruhig, wenn ich weiß, daß zu Hause in Deutschland alles seinen gewohnten Gang geht. Aktuelle Nachrichten sind für mich unverzichtbar. Zwar gelangen deutsche Zeitungen recht rasch nach Norwegen – aber leider nur an die Kioske der großen Städte.

Tips:

>> Deutsche Töne hört man regelmäßig in den Norwegischen Reklamesendern der Gemeinden. Die Infos – abwechselnd in norwegisch, englisch und deutsch, betreffen jedoch stets nur örtliche Sehenswürdigkeiten, kräftig gewürzt mit viel Reklame; Nachrichten fehlen; achten Sie auf die Schilder am Straßenrand: "Touristradio" mit Frequenzangaben.

>> Auf Mittel- und Langwelle bekamen wir deutsche Sender meist nur in miserabler Qualität herein - es sei denn, wir befanden uns an der Südspitze Norwegens.

>> Möchten Sie im gesamten Urlaubsgebiet Informationen aus der Heimat und über das Weltgeschehen erhalten, dann brauchen Sie einen Kurzwellenempfänger!

>> Selbst mit preiswerten Geräten kann man zumindest die "Deutsche Welle", "RTL" oder "Radio Austria" auf dem 49-m-Band empfangen. Wir empfehlen ein Gerät mit digitaler Frequenzanzeige und Senderspeichern. Es bietet als einziges die Gewähr, daß Sie die wichtigsten Sender immer parat haben.

>> Um Batterien zu sparen, haben die meisten Geräte einen 6-V oder 9-V-Anschluß. Mit einem DC-DC-Wandler können Sie das Gerät (natürlich auch Kassettenrecorder usw.) an die 12 V-Autobatterie anschließen (Electronic-Shops, Autozubehörhandel, Electronic-Versandhandel).

Gut empfangen haben wir in Süd-Norwegen

Deutsche Welle:	49-m-Band:	6075/6145 kHz
	31-m-Band:	9545 kHz
	19-m-Band:	15105 kHz
	13-m-Band:	21560 kHz
RIAS Berlin:	49-m-Band:	6005 kHz
Südfunk Stuttgart:	49-m-Band:	6030 kHz
Radio Luxemburg:	49-m-Band:	6090 kHz
ORF Wien:	49-m-Band:	6155 kHz
	31-m-Band:	9600/9685 kHz
SBC Bern:	31-m-Band:	9535 kHz
Deutschlandfunk:	Mittelwelle:	1270/1359 kHz
	Langwelle:	154/207 kHz

SURFEN

Ein Land, das nicht nur an zwei Meere grenzt, sondern auch noch tausende von Seen besitzt, muß ja ein gutes Surfrevier sein!

Tips:

>> Selten haben wir größere Anhäufungen von Surfern gesichtet. Bekannt sind die Reviere:
** Borhaug, Insel Lista (Nähe Kristiansand), Tour 4*
** Åkrasanden, Insel Karmøy (Nähe Stavanger), Tour 7*
** Kristiansund, Badeplatz "Skjerva", Tour 14*

>> Falls Sie sich nicht sicher sind, ob Sie Ihre warmen Surfanzüge brauchen, dann schauen Sie mal unter "Klima"!

TELEFON

Telefonhäuschen gibt es in Norwegen in großer Zahl, mal grün, mal Alu natur oder mit Königswappen, meist weinrot. Versuchen Sie aber nicht, vom Postamt aus zu telefonieren! Die Post und das norwegische Telegrafenamt sind zwei völlig getrennte Einrichtungen.

Tips:

>> Von Norwegen nach Deutschland wählt man 09549, nach Österreich 09543 in die Schweiz 09541.

>> Zum Telefonieren braucht man 1-, 5- oder 10-nKr-Stücke – oder man deckt sich am Kiosk mit einer "Telefonkort" ein, denn die Zahl der Kartentelefone nimmt auch in Norwegen schnell zu.

>> Die Landesvorwahl (von D, A, CH) nach Norwegen ist 0047. Nach der Landesvorwahl fällt stets die Null der Ortsnetzkennzahl weg.

>> Für ein 3-Minuten-Gespräch müssen Sie Münzen im Wert von knapp 7 DM bereithalten.

*>> **Wichtige Telefonnummern in Norwegen:***
Deutsche Botschaft, Oslo .... (02) 55 20 10, 55 20 12
Österreichische Botschaft, Oslo .... (02) 55 23 48
Schweizer Botschaft, Oslo .... (02) 43 05 90
Automobilclub NAF, Oslo .... (02) 34 15 00
Automobilclub KNA, Oslo .... (02) 56 10 00
Polizei, Unfall, Feuerwehr ..... unter "SOS" im Telefonbuch

TOILETTE

Einer der Gründe dafür, daß das Freie Camping in so vielen Ländern verboten wird, ist mit Sicherheit die Verunstaltung und Verseuchung der Landschaft mit Fäkalien.
Die Benutzung einer Campingtoilette ist deshalb ein absolutes "Muß" für jeden engagierten Camper.

Tips:

>> Norwegen ist ein sehr sauberes Urlaubsland. Das liegt nicht zuletzt an den aufwendigen Bemühungen, es den Touristen so schwer wie möglich zu machen, sich schlecht zu benehmen: An fast jedem Park- oder Badeplatz befindet sich eine Toilette.

>> Campingtoiletten sind nicht der Weisheit letzter Schluß, bekämpfte man doch die zu erwartenden Düfte selten mit umweltverträglichen Mitteln. Wie verhält sich der umweltbewußte Toilettengänger in Norwegen:

1. Möglichst nur die aufgestellten Toiletten benutzen.
2. Keine giftigen Toilettenchemikalien einsetzen; wir verwenden nur Essig (Essigessenz : Wasser = 1 : 1) – und es geht auch!
3. Campingtoiletten entweder an Tankstellen, auf Campingplätzen oder an Parkplätzen in große Trockenklos mit Absaugestutzen entleeren.
4. Toiletteninhalt nur im Notfall auf Ödland oder im Wald vergraben.
5. Wer den Inhalt seiner Campingtoilette hinters Gebüsch gießt, den soll der Blitz beim Schei... treffen.

Entsorgungseinrichtungen an unseren Norwegen-Touren

Ålesund, Shell Blindheim, Tour 13
Ålesund, Shell Prinsen Strandcamping, Tour 13
Andalsnes, Fina-Tankstelle, Tour 13
Andalsnes, Esso Oran, Tour 13
Andalsnes, Andalsnes Camping, Tour 13
Bergen, Esso Parkeringsselskap, Tour 8
Bergen-Nestun, Statoil-Tankstelle, Tour 8
Gaupne, Sandvik Camping, Tour 10
Haugesund, Haugland Billag, Tour 7
Kaupanger, Shell-Tankstelle, Tour 10
Kvam, Gudbrandsdalen E 6, Statoil-Tankstelle, Tour 18
Kvinesdal, Kvina Bilruter, Tour 5
Lillehammer, Litra Buss, Tour 18
Lom, Esso-Tankstelle, Tour 11
Notodden, Rutebilselskap, Tour 2
Oppdal, Fa. Morelinjen, gegenüber Shell, Tour 17
Øvre Eidfjord, Reichsstraße 7, Reisemobil-Center, Tour 8
Øystese, Esso-Tankstelle, Tour 8
Otta, Statoil-Tankstelle, Tour 18
Runde, Runde Camping, Tour 12
Stryn, Commune und Esso bei Sporthalle, Tour 11
Surnadal (Skei), Småøyan-Camping, Tour 15
Trondheim, Nes biltrafikk, Tour 16

TREIBSTOFFE

Norwegen war ein Land für Dieselfahrer. Inzwischen wurde der "Dieselbonus" abgeschafft – und den Minister für Tourismus plagen deshalb Sorgen! Soll man den steuerfreien Diesel (Afgiftsfri) für die Touristen freigeben? Denn: Bereits über 50% von ihnen tanken (verbotenerweise!) den rotgefärbten Saft!

Treibstoffpreise		
Bleifrei/Blyfri (Eurosuper)	95 Oktan	1,81-1,95 DM/l
Bleifrei/Blyfri (Super plus)	98 Oktan	1,89-2,00 DM/l
Super bleihaltig o. Bleiersatz	98 Oktan	2,00-2,11 DM/l
Diesel		1,60-1,70 DM/l
Autogas (Adapter vorhanden)		1,36-1,50 DM/l

Tips:

>> In Norwegen herrscht Wettbewerb an den Tankstellen, Vergleichen lohnt sich! Dabei muß man nach den Preisschildern manchmal suchen, oft sind sie nur klein am Kassengebäude angebracht.

>> Auch in Norwegen gilt: Wo Konkurrenz herrscht (in den größeren Städten), sind die Preise niedriger als bei der einzigen Tankstelle im hintersten Fjordwinkel.

>> Dieselfahrer sollten die "Afgiftsfri-Szene" genau beobachten. Vielleicht wird der (eigentlich für die Landwirtschaft) steuerbegünstigte Diesel bereits nächstes Jahr auch für Touristen freigegeben (wie in Finnland).

TRINK-, WASCH-, SPÜLWASSER

Beim Abwasser hatten wir die Formel aufgestellt:

10 Liter x Personenzahl = Volumen des Abwassertanks

Als Trinkwasservorrat muß man pro Person und Tag mindestens 15 bis 20 Liter rechnen.

Tips:

>> In den südlichen Ländern haben wir für Sie nach Trinkwasserbrunnen gesucht. Solche "überkommenen" Einrichtungen gibt es in Norwegen nicht.

>> Die Trinkwasserversorgung ist jedoch trotzdem kein Problem: Alle Tankstellen haben saubere Zapfhähne (vann = Wasser), wir haben oft erst um Erlaubnis gefragt, nie wurden wir abgewiesen.

>> Manche Camper genieren sich, Tankstellen anzufahren, wenn sie keinen Treibstoff brauchen. Auch für jene haben wir Rat: Friedhöfe haben immer einen Wasserhahn.

>> Jachthäfen sind ebenfalls eine gute Anlaufstation für die

"Jachtbesitzer der Landstraße".

>> *Der verwöhnte Wassertankbesitzer fragt sich: „Wie kriege ich das frische Naß möglichst bequem in den eingebauten Behälter?“ Für ihn haben wir den WOMO-Zapfschlauch konstruiert. Es handelt sich um 3 - 5 Meter Gartenschlauch, an dessen Beginn man ein Stück Fahrradschlauch der Größe 1 3/8 x 1 5/8 Zoll anflanscht, das über jeden Wasserhahn paßt. Am anderen Ende befestigt man einen Karabinerhaken, den man in eine Öse am Einfüllstutzen des Wassertanks hängt, wenn man keinen zweiten Mann zum Halten hat.*

>> *Mehr aus Gewohnheit haben wir auch in Norwegen unser Trinkwasser mit Entkeimungsmitteln behandelt – jedoch in erster Linie, um eine Nachverkeimung im Tank zu verhindern.*

>> *Eigentlich ist Wasser kein Thema für ein Norwegenbuch. Oft haben wir unseren Wasserbedarf einfach aus einem Gebirgsbach geschöpft oder den Kanister unter den nächstbesten Wasserfall gehalten. Saubereres Wasser wird man wohl kaum auf der Welt finden.*

Eine Bitte noch: *Steigen Sie zum Haarewaschen nicht in den Badesee, sondern holen Sie sich eine Schüssel Wasser heraus – Fische vertragen kein Haarwaschmittel (auch wenn sie Schuppen haben).*

VERKEHR

Dem WOMO-Fahrer kann es nur darum gehen, sein großes und schweres Gefährt unbehelligt bis zum Urlaubsziel und zurück zu transportieren. Dabei kann ihm allerhand passieren.

Tips:

>> *Geschwindigkeitsbegrenzungen nötigen uns meist nur ein müdes Lächeln ab:*

Autobahnen	*90 km/h*	*über 3,5 to 80 km/h*
Straßen außerorts	*80 km/h*	*über 3,5 to 80 km/h*
innerorts	*50 km/h*	
Beruhigte Wohngebiete	*30 km/h*	

>> *Promillegrenze 0,5.*

>> *Es besteht Anschnallpflicht auf Vorder- und Rücksitzen, Kinder haben hinten zu sitzen.*

>> *Abblendlicht ist auch am Tage einzuschalten, Nebelschlußleuchten darf man nicht benutzen.*

>> *Gelbe Linien am Straßenrand bedeuten Halteverbot.*

>> *ACHTUNG WILDWECHSEL! Vor allem in der (langen) Dämmerung und in Waldpassagen – im Norden auch Rentierherden auf den Straßen.*

>> **Straßenverhältnisse:**
Kurz gesagt: Die Verkehrsdichte ist sehr gering, die Straßen sind gut, aber meist schmal, manchmal nur Einbahnstraßen-schmal. Besonders an den Fjordflanken und natürlich im Gebirge muß man äußerst langsam und vorsichtig fahren. Selten zeigt der Tacho mehr als 50 km/h an!
Ampeln und Straßenkreuzungen sind selten – Norweger sind Kreisverkehr-Fans. Nur zur Erinnerung – der Kreisverkehr hat immer Vorfahrt!
Auf der Suche nach schönen Plätzchen befuhren wir selbst entlegenste Nebenstrecken. Sie sind häufig geschottert, jedoch meist gut eingeebnet, Schlaglöcher sind selten. Bei Regenwetter wird hier das WOMO weidlich eingesaut.

>> **Unverständliche Verkehrsschilder:**
[.......... Kartensymbol für Mautstraße
|[.......... Symbol für gesperrte Straße
bompenger .... Straßenmaut
bomveg .... Mautstraße
fartsdempere .... Geschwindigkeitsbremsen
ferist .... Viehrost
friluftområde .... Freizeitgebiet
gardstun .... Gehöft (langsam fahren)
gatekjøkken .... Straßenimbiß, Kiosk
idrettsplass .... Sportplatz
kjør sakte .... Langsam fahren
lekke barn .... Spielende Kinder
løs grus .... Loser Schotter
M(øteplass) .... Ausweichstelle
omkjøring .... Umleitung
privatområde .... Privates Gebiet
rom ledig .... Zimmer frei
snuplass .... Wendeplatz
vegarbeitsområde .... Straßenarbeiten

>> *Mautgebühr wird fällig bei der Fahrt durch die Städte Oslo, Bergen und Trondheim, bei der Benutzung neuer Brücken, Tunnel und Straßenabschnitte – und natürlich bei der Fahrt auf den vielen Privatstraßen in einsame Gebirgsgegenden. Zwischen 5 nKr und 150 nKr, also 1,30 DM und 40 DM wurden wir dabei jeweils los!*

>> *Jede Fjordüberquerung kostet für WOMO und Mannschaft runde 25 DM.*

WUPS – der WOMO-Urlaubs-Partner-Service

Regelmäßig zur Vorurlaubszeit liest man sie in Zeitungen und einschlägigen Zeitschriften, die Suchannoncen der Wohnmobilfamilien, die sich nicht allein auf weite Tour wagen wollen:

> Portugal, 4 Wo.Jul./Aug. Wir 42/43/12 männl./ Hund, mit Wohnmobil suchen Begleitfamilie/n mit Kindern 9-13 J. u. eig. Wohnmobil, Tel.....

Ob sie wohl Erfolg haben? Wir wünschen es ihnen!

Was aber sind die Beweggründe für die "Partnersuche auf (Ferien-) Zeit"?

Sie können sich selbst die Gründe zusammensuchen, denn Sie hatten ja auch schon mal diese Idee. Da ist die lange Fahrt mit ihren Tücken, bei der man sich bei Problemen helfen kann. Übernachtungen in einsamer Umgebung – mit einem Partner wäre einem da viel wohler.

Gemeinsame Unternehmungen machen viel mehr Spaß; den Grill wirft man abwechselnd an (und nimmt nur einen mit), Einkäufe und Wasserholen, gemeinsam oder im Wechsel, aber nur mit einem Auto; abends, da hat man den passenden Gesprächspartner und ganz wichtig: die Kinder haben Spielgefährten im passenden Alter.

Die Liste der Vorteile gemeinsamen Reisens ließe sich noch erheblich verlängern – und so waren wir auch gar nicht verwundert, daß wir geradezu mit der Nase darauf gestoßen wurden:

„WOMO-Verlag, unternehmt da mal etwas!“

Wir haben uns zusammengesetzt und beraten, entwickelt, verworfen und verbessert. Was wir ausgebrütet haben, läßt sich am einfachsten mit folgendem Sätzchen umschreiben:

Durch **WUPS** soll jedem Interessenten für geringsten finanziellen Aufwand eine passende Urlaubspartnerfamilie vermittelt bekommen!

Um die Unkosten so gering wie möglich zu halten, werden wir zunächst nur einen Einsendetermin anbieten – den 30. April jeden Jahres. Wer bis zu diesem Datum seinen Fragebogen eingeschickt hat, bekommt bereits 14 Tage später einen Computerausdruck zugesandt, auf dem alle Einsendungen verzeichnet sind. Es liegt nun an jedem einzelnen, den passenden Partner aus den angegebenen Daten, ergänzenden Telefongesprächen oder Briefen zu ermitteln.

Jedem Einsender ist es selbst überlassen, wie viele der aufgeführten Daten er angeben möchte oder nicht (bei uns ist jeder sein eigener Datenschützer). **Wie nimmt man teil?**

Fragebogen auf der letzten Seite fotokopieren oder herausschneiden, ausfüllen und im Fensterumschlag an uns einsenden. Wir wünschen Ihnen schon jetzt doppelten Spaß im gemeinsamen WOMO-Urlaub.

* WUPS * * WUPS * * WUPS * * WUPS * * WUPS *

Absender: ☐ Familie ☐ Ehepaar ☐ Frau ☐ Herr

Datum Unterschrift

WOMO-VERLAG

Urlaubs-Partner-Service

Hornstraße 4

74336 Brackenheim

☐ **Wir möchten nicht allein mit dem Wohnmobil verreisen!**
Nehmen Sie folgende Daten in Ihren WUPS-Computer auf und senden Sie uns die Liste aller Teilnehmer bis zum 15.5. zu. Man muß nicht alle Felder ausfüllen; ohne Angabe von Tel.-Nummer **oder** Adresse ist jedoch die Kontaktaufnahme nicht möglich! Einsendeschluß für WUPS ist stets der 30.4. eines jeden Jahres. Einmalige Teilnahmegebühr 25,- DM, bitte Rechnung abwarten!

Urlaubsland:

Mögliche Reisezeit:

Telefonnummer:

Adresse angeben: ☐ ja ☐ nein

Eigene Altersgruppe:

20	25	30	35
40	45	50	55
60	65	70	75

Alter mitreisender Kinder: Mädchen: Jungen:

Lieblingsaktivitäten:

☐ **Wir sind Wohnmobil-Langzeiturlauber!**
Nehmen Sie oben stehende Daten in ihre Langzeit-Urlauber-Liste auf und senden Sie uns am 15.5. jedes Jahres sowie auf Wunsch (Anruf genügt)1x jährlich zusätzlich die aktuelle Liste zu.
Jährliche Teilnahmegebühr 25,- DM, bitte Rechnung abwarten!

* WUPS * * WUPS * * WUPS * * WUPS *

Stichwortverzeichnis

Weitere Bände der WOMO-Reihe:

MIT DEM WOHNMOBIL . . . .

- Durchs ganze Land in vielen Touren.
- Die schönsten Badestrände, die noch nicht jeder kennt – mit uns finden Sie hin.
- Freies Camping – kein Problem!
- Bergtouren für groß und klein.
- 300 Tricks und Tips für Ausrüstung, Reisevorbereitung und Urlaub.
- Ausgefeilte Packliste.
- Die besten Anreiserouten, Fähren, usw. usw.
- Gesicherte Trinkwasserversorgung durch Hinweise auf über 50 Brunnen.
- Die besten Fährverbindungen.
- Genaue Kennzeichnung schöner Bade-, Picknick- und Wanderparkplätze.

ALLGEMEINES WOHNMOBIL-HANDBUCH

- Beratung bei Wohnmobilkauf oder -miete.
- Einweisung in die Gas-, Wasser- und Elektroinstallation.
- Einrichtung des Wohnmobils.
- Tips und Tricks füs wohnmobile Wochenende.
- Freies Camping in Deutschland – Stellplatztips.
- Zubehörtips, Ver- und Entsorgungsratschläge.
- Urlaubsvorbereitung mit Profipackliste.
- Tips und Tricks für die große Fahrt mit Informationen über freies Camping in ganz Europa.
- Rezepte f. d. Wohnmobilküche./Ratschläge f. Reisen m. Kindern.
- Mit dem Wohnmobil zum Wintersport./Alle Wohnmobilclubs.
- WUPS – der WOMO-Urlaubs-Partner-Service.
- Adressen der Wohnmobilhersteller, -händler, -vermieter, Campingzubehör, Gastankstellen.